なぜからはじめる
カリキュラム論

中原朋生・池田隆英・楠本恭之 編著

木下祥一・白石崇人・平松美由紀・光田尚美
山本孝司・龍崎　忠　共著

建帛社
KENPAKUSHA

は じ め に

　本書は「なぜから」シリーズの3冊目（既刊『なぜからはじめる保育原理』，『なぜからはじめる教育原理』）で，タイトルに「なぜから〜」とあるのは，「問いに答える」「根拠を伝える」というコンセプトである。養成課程で使われるテキストの多くは，「こうあるべき」と価値に基づいて主張する「べき論」であるのに対して，本書は「現にそうある」と事実に基づいて記述する「ある論」を想定している。執筆・編集に携わる私たちが心掛けていることは，「内容を精査すること」「表現を簡潔にすること」であり，「オーソドクシー（定説）」だけでなく「アップデート（最新）」を反映することである。

　これまでに刊行した「なぜから」シリーズでの2冊と異なる点がある。1点目は，各章が「バラバラ」ではなくある程度の「まとまり」を意識した「ユニット」になっていること。2点目は，原理や歴史を学ぶ「WHY型」（第1〜9章）に加えて，指導の計画までを見通せる「HOW型」（第10〜15章）となっていること。これらは，近年の「教職科目の共通開設」や「アクティブラーニング」の動向を反映したものとなっている。「ユニット」によって複数の章が関連付けられ，かつ「WHY型」と「HOW型」が連動している，ということである。「ユニット」と各章の対応関係は以下の通りで，「まとまり」として整理できる。

1．教育課程の原理　　　　　　　第1章
2．教育課程の歴史　　　　　　　第2章・第3章／第4章・第5章
3．教育課程の目標と内容・方法　第6章・第7章・第8章
4．教育課程の管理　　　　　　　第9章・第10章
5．教育課程の実際　　　　　　　第11章・第12章／第13章・第14章／第15章

　さらに，「カリキュラム論」のテキストとしては稀有な特色が2つある。1つ目は，カリキュラムを構成している，学習の指導を行う「教育」の側面と，健康の指導を行う「管理」の側面，という2つの側面を視野に入れていることである。2つ目は，「対象理解に基づいた内容・方法から成る」という原理に沿いながら，対象理解として，「目の前の子どもの姿」だけでなく，人間を長い歴史の流れの中に位置付け，教育を時代や地域の中に位置付けていることである。指導を適切かつ十分に行うには，本書で概説しているような，多くの事項を踏まえる必要がある。

　実際に指導を行う場面でも，原理（第1章）や展望（第15章）をもちながら，目の前にいる子どもたちの姿の理解（第6章）を起点に，教育の内容・方法（第7章・第8章）や管理の内容・方法（第9章・第10章）を考えるものである。しかし，こうした理解・内容・方法は，先達が行ってきた営み（第2章・第3章），それに基づいた制度の成り立ち（第4章・第5章）を土台に築かれている。また，指導は，就学前保育（第11章・第12章）から就学後教育（第13章・第14章）までを見渡して初めて，子ども

の育ちの連続性を担保できる。

　こうした学びは，学生の皆さんにとって，一見「役立つもの」には思えないかもしれない。しかし，どんなことも，私たちの「役立てかた」が重要である。本書を執筆・編集をした私たちは，就学前・就学後のどこかで，指導経験がある。「現場」に出ていくと，養成課程で学んだことは，「無駄なものはない」「むしろ足りない程」だと実感する。学びは私たちに開かれている。

　2024年3月

編者一同

目　　次

第8章　就学後教育の目標と内容・方法　なぜ教科を通して学ぶのか？　*79*

第9章　教育課程の根拠法令　なぜ運動会を行うのか？　*91*

第1章　社会の中の教育課程

　本章は，全章の基本となる考え方を提示する。カリキュラム概念（第1節），カリキュラムの基盤（第2節），公教育の文脈・根拠・側面（第3節），指導・学習のフレームワーク（第4節），指導・学習の具体的な展開（第5節），そして広く深い学びのための理解（第6節）を概説する。これらを通して，学校での教育が複雑な事象だとわかるだろう。

1.　「カリキュラム」という概念

（1）「カリキュラム」概念の語源と変遷

　「カリキュラム」は，英語の「curriculum」をカタカナで表音したものであり，日本語では「課程」と訳されており，この英語の語源は，ラテン語の「curro（走る）」や「currere（走路）」としばしばいわれている[*1]。しかし，「語源」というのは，「語を構成している最小の単位となる音の意味」ならば，正確には，これらの単語（語彙）に共通する「cur（流れ）」となる。

　本書での「カリキュラム」は「教育・保育に関わる課程」を指す。辞典を見ると，狭義には「一定の教育目標に向けて組織・編成された教育内容の総体」，広義には「教育目標，教育内容，にとどまらず教材・教具，教授・学習活動，評価の方法その他学習者に与えられる学習経験の総体[1)]」とされている。「カリキュラム」は，国家のレベルから校園のレベルまであり，日本国憲法，学校教育法や児童福祉法（法律），施行令（政令），施行規則（省令），学習指導要領，及び幼稚園教育要領（以下，要領）や保育所保育指針（以下，指針）（告示）を根拠に活動が行われている。なお，「カリキュラム」を通時的に捉えれば，「計画→実施→結果」という段階（経過）を辿るもので，この「結果」には「達成された結果」だけでなく「意図せざる結果」も含まれる[*2]。

（2）「無駄なもの」が全くない養成課程

　指導を行うには，相応の資質・能力（素養）が必要である。教育職員免許状の取得には，「教育の基礎理論」「教育課程及び指導法」「生徒指導，教育相談及び進路指導等」「教育実習（あるいは養護実習）」が要件となる[*3]。教職科目

＊1　正確には，「curro（走る）」と「culum」から成り，「curro」は主要な意味を構成する語幹，「culum」は名詞という品詞を作る接尾辞である。

＊2　「意図せざる結果」として学校は3つの機能をもつ。すなわち，①成員として必要とされる規範を習得させる「社会化」，②階層や性別などの属性や進路へと振り分ける「選別」，③当該社会のあり方を当然のものとみなす「正統化」である。

＊3　正式な用語（科目の区分）については，『教職課程認定申請の手引き』を参照されたい。なお，根拠法令は，学校教育法施行規則，教育職員免許法施行規則，教職課程認定基準などがあげられる。

＊4　英語教育の場合，教育職員免許状を得る課程は，教員養成系と英語英文系に大別できる。前者では英語学よりも教育学が充実しており，後者では教育学よりも英語学が充実している。しかし，実際の指導に当たっては，英語学と教育学の両方を参照する必要がある。

＊5　歴史や文化は，普段遣いの言葉だが，現実を単純化しているところがある。歴史は「一貫している全体」，文化は「統一されている全体」かのように思われる。しかし，実際には，歴史や文化は複雑かつ多元的である。

＊6　ポルトマン（Portmann, Adolf, 1897-1982）が発見した「他の高等哺乳動物と比べて，人間は生理的に早く生まれる」という事実を指す。人間には，生まれ落ちた環境に頼る「依存性」と，周囲からの影響を受けて学ぶ「可塑性」がある。
A. ポルトマン：人間はどこまで動物か−新しい人間像のために，岩波新書，1961.

＊7　「子どもそのものの姿」を捉えようと，1980年代以降，欧米では「子ども学」という学問があり，近年，日本でも関連の書籍が刊行されている。原田　彰・望月重信編著：子ども社会学への招待，ハーベスト社，

は，指導には必要不可欠であり，無駄なものは1つもないだけでなく，学校現場で勤務するようになれば，より広く深く学ばなければならない。

　例えば，「英語の指導」を想定すると，「英語」は内容，「指導」は行為であるから，「英語の指導」には少なくとも2つの素養が必要となる。「英語」には「言語学」，「教授」には「教育学」の知見を身に付け，磨き続ける。言語・教育について，「人間にとっての意味は？」「どのように学ばれるのか？」との問いに「学問に基づく答え」がなければ，「英語の指導」は十分にできない＊4。

（3）「時間と空間の制約」と「広く深い学び」

　人間は，一定の時間と空間の中に生きている，という意味では限界がある。しかし，人間は，学ぶことによって時間と空間の制約を超えることもできる。「時間の制約」を超えるには過去の歴史から学ぶことができるし，「空間の制約」を超えるには他所の文化から学ぶことができる＊5。「苦手」や「嫌い」などの表現を耳にすることがあるが，それでは教師として不十分なので，分野を超えて様々な学問に触れてほしい。

　これは容易なことではない。人間は，この世に生まれ落ちて以降，身近な環境からの影響を受け，言葉を獲得して世界を腑分けし，様々な価値を身に付けていく。私たちは，余程の危機を感じない限り，そうした言葉と価値を信じて疑わない。「大人になる過程」としてはそれでもよいが，様々な言葉や価値を習得する子どもたちを前に，それでは困る。免許・資格の課程で，「最低限」ではあるが多くの科目を学ぶのは，こうしたことを想定している。

2.　「カリキュラム」を支えるもの

（1）「カリキュラム」を支える「生きる力」

　なぜ，新生児が生きていけるのか？　この問いへの答えは，動機などの意味づけではわからず，生物に関する学問の知見に求められる。それが「生理的早産」である＊6。子どもの養育や指導を行う際，「大人から子どもへの働き掛け」を優先し，「結果としての子どもの成長・発達」をイメージするかもしれない。しかし，このイメージは「逆転した発想」にすぎず，子どもには「成長・発達する力」があり，養育や指導は「その力を借りている」だけである。養育や指導をする際，広義の「制度」を前提に「子どもに必要なこと」を与えるが，「子どもの生命にとって，本当に必要なのか？」と問う必要がある＊7。

（2）「カリキュラム」を支える子どもの問い

　　ある程度の成長・発達の後には，子どもたちは「問い」をもつようになる。子どもたちの周囲には「不思議なこと」がたくさんあり，観るもの聴くものが「問い」につながる。皆さんは，子どもたちの問いに対して，どのように応えるだろう。「わからない」「答えがない」と正直に応えることも大事だ。また，「なぜだろう」「考えてみて」と応えて促すことも大事だ。さらに，「これはどうかな？」「これもあるよ」と誘うことも大事だ。しかし，いずれにしても，子どもたちを前にする教師は，「知らない」というだけでは，頼りにならない。

ワーク1　以下のサイトを参考に文章の括弧内に適語を入れよう[*8]。
「世界三大発明」とは，（A），活版印刷，（B）である。このうち，活版印刷は，（C）が発明した。この発明は，主に，ブドウ酒やオリーブの（D）の知識・技術と貨幣などの（E）の知識・技術がもとになっている。

出典）「印刷術について」
　　　（https://www.ndl.go.jp/incunabula/chapter1/chapter1_01.html）

印刷所の光景

（3）カリキュラムを支える歴史・文化

　　「グーテンベルクの印刷術」は，現代社会に不可欠なメディアの画期となった[*9]。中世（6〜17世紀頃）ヨーロッパでは，文字の読み書きは宗教家や知識人に独占されていたが，文字の共有は後の識字文化や宗教改革につながった[*10]。また，中世から近代に至る過程は，「大きな転換期」であった。政治の原理は権力集中から権力分散へ，社会関係の原理は属性原理から業績原理へ[*11]，経済の原理は欲望の抑圧から欲望の解放へ，転換した[*12]。一方，宗教では，教義についての忠実な理解や解釈による討議，聖書における装飾文字や動植物の模写，薬理効果のある植物の保存や提供など，近代科学の原形が見られる。

3. 公教育という制度

（1）政治・経済を両輪とする国家

　　中世では，教皇側の権力（教権）と国王側の権力（俗権）とが対抗・共存し

2012.
*8　文化は「伝統」だけでも「発明」だけでも成立しない。既存の知識や技術を足場にして，新規の知識や技術が加えられる。この過程は，「真似」だけでなく「変更」でもある。
*9　グーテンベルク（Gutenberg, Johannes, 1398頃-1468）の生涯や業績はポラード『グーテンベルク』（偕成社，1994），メディア史での位置づけは富山英彦『メディア・リテラシーの社会史』（青弓社，2005），グーテンベルク「42行聖書」は，慶應義塾大学メディアセンターＨＰを参照してほしい。
*10　従来，「版」を作れば内容を変更できなかったが，この印刷機は，「版」を組み替えて繰り返し印刷できた。これは，圧縮や鋳造の技術を活用しており，印刷された内容が媒介になり多くの人々に共有された。
*11　属性原理は，身分や地位などの属性を基準とする考え方。業績原理は，能力や実績などの業績を基準とする考え方。属性原理から業績原理へと転換しても，「上下」という意味では変わらなかった。
*12　中世から近代への移行の過程で，人間の欲望に対する評価が変化した。欲望は「抑圧されるべきもの」から「解放されるべきもの」へと変わった。ただし，欲望を解放させた結果，獲得されるものに格差が生じる。

＊13　「自由主義」や「民主主義」を採用していない国家もある。オックスフォード大学の研究所は、スウェーデン「V-Dem 研究所」の政治体制の4類型に基づき、世界の国家・地域を分析している。
＊14　「民衆の暴力」を防ぐため個人間で「争い合う手段の放棄」という約束（法令）と、「権力の暴走」を防ぐため権力者が「国民の意思の遵守」という約束（憲法）を掲げている。一方、法は一種の契約で、それが守られるには、その内容が人々に了解されていなければならない。

＊15　「学校」とは、学校教育法第1条に規定された、いわゆる「1条校」である。なお、学校教育系統図は『学制百五十年史』（文部科学省）参照。
＊16　国や自治体の施策について、大臣や首長が提示した議題を諮問、それに関する審議会などによる返答を答申という。学校教育に関する審議会として、教育課程審議会、臨時教育審議会、中央教育審議会などがあげられる。

ていた。しかし、近代には、神による支配から法による支配となり、両者が一定の距離を取る。また、自由主義（経済）と民主主義（政治）のシステムを採用した＊13。国家は、民衆の暴力・権力の暴走を防ぐ機構をもち、議会での合意形成と公費での権利保障を制度化した＊14。この権利には、「国家からの自由」である自由権と「国家による自由」である社会権がある。学校教育や児童福祉の専門職者は、免許・資格の範囲で、法令・施策に基づいて権利保障を行う＊15。

（2）教育・保育の職務の根拠

　学校教育や児童福祉の専門職の根拠は、国レベルと校園レベルに分類できる（表1-1）。国レベルについては、日本国憲法をすべての根拠に置き、学校教育機関では、教育基本法、学校教育法、要領など、児童福祉施設では、社会福祉法、児童福祉法、指針がある。また、校園レベルについては、学校教育機関では、教育方針、教育目標、教育課程、指導計画、児童福祉施設では、保育方針、保育目標、全体的な計画、指導計画がある。法令は容易に修正・変更できないルールであるが、施策は社会の変化に応じる柔軟なルールである＊16。

（3）「教育」と「管理」から成る「カリキュラム」

　学校教育における「カリキュラム」は、大別して2つの側面から成る。一般法に基づく「教育」の側面と、特別法に基づく「管理」の側面である。学校教育における一般法は学校教育法、特別法は特別に定められた関係法令を指す。
　「教育」は子どもによる学習と教師による指導から成り（第7・8章）、「管理」

表1-1　学校教育・児童福祉の根拠

種　別		学校教育機関	児童福祉施設
国	憲法	日本国憲法	
	法律	教育基本法	社会福祉法
		学校教育法	児童福祉法
	政令	学校教育法施行令	児童福祉法施行令
	省令	学校教育法施行規則	児童福祉法施行規則
	告示	学習指導要領 幼稚園教育要領	保育所保育指針
校園	方針	教育方針	保育方針
	目標	教育目標	保育目標
	課程	教育課程	全体的な計画
	指導	指導計画	指導計画

注）教育を充実させるために「教育振興基本計画」がある。これは教育基本法第17条に根拠をもつ。「教育振興基本計画」は、第1期、第2期、第3期と閣議決定を経て策定されており、現在の学校教育の基底を成す。

は子どもや教師への対人管理と施設・設備への対物管理から成る（第9・10章）。

　「教育」には，就学前では「領域」，就学後は「教科」，あるいはこれらを合わせた「合科」の区分がある。また，「管理」では，学校保健，学校給食，学校安全から成る「学校健康教育」が行われる[*17]。実施に当たって，「教育」は，学校教育法を根拠にして，「指導要領」に沿って行われ，「管理」は，学校保健安全法を根拠にして，「対処要領」に沿って行われる[*18]。

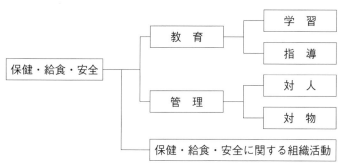

図1-1　学校健康教育の全体像

4. 指導・学習のフレームワーク

（1）目標を構成する「学びの要素」

　戦後日本の教育改革は，関係法令に基づき，答申・要領によって方向性が打ち出されてきた[*19]。中央教育審議会（中教審）答申〔2016（平成28）年〕[2)] では，「主体的・対話的で深い学び」がめざされ，「学力」は「知識及び技能」「思考力，判断力，表現力等」「学びに向かう力，人間性等」という要素に整理された。この答申の特徴は，① 就学前保育と就学後教育による「育ちの連続性」を保障する「3本柱」，② 幼稚園教育，保育所保育，認定こども園の要領・指針の「幼児教育化」，③ 就学前保育の「5領域」と就学後教育の生活科との「共通化」，④ 就学前後の接続をスムーズにする就学前保育の「育ってほしい10の姿」，である[*20]。「知識・技能」だけでなく，「思考・判断・表現」の力をつけ，これらを生かす「遂行・創造」の力を育成することが求められている。

（2）実践過程としての「学びの地図」

　中教審答申〔2016（平成28）年〕では，「社会に開かれた教育課程」「カリキュラム・マネジメント」「主体的・対話的で深い学び」とともに，「学習指導要領等の枠組みの見直し」が提起された[*21]。それが，「学びの地図」としての枠組

*17　学校健康教育は，心身の健康の保持・増進（学校保健），生命尊重と安全能力等の育成（学校安全），望ましい食習慣の育成等（学校給食）から成り，それぞれが，独自の機能を担いつつ，相互に連携しながら行われる営みである（保健体育審議会答申，1997）。

*18　ただし，「指導要領」は文部科学省が定めているが，「対処要領」は校園単位で作成される。「対処要領」の内容は，いじめや暴力などの「問題」，負傷や死亡などの「事故」，窃盗や詐欺などの「事件」，健康や疾病などの「保健」，地震や災害などの「安全」，といった多岐にわたる。池田隆英「日本における『学校の安全・危機』言説の展開（2）―『対処要領』の分析による『側面』と『領域』の検討」，岡山県立大学教育研究紀要，4（1），2020，4-26-4-36.

*19　「経験主義」「科目の新設」（1951年），「系統主義」「道徳の時間」（1958年），「教育内容の現代化」（1968年），「ゆとりの時間」（1977年）。「新しい学力観」「生きる力」（1989年），「ゆとり教育」（1998年），「脱ゆとり教育」（2008年），「資質・能力観」「主体的・対話的で深い学び」（2017年），「個別最適・協働的な学び」（2021年）である。水原克敏，他：学習指導要領は国民形成の設計図，東北大学出版会，2018.

＊20　ラングラン
（Lengrand, Paul,1910-
2003）は，人間の発達
を「時間」（垂直）と
「空間」（水平）に位置
づけたが，近年の「育
ちの連続性」も同様に
位置づけられる。この
意味で，就学前の「ア
プローチ・カリキュラ
ム」と就学後の「ス
タート・カリキュラ
ム」が連動するマネジ
メントは重要である。

＊21　OECD（経済協
力開発機構）の提言
後，大手IT企業3社
がATC21s（第5章，
p.50参照）を立ち上
げ，ユネスコを経由し
て，各国の教育政策に
反映された。これが，
「21世紀型スキル」や
「コンピテンシー」で
ある。その内実は，教
員研修を入り口とした
「新たな時代に必要な
ICTスキルの向上」
である。言語を「全体
的な体系」と「遂行的
な行為」に分けると，
コンピテンシーは，後
者に位置づく「言語遂
行能力」で，高低など
の価値を含まない。し
かし，教育学や経営学
などでは，効率や向上
の志向性から「知識や
技術を使いこなす高い
能力」へと読み替えら
れた。なお，概念の対
比は，コンテンツ（内
容）とコンピテンシー
（能力）ではなく，リ
テラシー（識字）とコ
ンピテンシー（遂行）
が適切である。なお，
近年の教育改革におけ
るモデルは，図1-2
から図1-3への転換
として位置づけられる。

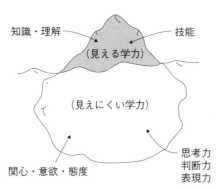

図1-2　新しい学力観
出典）梶田叡一：教育における評価の理論Ⅰ
学力観・評価観の転換，金子書房，
1994, p.86.

図1-3　21世紀型能力
出典）国立教育政策研究所：社会の変化に対
応する資質や能力を育成する教育課程
編成の基本原理，2013, p.26

みづくりと，各学校における「創意工夫の活性化」である[3]。「学びの地図」
は，指導の過程を見渡す・見通す「指導の具体的な枠組み」である。① 何が
できるようになるか（育成を目指す資質・能力），② 何を学ぶか（教科などを学
ぶ意義と，教科等間・学校段階間のつながりを踏まえた教育課程の編成），③ どの
ように学ぶか（各教科等の指導計画の作成と実施，学習・指導の改善・充実），
④ 子供一人一人の発達をどのように支援するか（子供の発達を踏まえた指導），
⑤ 何が身に付いたか（学習評価の充実），⑥ 実施するために何が必要か（学習
指導要領等の理念を実現するために必要な方策），となっている。

（3）計画としてのカリキュラムの基本構造

養成課程の要件の科目編成から，「指導」は，① 対象理解，②教育目標，③
教育内容，④ 教育方法，⑤ 教育評価，という5つの要素から成る（図1-4）。
①は子どもの理解，②は指導の目指す方向性や到達点，③は指導する内容，④
は指導する方法，⑤は指導後に行う評価である。子どもの理解に基づき，方向
性や到達点を決め，指導・学び（遊びや学習）の内容・方法を実践し，目標を
参照しながらその実践を評価する，という構造を成しているのである。

なお，就学前保育では，1つの活動に「健康」「人間関係」「環境」「言葉」
「表現」という保育内容の「領域」がすべて関連している。一方，就学後教育
では，1つの活動に「国語」「算数」「社会」「理科」「体育」などの教育内容の
「教科」が個別に対応している。就学前後で同じ「内容」という用語が用いら
れているが，発達の過程に応じて求められるものが異なるのである。

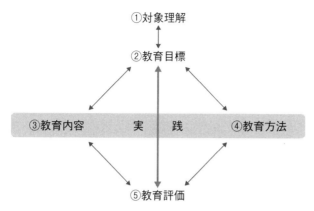

図1-4　カリキュラムの基本構造
出典）小澤周三編：教育学キーワード，有斐閣，2010，p.17の図
　　　の一部を改変

（4）「学習の前提条件」となる「機能」

　心理学では，目，耳，皮膚などの感覚器官から入ってきた刺激（あるいはそのまとまりとしての情報）を脳の中で意味あるものとすることを認知という[22]。この過程を経て表出されたものが行動である。感覚からの刺激が脳を経て行動に至る過程を模式図にしたのが図1-5である。人間が何かを学べるのは，こうした一連の流れの中で，得られた情報を保存する「記銘」と呼びだす「再生」の機能がサイクルとなり，これらが十分に働いているからである[23]。なお，認知や情緒が内面においてバックグラウンドで働き，言語や運動という行動へと表出されることによって，望ましい社会性が育まれるとされる。

[22]　脳の内部では複雑な機能分担が成されており，それぞれの刺激を受け止める感覚野に分かれている。しかし，実際に情報を処理する場合，いくつかの異なる刺激がいくつかの感覚野に入り，それらが互いに関連し合ったり記憶されている情報を検索したりして，意味を理解していく。これらの調整には前頭連合野が関わる。

[23]　スキナー(Skinner, Burrhus Frederic., 1904-1990)は，ハトの動物実験で，与えられた条件への対応の「通時的な変化」を学習と呼んだが，そのメカニズムは解明されておらず，指導では「学習者の認知の過程」を推論・測定するしかない。

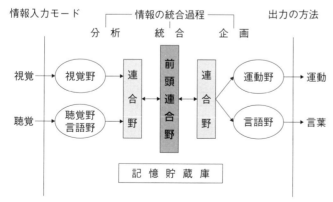

図1-5　認知過程の模式図
出典）若井淳二・水野薫・酒井幸子編著：幼稚園・保育所の先生のための障害児保育テキスト 新訂版，教育出版，2011，p.171.

5. 具体的展開に必要な発想

（1）「構成」という発想：複雑な「内的過程」

就学前でも就学後でも，活動は，教員・保育者の指導と学び（遊び・学習）とが両輪となって成り立つ。そのため，実践のすべての過程で，児童生徒の「内的過程＝構成」を想定しておく必要がある。学習とは，「客観」ではあり得ず「主観」ではあるが，個々の児童生徒が知識を自ら構成する過程であり，授業を通して児童生徒の集団が洗練・共有していく過程である[24]。

（2）「曖昧」という発想：子どもの「コトバ」

就学前保育の「ねらい」や就学後教育の「めあて」は，「大人が子どもに求めるもの」であり，「子どもが自ら望むもの」ではない。そのため，子どもたちは，興味や関心がなかったり，学習が追いつかなかったり，ということがある。それは，明確な質問や疑問という形になるとは限らないため，子どもたちが見せる「つぶやき」「とまどい」「つまずき」「ほころび」を大事にしたい。

（3）「前提」という発想：子どものレディネス

入園・入学の前に，子どもたちには，この世に生まれ落ちて以降に培われた個別的な経験の総体がある。一方，大人が伝えようとするものは，社会で価値があるとされる一般的な知識に基づいている。大人が「一般的な知識」を優先すれば，子どもの「個別的な経験」は後退していく。そのため，指導は，「個別的な経験」と「一般的な知識」との橋渡しを工夫することになる[25]。

（4）「内容」という発想：スコープとシークエンス

指導計画を練る際，長期でも短期でも，内容の配置や配列を工夫しなければ，子どもたちは遊びや学習を通して十分に学べない。そのため，指導計画を練る前に，内容の「範囲（スコープ；scope）」や「系列（シークエンス：sequence）」を考える。学年の配当や進行，活動の性質などを考慮しつつ，子どものレディネスを踏まえ，スコープとシークエンスを決定していく[26]。

（5）「方法」という発想：関係の間にある媒介

人間の活動には何らかの「媒介」があり，指導の際には「どう伝えるか」を工夫するとよい[27]。特に乳児や幼児は感覚が敏感（優位）であるため，視覚や

聴覚を使うと伝わりやすい。テレビやビデオはもちろん，プロジェクター，パソコン，タブレットなども選択肢となる。また，黒板やホワイトボードの内容は，概念や文章だけでなく，画像や図表なども選択肢となる。

（6）「関連」という発想：指導の「タテ」と「ヨコ」

指導の内容が決まっても，その内容をただ順番に「並べる」のでは，指導にはならない。指導案を想定しよう。「活動の導入」から始まり，「本時の活動（展開）」を経て，「活動の終末」へとつながる「タテの関連づけ」。また，「子どもたちの活動」と「教師による指導」との「ヨコの関連づけ」。これら「タテ」と「ヨコ」とが関連づけられて初めて，指導案が練られたことになる。

（7）「複眼」という発想：バランスが難しい実践

実際に指導を行う際は，「バランスのとりにくい状況」に迫られることがある。例えば，職務の遂行では，免許・資格に求められる「標準性」と個別のニーズに対応する「多様性」が働いている。また，児童生徒への関わりでは，全員に同じ対応を行う「均一性」と結果として同じになる「公平性」が考慮されている。いずれにしても，「全体」と「個別」とのバランスが重要となる。

（8）「発問」という発想：「共有する」「回収する」

指導は「回答を導くもの」と考えられがちだが，これでは十分な学びにつながらない[28]。児童生徒が，自分の力やペースで考えるには，それを促す「発問」が必要となる。しかも，余裕をもって考えられるよう，その「発問」は，子どもたち同士が共有できるように「全体に広げる」ことや，その場でのやりとりに限らず長期の見通しをもって「どこかで回収する」ことが重要である。

6. 広く深い不断の学びへ

指導の起点は「対象理解」にあるが，対象を理解するには，児童生徒や社会環境だけでなく，人間，自然，生命，宇宙などへの理解が必要である。

（1）生命としての「発生」と「適応」

「弱者」は餌食となり「強者」が捕食する，「弱肉強食」といわれる。しかし，これは「慣用表現」や「イメージ」で，実際にはそうとは限らない[29]。例えば，「強者」のネアンデルタールは滅亡し，「弱者」のホモ・サピエンスは生き延びた[30]。生存は意思や肉体の強弱ではなく環境への適応，特定の個体・集

*27 この発想は主に工学的なアプローチである。近年，「ユニバーサルデザイン」が求められてきた。個人として「障害がある」と診断・判定を受けても，環境として「負担や不利にならない」工夫ができる。この工夫に「支援技術：assistive technology」がある。国立特別支援教育総合研究所編：特別支援教育におけるアシスティブ・テクノロジー活用ケースブック，ジアース教育新社，2012.

*28 「指導をする」ことは，活動を「スムーズに進める」ことではない。「スムーズに進める」となると，「正答に向かう」ことが優先され，「タネ明かし」「答え合わせ」が早くなる。それは，子どもたちにとって，「つまらない」「味気がない」ものとなるため，極力，「試行錯誤をする過程」を尊重してもらいたい。

*29 この内容はダーウィン（Darwin, Charles, 1809-1882）が『種の起源』で述べたが，この書籍（論文）の発表当時，多くの誤解があり，今日の「通俗的な常識」になっている。本来，環境への適応は，種に重点があったため，個体に焦点化するのは，適切ではない。

＊30　近年の人類あるいは生物の研究は，これまで以上に進展している。遺伝学と人類学の交叉領域にある知見は，その一例である。篠田謙一：人類の起源－古代 DNA が語るホモ・サピエンスの「大いなる旅」，中公新書，2022.

＊31　3億年前，地表でのマントル対流がある程度まで収まると大きな陸と海ができた。この陸地は「パンゲア」，海洋は「パンサラッサ」と呼ばれる。

＊32　「単一の血統」がないとの見解は「遺伝レベル」の知見に基づくもので，「表象レベル」の知見に基づくと，「個人や集団のアイデンティティでは意味がある」といえる。

＊33　私たちが知り得ることは，唯一無二の「真実」ではなく，ある情報を理解可能にした「物語」である。「長い広い視野」に立つ知見として，「ビッグヒストリー」が，世界に公開されて教材として利用されている。デイヴィッド・クリスチャン：オリジン・ストーリー，筑摩書房，2019参照。

＊34　生得的に備わった能力を「天賦の才能」と表現する場合があるが，そのような能力があることが実証されたことはない。また，研究の知見から，個体の成長や発達は遺伝と環境の両方が関係し，遺伝と環境の関連性もわかっている。

団ではなく種の適応の結果で，ある時期に少数派でも後に多数派になり得る。

（2）人種・民族などの「集団」「属性」

特定の人種や民族などの集団をひとくくりにして，あたかも普遍的・永続的なものとみなす考え方がある。しかし，例えば，「日本人」の遺伝子を解析すると，何世代も前には，世界各地の人々の遺伝子の一部が見出せる。パンゲア＊31という大陸が徐々に分割されていき，やがて人類の複数の祖先が出現・絶滅し，移動と交雑を繰り返したため，人間は「単一の血統」などあり得ない＊32。

（3）実践は「二項対立」ではなく「多重記述」

教育の世界には「経験か系統か」「方法か内容か」などの「あれかこれか」の議論が多い。しかし哲学の通史でも実際の学びでも「二項対立」「二者択一」の議論は不毛である。この種の議論は，古代から中世を経由し近代に特徴的な「理解しやすい図式」だが，十分な対象理解につながらない。私たちが何かを理解しようと思えば，様々な角度や位相からの「多重記述」がふさわしい＊33。

（4）日本国憲法に込められた「人間の能力観」

日本国憲法第26条には「教育権」，教育基本法第4条には「教育の機会均等」が明記されている。これらの条文には，「その能力に応じ」という表現があるが，その意味はしばしば誤解されている。「個々の人物の能力の高低に応じ」との理解は，これらの法令の成立過程を知らないからである。この本来の意味は，「人間には，皆，学ぶ能力がある」ということを指している＊34。

> **ワーク2**　映画『風の谷のナウシカ』の世界観として，以下の語彙（専門用語）を参考に，「自然と人間の関係」について考察して発表してみよう。
> 　自己言及性，マタイ効果，ブーメラン効果，循環型社会，収奪と共生，生態系

■引用文献
1）岩内亮一・萩原元昭・深谷昌志・本吉修二編著：新版教育学用語辞典，学文社，1990，p.47.
2）中央教育審議会答申・第197号「幼稚園，小学校，中学校，高等学校及び特別支援学校の学習指導要領等の改善及び必要な方策等について」（平成28年12月21日），pp.28-31.
3）前掲書2）と同じ，pp.20-22.

■参考文献
江藤恭二：西洋教育史叙説，福村出版，1967.
佐藤　正：近代教育課程の成立，福村出版，1971.

第2章 欧米における教育課程の形成（1）

望ましい教育課程を考えるためには，時代や社会によって異なる教育課程の意義を理解し，今日のあり方を評価，検討していくことが必要である。本章では，近代以前のヨーロッパにおける教育の歴史を辿り，それぞれの時代や社会の教育課程を概観することにより，教育課程とは何か，なぜ教育課程が生まれたのかを考える。

1. 古代の社会における学び

（1）古代の学校における教育課程

古代のヨーロッパは，シリアや小アジア，ギリシア，イタリア，北アフリカの諸地域に建設された専制国家と，そこで生まれた諸文明に特徴づけられる。そこで生きた子どもたちは，どのような学びを経験していたのだろうか。

古代エジプトでは，文字の読み書きが行政組織の基盤となり，書記官，軍人，神官となる若者や高位の役職につく貴族の子弟に，文字を習得するための教育が行われるようになった。教育といっても，書記の実務を通して覚えていくというものであったが，中王国時代（BC.2040～BC.1640）には，富裕な庶民の子弟を書記へと養成する学校が準備されていた*1。

書記養成学校の教育の基本は，読み上げられるテキスト*2を書けるようになるまで，繰り返し読み，書き写して覚えることであった。それが終わると，文学作品や古典が教材として用いられた。書記官になった後も学習は続き，書簡や恋歌，物語，教訓文学，哲学書，祭儀や宗教関係の讃歌，医術や数学，埋葬に関する読み物など，さまざまなジャンルの書物の筆写が課せられた。

古代ギリシアでは，多くの都市国家（ポリス）が生まれた。ギリシア地域に侵攻したドーリア人が集住し，先住ギリシア人を隷属させることで成立したスパルタでは，支配階級の子ども（男子）を強靭な兵士に育成するという特殊な軍事教育が行われていた*3。生まれてすぐに身体検査が行われ，健康な子どものみが親元で育てられた*4。そして7歳になると親元から離され，公的な兵舎施設で，他の子どもと集団生活を送りながら，過酷な軍事訓練を受けた。

一方，スパルタと覇権争いをしていたアテナイでは，市民*5の子どもは複数

*1　地方執政官の力が強まり，安定した君主制が崩れたことにより，王権側は，経済力をつけてきた職人の子弟を書記官に養成して王への忠誠心を抱かせ，地方の有力者に対抗しようとした。

*2　代表的なものに，『ケミイトの書』がある。書記に必要な知識を教えるもので，手紙の書式や慣用表現，書記としての生活態度が記されていた。また，書記になれば生活が保証されることを喧伝する『ドゥアケティの教訓』や『セヘテプイブラーの教訓』など，教訓文学も積極的に活用された。

*3　女子にも集団での競技や身体の鍛錬が推奨された。強い兵士となる子どもを産むだけではなく，夫や息子が戦争で不在のあいだ，奴隷を監視・統制する役目もあった。

*4　プルタルコス（Plutarchus，46年頃～119年頃）の『対比列伝』によれば，「生まれ損って不恰好であれば…深い淵のようなところにやってしまう」とある。

*5　貴族と平民との区別はあったが，共同体の一員として政治や軍事に携わり，奴隷を所有した成人男子が「市民」と呼ばれた。

＊6　音楽や技芸を学ぶ「ディダスカレイオン（didaskaleion）」や私設の運動場の「パレストラ（palaistra）」，公立の訓練所の「ギムナシオン（gymnasion）」などがあった。

＊7　paid（子ども）とagogo（u）s（導く）からなる語である。家庭付きの奴隷で，「教育奴隷」や「教僕」と訳すこともある。

＊8　相手が真理を生み出すことを助けるという意味で，ソクラテスの方法は，「助産術」と呼ばれる。

＊9　善の理想を表すものであり，プラトンは「善のイデア」を認識することを教育の目的と考えた。

＊10　散歩道や建物の歩廊を歩き（逍遥）ながら講義をしたので，アリストテレスの学徒は逍遥学派（peripatetic school）と呼ばれる。

＊11　紀元前1世紀後半，都市国家の1つであったローマが地中海周辺から西ヨーロッパに版図を拡大し，皇帝を擁する帝国となった。しかし2世紀後半，東方や北方からの異民族の侵入により衰退し，395年，国土は東西に二分された。東ローマ帝国はビザンツ帝国として，ギリシアや東方の文化と融合した独自の文化圏を形成したが，西ローマ帝国はゲルマン諸国の建設によって解体した。

の学校に通い，読み書きや計算，音楽，舞踏を習い，肉体の鍛錬をした＊6。子どもには「パイダゴゴス（paidagogos）＊7」が付き添い，通学の安全を守るとともに，礼儀作法を教えたり，復習の面倒を見たりした。

　紀元前5世紀半ばになると，アテナイを中心に，ソフィストと呼ばれる人々が現われた。彼らは報酬と引き換えに人々の前で弁論の演示を行い，「語る技術（レトリーケー：rhētorikē）」を授けた。民主政が円熟期に達していた当時のアテナイでは，才覚のある市民であれば誰しも，政治権力の中枢に登ることができた。最高議決機関であった民会や法廷でうまく議論を展開し，人々を説得して自分の意見に同意させられる者が影響力をもったので，ソフィストは，政治的野心をもつアテナイ市民に大いに歓迎された。

（2）ソクラテスの実践とその継承

　ソフィストの登場と同時期に，しかし，ソフィストとは異なる独自の方法で教育を行ったのが，ソクラテス（Socrates, B.C.469 – B.C.399）である。その方法は，問答を通して相手に無知を自覚させ，さらに対話を重ねて問いを吟味していくことによって，相手に真理を想起させるという手続きをとる＊8。こうした実践を通して，吟味によって魂を浄化し，より優れた生き方や確実な知を得ようとする生き方を目指した[1]。

　ソクラテスの実践は，プラトン（Platon, B.C.427 – B.C.347）やアリストテレス（Aristoteles, B.C.384 – B.C.322）に継承された。プラトンは，純粋な理性的思考でもって認識できる絶対的な本質を「イデア」と名づけ，人間が自らの奥深くに意識を向け，「善のイデア＊9」を直接に体験することが，永遠不変の真理を開くことになると説いた。ソクラテスの死後，彼は学塾アカデメイアを設立した。そこでは，算術や幾何，天文の予備訓練のほか，統治者に求められる哲学の教授が対話形式で行われた。アリストテレスは，プラトンの説くイデア論を批判し，感覚や経験を超越した存在の本質を考えるような形而上学的な問いに対して，現実世界の物理的な要因を手掛かりに答えようとした。彼もまた，リュケイオンに学塾を開き，後進の育成に努めた＊10。

2. 中世前期ヨーロッパにおける学び

（1）キリスト教世界の形成と神学

　中世ヨーロッパの始まりは，西ローマ帝国が解体し，ゲルマン人の小王国であったフランクが発展していく5，6世紀である＊11。この時期に，ヨーロッ

史の主要舞台は，地中海からアルプス以北の西ヨーロッパに移った。

中世ヨーロッパの世界は，紀元前1世紀，ローマ帝国の時代に誕生したキリスト教に特徴づけられる。イエス・キリストの死後，キリスト教はローマ帝国内に広がり，4世紀末には国教となった。ローマ帝国が二分されて以降も，キリスト教を共通の精神的土壌に，ヨーロッパは統一的に結びつけられていった。

キリスト教が1つの文化的な勢力を形成するようになると，それを知識として説明することが求められ，キリスト教の根拠や信仰生活を体系的に研究する神学が確立した。しかしそこには，信仰の糧となる神の啓示と，理性に基づいて求められる普遍的な知をどのように統合するか，という問題があった。

古代キリスト教の最大の教父[*12]とされるアウグスティヌス（Augustinus Aurelius, 354-430）は，初期の著作『教師論』（388-390）において，この問題に挑んだ。それによると，理性が捉えることのできる知識は，言葉の提示や交換をきっかけとして，既知のものから想起される。しかし，想起された事柄が真実かどうかは，言葉によって教えられるものではない。理性の正しさを保証する「真理」に相談し，「真理」に教えられるのである[2]。

アウグスティヌスは，聖書や福音の言葉を検討し，真偽の判断規準となる「真理」を，「内なるキリスト」や「永遠なる神の知恵」とも表現している。そして，神の「恩寵の光[*13]」が人間を照らし，そこに明かされた「内なるキリスト」が人間を教えるという論理で，知識の形成における神の役割を示した。

（2）教会学校の教育課程とスコラ学

古代ギリシアの教育文化を継承したローマ帝国では，読み書きの基礎を学ぶ初等学校のうえに，文学的教養を身に付ける修辞学校や文法学校，さらに，哲学や修辞学の研究を行う学校が設けられていたが，西ローマ帝国の滅亡後，これらの学校は衰退した。それに代わったのが，大司教[*14]を置く教会に付属し，聖職者を養成する司教座聖堂学校であった。

学校では，読み書きなどの基礎学習が終わると，自由七科（seven liberal arts）[*15]が学ばれた。ローマ時代の末期の聖書や教父たちの注解書などはラテン語で書かれていたので，まず，ラテン語の文法が教授された。その他の学問や教科の教授では，公文書の作成や哲学的討論の訓練，教会の祝祭日の算出，讃美歌の練習など，職務に直結する内容に重きが置かれていた。そして自由七科を学んだ後は，聖書の解釈や典礼，教会法などが講義された。

8世紀頃になると，農業技術の革新によって農業生産量が向上し，余剰作物の交換から商業が発展した。各地に生まれた都市が活気づいていく中，文化的

[*12] 古代から中世初期の神学者で，キリスト教の発展に大きく貢献し，自らも聖なる生涯を送ったとして教会に公認された人々を指す。

[*13] 「創世記」や「マタイによる福音書」によると，神の知恵は「人間を照らす光」であり，神の恵み（恩寵）である。アウグスティヌスが影響を受けた新プラトン主義の哲学においても，真理は「光」と同一視される。このような照明説は，中世後期の神学にも引き継がれた。

[*14] ローマ時代の末期には，属州は司教管区に区分され，司教の下に教区を管理する司祭が置かれた。また，司教の中から互選される大司教が，それぞれの管区で大きな権限をもった。

[*15] 文法，修辞学，論理学の三学と算術，幾何，天文，音楽の四科から成る。5世紀頃，キリスト教の理念に基づいた教育内容を整えるために，ギリシア，ローマの学問をもとに集成された。

＊16 11世紀頃，ウニ
ヴェルシタスを母体に
大学が誕生する。初期
の講義は，教会の回廊
や教授の自宅で行われ
たが，やがて学生の団
体が大学の自治を担い，
コレギウム（collegium:
学寮）などが教授施設
となっていった。

＊17 テキストの問題
について賛否の典拠を
示しながら注解する
「講読」と，学生から
の問いに教授が聖書を
引用しながら答え，学
生がこれに反論すると
いう「討議」によって
学ばれた。

＊18 2，3世紀，東
方やエジプトで，神に
仕えるために禁欲的に
修業した人々が共住を
始めたことに由来す
る。5，6世紀には，
その形態が西方にも広
がった。

＊19 修道院もまた，
後進を育成するための
学校を設けるように
なった。大司教や教皇
の中には，修道院学校
で学んだ者もいた。

に豊かな生活を求める人々が増えていった。彼らは高名な学者のいる都市や司教座聖堂学校に集まり，ウニヴェルシタス（universitas：団体，組合）を形成した[*16]。

　司教座聖堂学校や大学では，11世紀以降，スコラ学が用いられるようになった。「学」といっても特定の教説ではなく，哲学や神学などの諸問題を相対する立場から弁証論的に探究し，厳密な知識を獲得していく学問の技法であった[*17]。その論理は，アリストテレスの著作から学ばれたが，実証的考察に裏づけられた彼の哲学には，キリスト教の教義と対立する内容も含まれており，教会より禁止令が出されることもあった。

　こうした問題に答えた一人が，パリ大学の神学部教授を務めたトマス・アクィナス（Aquinas, Thomas, 1225-1274）である。彼は『神学大全』（1266-1273）において，キリスト教の信仰を体系的に分析し，信仰における哲学の意義を明らかにした。それによると，哲学は神の認識に対する理性の働きを明らかにしても，神の啓示による認識を超えて，神そのものを捉えることはできない。それでもなお，神学において哲学を用いるのは，キリスト教を信仰することが，理性の働きでもって教義を承認する行為であり，また，哲学における類推を用いることで，信仰に関する事柄が明らかとなるからである[3]。

　このように，トマス・アクィナスは，キリスト教の信仰に関わる命題を，哲学の論理にのっとって一つひとつ論証していく。その論理的な探究の実践こそ，スコラ学そのものであった。

（3）修道院の教育と多様な学校の成立

　修道院[*18]もまた，司教座聖堂学校とは異なる仕方で，中世ヨーロッパの教育を担っていた。修道士は定住を誓約し，修道院の戒律や規則，修道生活の日課を義務として行った。日課には，聖書や詩編，教父たちの注解などを朗唱・朗読する聖務，読書や瞑想のほか，自給生活を送るための労働があった。また，修道院には多くの書物が所蔵されていたが，それらを手に入れるには書き写すしかなかったため，筆写をすることも修道士の重要な仕事であった。

　修道院には誰でも入ることができたので，幼い子どもから高齢の修道士までが共に生活をしていた。ラテン語の読み書きや文法，詩編の暗唱など，聖務に必要な知識については，経験を積んだ修道士がこれを手ほどきしたが，修道士としての生活を共に送ることそのものが，修道院の教育であった。

　9世紀頃になると，司教座聖堂学校や修道院学校[*19]で，貴族や富裕な層の信徒が学ぶことを許され，聖職者を養成する「内校」とは別に，「外校」が設けられた。地方の各教区にも教区学校，祈唱堂学校などが作られ，初等教育を担

うようになった。また，都市の発展とともに，教会の干渉は受けつつも教会組
織から離れた，ラテン語学校や文法学校なども生まれた[20]。しかし，このよう
な学校に通ったのは，貴族や一部の富裕な農民，読み書きを必要とした商人，
手工業者などに限られた。

＊20　文法学校は，母国語の読み書きや計算を学ぶ学校である。

（4）農村，都市，宮廷に生きる人々の学び

　封建社会[21]であった中世ヨーロッパにおいて，人口の大部分を占めていたの
は農民である。彼らは，聖職者や貴族，騎士の所有する土地で，賦役や貢租の
義務を負い，その暮らしは必ずしも裕福とはいえなかった。多くの子どもは
6，7歳になると，親とともに，あるいは，近隣の富裕な農家や商家に奉公に
出て，何らかの仕事をしなければならなかった。

　農村では農業のほかに，パン焼きやワインの醸造，鍛冶，皮なめし，女性を
中心として製糸や機織りなど，さまざまな手工やその商いも行われていた
（図2-1）。11世紀になると，これらの工房は都市に置かれるようになり，男
性職人による専門化と分業化が進んだ。

　都市の商人や手工業者は，それぞれの職種ごとに同業者の組合[22]を形成し
た。例えば，手工業者は親方，職人，徒弟で構成され，組合には親方が加入し
た。そして，組合の規約や新規の親方の承認，組合の取締役の選出などの権利
をもち，組合の取り決める手続きで徒弟の教育に当たった。職人になろうとす
る者は，親方と契約を結び，徒弟金を支払い，衣食住を提供されて一定期間の
技術指導を受けなければならなかった。

　封建社会の軍事を担った騎士[23]もまた，その資格を得るまでに特別な修業を
受けた。6，7歳になると，小姓として領主の館に入り，雑用をこなしながら
礼儀作法を学び，14歳で従騎士となり，騎士の七芸（乗馬，水泳，剣術，弓術，
狩猟，チェス，作詩）を身に付けた。そして成人すると（21歳前後），領主によ

＊21　貴族と騎士との契約に基づく封建制と，領主（聖職者，貴族，騎士）による農民の所有を含む荘園制という2つの社会関係を軸に成り立っていた。

＊22　職業上の権利の確保や相互扶助を目的として結成され，王権や領主の認可を受けた。地域によってギルド（Gilde）やツンフト（Zunft）など，固有の呼称があった。

＊23　貴族，市民権をもつ自由人，そして家士（国王や諸侯に属する非自由人）のほか，富裕な農民が武装して騎士と見なされることもあった。

図2-1　靴屋（Schoemakers），ヨースト・アマン
　　　（Amman, Jost, 1539-1591）作
出典）Lacroix, P.: *Manners, Custom and Dress During the Middle Ages and During the Renaissance Period*, available freely at Project Gutenberg, 2004.

り叙任の儀式が行われ，キリストと領主に仕えることを誓約した後，正式な騎士となった。

3. 中世後期ヨーロッパにおける学び

（1）人文主義者の教育思想

農業技術の革新によって食料事情や農業労働が改善し，11〜13世紀，ヨーロッパの人口は急速に増加した。このことは，開墾運動や干拓，東方への植民，イベリア半島の国土回復運動（レコンキスタ），聖地巡礼や十字軍の遠征[24]などに見られるように，ヨーロッパ世界が外へと拡大していくことにつながった。なかでも，数次にわたる十字軍の遠征は，東方への交通網を形成し，遠隔地商業を発展させた。

北イタリアや北フランドル地域[25]は二大貿易圏となり，これらを結ぶ交通網に商業都市が生まれ，領主の支配を脱した自治都市も形成されていった。13世紀末頃，これらの都市に，イスラム勢力の侵攻から逃れたギリシアの学者たちが渡っていった。自治権を握った有力な商人たちは，新たな都市貴族となって，東方から流入した学問や芸術を積極的に保護した。

こうした社会の動きは，新たな精神運動（ルネサンス：Renaissance）につながっていく。それは，キリスト教の伝統的な権威や因習にとらわれず，人間の自然の感情を文芸活動でもって表現しようという動きであり，14世紀のイタリアに始まり，16世紀末にかけてヨーロッパに広がった。

ルネサンスは，古代ギリシアやローマの古典を模範に，人間性の解放を求める「人文主義（humanism）」の思想に特徴づけられる。その担い手の一人が，『痴愚神礼賛』（1509）を著したことでも知られる，神学者のエラスムス（Erasmus, Desiderius, 1466頃-1536）である。エラスムスは，古典を範に人間性を開花させようという人文主義の方法を聖書にも拡大し，聖書の文章や表現を多数掲載した修辞学のテキストを作成した。また，『学習の方法について』（1512）や『子どもの教育について』（1529）[26]では，人文主義の人間観に基づく新しい教育の方法を提示した。

エラスムスによると，当時の都市の文法学校は，鞭打つ音や恫喝，悲鳴が響き渡り，まるで「奴隷や罪人が漕ぐ帆船」や「牢獄」のようであった。このような場所で学ぶ子どもは，学問を憎むようになるだろう。そこで彼は，過酷な扱いで辛苦を与えるのではなく，楽しく，快い状態の中で知識が習得されるよう，学習には遊びやユーモアを用いることを勧める。また，そのためには教師

*24　中近東におけるキリスト教徒の窮状の訴えを受け，1095年，聖地エルサレムの奪回が決議された。以後，13世紀末頃までの約200年間にわたり，多数の諸侯や騎士が軍隊を編成し，東方に向かった。

*25　ベルギーの西部からオランダ南西部，フランスの北部を含めた地域を指す。フランドルはフランス語に由来するが，日本では英語由来のフランダースという呼称も使われる。

*26　正式なタイトルは，『子どもたちに良習と文字とを惜しみなく教えることを出生から直ちに行う，ということについての主張』である。『幼児教育論』や『児童教育論』とも邦訳されている。D. エラスムス，中城進訳：エラスムス教育論，二瓶社，1994，p.8.

が敬愛されることも必要だと説き，人文主義的な教養，思慮深さ，子どもを思いやる心などを教師の要件としてあげている[4]。

（2）宗教改革と教育

　15〜16世紀，ヨーロッパは大航海時代を迎え，商業圏を拡大した。貨幣経済は農村にも浸透し，封建的な身分制の解体を招いた[*27]。十字軍の遠征も遠因となり，地方貴族や騎士が経済的に疲弊していく一方で，王や皇帝は，貢租や商人から借り入れた貨幣で傭兵を常備し，君主権を強めていった。一方，十字軍の遠征の失敗やバビロン捕囚[*28]，教会の大分裂[*29]などによって，教皇の権勢は衰え，聖職者の道徳的退廃も問題視されるようになった。

　1517年，大学の神学教授であったルター（Luther, Martin, 1483-1546）は，『九十五カ条の論題』を発表し，教皇がドイツで販売した贖宥状（免罪符）[*30]を非難した。この「論題」は，グーテンベルクの活版印刷術のおかげでたちまち全ドイツに広がり，大きな反響を呼んだ。ローマ教会はルターを破門し，皇帝は帝国追放に処したが，ドイツの地方貴族や自由都市が彼を擁護し，改革運動を進めていった。

　ローマ教会の伝統が，教父の注解の積み重ねを正しい聖書の解釈と考えるのに対して，ルターは，聖書の言葉に忠実に，そして自分の生き方に関わらせながら読むことが重要だと考えた。そこでルターは，人々が広く聖書を読めるように，『新約聖書』（1522）をドイツ語に翻訳した。さらに，教会学校や修道院学校の入門書として用いられていた「カテキズム」（教義問答書，1529）[*31]も，簡易な内容に編纂し，ドイツ語で著した。

　聖書を読むことに関しては，学校教育の整備も重視された。「ドイツ全市の参事会員に宛てて，キリスト教的学校を設立し，維持すべきこと」（1524）では，市参事会に学校設立を求め，子どもは男女ともに学校で読み書きと聖書を学ぶよう，就学を強制することを訴えた[5]。

（3）コメニウスの教育思想と『世界図絵』

　宗教改革以降，キリスト教世界は，ローマ教会に象徴されるカトリックと，改革派のプロテスタントに分かれ，しばらく混乱が続いた。1618年，オーストリアの属領であったボヘミア[*32]で，ハプスブルク家の圧迫に対するプロテスタントの抵抗に始まった戦争は，たちまちドイツに広がり，他国も巻き込む宗教戦争に発展した。三十年戦争である。

　この戦争の時代を生き，人文主義や宗教改革，さらに17世紀の科学革命[*33]の成果を融合させながら，独自の教育思想を展開したとされるのが，コメニウ

*27　年貢が賦役から地代（貨幣）に変わるに伴い，農奴が解放され，自営農民が増えた。地位が向上した農民は，自治権を求めて戦うこともあった。

*28　1377年，教皇庁がローマから南フランスのアヴィニョンに移された。この事件を，古代の例になぞらえ，教皇のバビロン捕囚という。

*29　バビロン捕囚によって，ローマとアヴィニョンにそれぞれ教皇が置かれ（1378-1417），教会が2つに分裂したことを指す。

*30　死後に，煉獄（天国と地獄の間にある場所）で受ける罰を免除する証書で，教会がこれを販売した。

*31　聖書の基本教理を理解するための手引き書で，教理内容を体系的に要約したものや，問答形式で表わしたものなどがある。

*32　現在のチェコ西部，エルベ川とその支流のモルダウ川の流域を指し，ドイツ語ではベーメンという。また，東部はモラヴィアと呼ばれる。

*33　一般には，16世紀半ばに唱えられた地動説を先駆けに，17世紀の近代科学の成立，実証主義的な知識の体系化といった自然科学分野の発達をいう。

＊34　コメニウスの著作には，後述の『大教授学』や絵入り教科書『世界図絵』のほか，ラテン語の入門書『開かれた言語の扉』（1631）やその内容を劇化した『遊戯学校』（1653-54）など，言語の教授に関するものが多数ある。亡命先のポーランドでは，当地の貴族の保護を受け，教師，校長として学校教育に携わった。

＊35　「ローマの信徒への手紙」（新約聖書）に「すべてのものは，神から出て，神によって保たれ，神に向かっている」とあるように，「あらゆる事柄と自分自身とを還す者と成る」とは，いかなるときでも神が共におり，自らの人生を導いていると信じるということである。

＊36　あらゆる知識は緊密に連関しており，個々の知識は論理的に，その有機的連関の全体と結びついてあるという「汎知（pansophia）」の考えに基づいている。

＊37　視覚や聴覚などの感覚器官を通じて得られた印象（情報）や，感覚によって情報を得ることをいう。

＊38　『世界図絵』の内容は，「入門」に始まり，「1. 神」，「2. 世界」，「3. 天空」と続き，動植物，人間の身体，職業や生活の営み，教育，人間の倫理に進み，「149. 神の摂理」，「150. 最後の審判」，「結び」で終わる。

ス*34（Comenius, Jan Amos, 1592-1670）である。改革派のボヘミア兄弟教団附属学校で学び，教団の主席監督となった彼は，迫害を免れず，亡命生活を余儀なくされた。ヨーロッパ諸国を渡り歩きながら，世界に平和をもたらす手立てを，新しい教育の構想に求めた。その構想は，主著『大教授学』（1657）の冒頭，「あらゆる人に，あらゆる事柄を教授する，普遍的な技法[6]」を提示するという宣言に見ることができる。

　ここでいう「あらゆる人」とは，信教や身分，門地の違い，性別などに関わらず，人間として存在するすべての人，つまり文字通りの「あらゆる人」を意味している。コメニウスによれば，神は「神の似姿」として創造された人間に，あらゆる事柄を知る者と成り，あらゆる事柄と自分自身を支配する者と成ることを求めた。また，あらゆるものの源泉である神に，あらゆる事柄と自分自身とを還す者と成るよう求め*35，神はそれに応える「学識」「徳行」「敬神」を「種子」として与えている。しかしこの「種子」は，おのずから芽吹くものではない。学問を教え，徳性を磨き，敬虔の心を養わなければならないのである。ゆえにコメニウスは，「教育されなくては，人間は人間になることができない[7]」のであり，「人間として生まれた者には，すべて教育が必要である[8]」という。

　次に，「あらゆる事柄を教授する」とは，「現世と来世の生命に属する，あらゆる事柄」と付言されているように，神の創造された世界，神の似姿である人間，そして神の言葉である聖書に関する知識のすべてを教える，ということである。といっても，個々の事物や事象をそのままに伝達するわけではない。コメニウスが意図したのは，1つの普遍的な知識の体系においてそれらを示すこと*36である。しかもそれは，幼い子どもや読み書きに不慣れな人も含む「あらゆる人」が，「わずかな労力で，愉快に，着実に，教わることのできる」ような「普遍的な技法」で示されなければならない。

　コメニウスは，外界にあるすべてのものの認識は，視覚や聴覚などの感覚器官が理性を助けることによって可能となると考え，「知識の始まりは，常に感覚から起こらねばならない[9]」と述べる。ゆえに，知識の体系において示された事柄は，その本質を感覚的に直観*37することから始め，次いで，言葉（文字）で表現するといった方法で学ぶ必要がある。

　その方法を具体的に表したものが，絵入り教科書として知られる『世界図絵』（1658）である（図2-2）。同書においてコメニウスは，世界，人間，神に関するあらゆる知識を，要素や生成の順序などに基づいて150項目に分類整理し，それらを，神が世界を創造し，また神へ還っていくという1つのつながりに沿って配列した*38。また，それぞれの項目の内容を絵と，それを説明する文

2——世界

天は火, つまり星をもっています。

雲は上空にただよっています。

鳥が雲の下を飛んでいます。

魚が水中を泳いでいます。

大地には山, 森, 畑があり, 動物, 人間がいます。

このように世界という大きな身体は四つの要素から成り,
居住者で満ちています。

図2-2　世界図絵

出典) J.A. コメニウス, 井ノ口淳三訳：世界図絵（平凡社ライブラリー129）, 平凡社,
　　　1995, pp.30-31.

章で表し, 絵の主要な事物に小さな数字を振って, その数字が指し示す絵と説
明文の語句とを対応させるようにした。そうすることによって, あらゆる知識
の見取り図の中で, 直観に基づきながら知識を確実なものとしていく「普遍的
な技法」が実現されるのである。

> **ワーク**　図2-2の絵と説明文を参考に,「学校」というタイトルで絵と説
> 明文を考えてみよう。

■引用文献

1 ）プラトン, 久保 勉訳：ソクラテスの弁明・クリトン, 岩波書店, 2010, p.86.

2 ）アウグスティヌス, 石井次郎・三上 茂訳：世界教育学選集98 アウグスティヌス教師論, 明治図書,
　　1981, p.38.

3 ）T. アクィナス, 山田 晶訳：神学大全Ｉ, 中央公論社, 2020（初版2014）, pp.8-17（第１部第１問, 第
　　１項の解答）.

4 ）D. エラスムス, 中城 進訳：エラスムス教育論, 二瓶社, 1994, p.8.

5 ）M. ルター, 徳善義和訳：ルター著作選集, 教文館, 2012, pp.479-483.

6 ）J.A. コメニウス, 稲富栄次郎訳：世界教育宝典14 大教授学, 玉川大学出版部, 1956, p.13.

7 ）前掲書6 ）と同じ, p.81.

8 ）前掲書6 ）と同じ, p.86.

9 ）前掲書6 ）と同じ, p.246.

■参考文献

アリストテレス, 出 隆訳：形而上学（上・下）, 岩波文庫, 1959.

プルターク, 河野与一訳：プルターク英雄伝（一）, 岩波文庫, 1952.

プラトン, 藤沢令夫訳：プロタゴラス, 岩波文庫, 1998.

J.A. コメニウス, 井ノ口淳三訳：世界図絵, 平凡社, 2002（初版1995）.

今井康雄編著：教育思想史, 有斐閣, 2009.

梅根 悟：世界教育史，新評論，1973（初版1967）．

大貫良夫・前川和也・渡辺和子・尾形禎亮：世界の歴史1－人類の起源と古代オリエント，中央公論新社，2020（初版2009）．

乙訓 稔編著：教育の論究，東信堂，2006．

河原 温，堀越宏一：図説　中世ヨーロッパの暮らし，河出書房新社，2016（初版2015）．

皇 至道：西洋教育通史，玉川大学出版部，1962．

田中美知太郎：ソフィスト，講談社，1977（初版1976）．

長尾十三二：西洋教育史［第二版］，東京大学出版会，1991（初版1978）．

納富信留：ソフィストとは誰か？，筑摩書房，2015．

沼田裕之・加藤守通編著：文化史としての教育思想史，福村出版，2000．

眞壁宏幹編著：西洋教育思想史，慶応義塾大学出版会，2016．

村井 実：教育思想（上）－発生とその展開－，東洋館出版社，1995（初版1993）．

第**3**章 欧米における教育課程の形成（2）

本章では，近代以降の欧米における教育課程の形成過程をみていく。公教育制度が整備されていく中，学校という教育空間で，子どもが何を，どのように学んだのかを考えてみることは，教育課程のあり方を問い直すことになる。また，その過程で示された理想が，どのような教育課程によって実践（実現）されたのかを理解することは，新しい教育課程を創造する知恵となる。

1. 市民社会の形成期の教育思想

（1）ロックの教育思想と習慣形成

中世末期のヨーロッパでは封建制度が政治的機能を失いつつある中，領邦の王が集権的な国家体制（絶対王政）を築き上げていた。当時は，ペストの流行や凶作，戦争による人口停滞など，大きな危機を迎えていた。王はこれらの危機を克服するため，重商主義の政策[*1]をとった。こうした動きは資本主義の発展を促し，商工業者の経済力を向上させ，18世紀後半から19世紀にかけて起こるアメリカ独立革命やフランス革命，産業革命へとつながっていった。

17世紀後半には，自然科学の分野にも革新がもたらされた[*2]。それは，人々の知識の源泉であったキリスト教的価値観から離れ，理性的思考に基づいて認識しようという知の転換を示すものであった。こうした動きから，新たな知識人が生まれた。彼らの思想は，伝統的な権威を人間の理性の力で合理的，批判的に問い直し，人間社会の進歩や改善を図ろうという理念を共有しており，啓蒙主義〔Enlightenment（英），Lumières（仏），Aufklärung（独）〕[*3]と呼ばれた。

啓蒙主義の担い手たちは，理性的な人間を育成するための教育についても関心をもち，重要な考察を行った。その一人が，イギリスの哲学者であるロック（Locke, John, 1632-1704）である。『人間知性論』（1690）において，彼は人間の精神を「あらゆる文字を欠いた，白紙（tabula rasa）のようなもの[1)]」と形容した。そして，観念が形成されるのは，さまざまな経験を通して知覚された意識内容がそこに書き込まれることによると考え，神によって観念が与えられているとする生得観念説を否定した。

*1 16〜18世紀の管理経済政策である。国家が介入して金銀を獲得する重金主義，輸出貿易を保護し，貿易差額によって国富を増大させる貿易差額主義，有力な産業の保護育成に力を入れる産業保護主義など，さまざまな形態がある。

*2 ガリレオ（Galileo, Galilei, 1564-1642）やニュートン（Newton, Isaac, 1642-1727）は，実験と観察を通して，自然界の対象を実証的に究明する方法を示した。また，ベーコン（Bacon, Francis, 1561-1626）の帰納法や，デカルト（Descartes, René, 1596-1650）の演繹法のように，その思考は哲学にも用いられた。

*3 「啓」は「開く」，「蒙」は「くらやみ」であり，理性の光による照明を意味する。国際法の祖とされるグロティウス（Grotius, Hugo, 1583-1645），社会契約説をもとに国家の起源を求めたホッブズ（Hobbes, Thomas, 1588-1679），圧政に対する市民の抵抗権を擁護したロックらを先駆けとする。

同様の主張は，『教育に関する考察』(1693)にも見られる。ロックは，子どもを蜜蝋にたとえ，「十人の中九人までは，良くも悪くも，有用にも無用にも，教育によってなるもの[2]」という。そして，教育において肝要なのは，体罰や迷信などに拠らない理にかなった方法で[*4]，子どもが自らの欲望を自制し，苦を避ける傾向を克服できるように仕向け，子ども自身が望ましい習慣を形成できるようにすることだと説いた。

（2）ルソーの教育思想と「本性」

啓蒙主義の思想は，18世紀のフランスで全盛を極め，多くの啓蒙思想家を輩出した。人間の平等を理想として人民主権を説いたルソー（Rousseau, Jean Jacques, 1712–1778）もその一人である。

しかし，「われわれの魂は，われわれの学問と芸術が完成に向かって前進するにしたがって腐敗した[3]」と述べているように，ルソーは，啓蒙思想家らが前提とする文明観を批判している。教育論『エミール』(1762)[*5]の第一編も，「万物をつくる者の手をはなれるときすべてはよいものであるが，人間の手にうつるとすべてが悪くなる[4]」という一節で始まり，文明社会の影響下でも神の創られた理想の状態でいられるよう，「垣根」を作って子どもを教育すべきことを主張する。

ルソーによれば，その教育は3つに分けられる。まず，「自然の教育」である。「自然（nature）」とは，人間の内なる本性であり，子どもが手足を動かせるようになったり言葉を覚えたりするのは，この「自然の教育」による。次に「人間の教育」は，子どもの能力をどう生かすかを教えることであり，親や教師による教育がこれに当たる。そして「事物の教育」は，子どもが現実の事物を経験して学ぶことである。これら3つのうち，「自然」は人間の力でどうすることもできない。ゆえに，「人間の教育」と「事物の教育」を，この「自然」の法則に合わせる必要がある。例えば，生まれたばかりの子どもは，未分化ながら鋭敏な感覚をもっている。ゆえに，この時期の教育は，子どもの感覚を心地よく刺激したり，子どもの好奇心を満たしたりすることを第一に考えなければならない。教師は，子どもが自由に駆け回ったり大きな声を発したりできる環境を整え，子どもを見守ればよいのである[*6]。

ルソー

*4　ロックは「健全な身体における健全な精神」という詩の一節を引用し，身体の訓練の意義を強調した。また，粗食や薄着，早寝早起きに慣れさせるなど，身体を習慣づけることを推奨している。

*5　ルソー自身である語り手が家庭教師となり，架空の男児エミールを育てていく過程を実例をあげて論じている。子どもの本性を観察し，その固有性を捉えるように訴えたことから，本書は「子どもの発見の書」といわれる。

*6　このような関わりを，消極教育と呼ぶ。ルソーによれば，この時期に感覚や運動能力が十分に発達すると，それを土台として理性が目覚める。読書に親しみ，道徳や宗教，市民としての義務を学ぶなど，理性を働かせる学習は，青年期に始まる。

2. 近代における教育の理論と実践

（1）ペスタロッチーの教育実践とメトーデ

　市民社会の理想が実現されていくと，その理想を体現する次世代を育てることへの関心が高まり，子どもの教育可能性を論証する教育論や，実践的な教育方法が数多く提出されるようになる。スイスの教育家ペスタロッチー（Pestalozzi, Johann Heinrich, 1746-1827）もまた，こうした時代の課題に応えようとした一人である。

　ペスタロッチーは教育実践を体系化し，初等学校の方法論を確立したといわれる。その直接的な契機は，1798年からシュタンツで孤児院を管理した経験であった*7。そこに集まったのは，革命の混乱の中で見捨てられていた浮浪児や戦災孤児たちであった。しかし彼は，どのような境遇にあっても「人間性の諸力」は息づいていることを信じ，まず，子どもの心を開こうと試みた。

　ペスタロッチーが行ったのは，子どもの空腹を満たし，衣服や身の回りのものを清潔に保つことであった。また，眠りにつくときにはそばにいて，ともに祈り，お話を聞かせたりした。というのも，子どものうちに「愛慕」や「信頼」が芽生えれば，その感情が人間らしい生活を求める意欲を生み出し，「人間性の諸力」を活気づけるだろうと考えたからである。こうした経験から，「メトーデ（die Methode）」という教授法が開発された。「メトーデ」は，感覚器官が事物や事象を「直観（Anschauung）」することから始まる*8。次いで，事物の本質的な要素である「数・形・語」に基づいて「直観」を表象し，その認識を段階的に再構成していくことによって明晰な概念へと高めていく。このようにして，知識を構成する基礎的な能力を育成するのである。

　ペスタロッチーによれば，子どもの身体を鍛え，感覚器官の健全な発達を促すことや，その心に「道徳的な情調（sittliche Gemüthstimmung）」を芽生えさせることがなければ，「直観」は偏った不完全なものとなる*9。ゆえに彼は，「人間の根本力」，すなわち精神，心情，身体の力*10を調和的に発展させることを「基礎陶冶の理念（Idee der Elementarbildung）」として示し，初等教育の基軸としたのである。

ペスタロッチー

*7　スイスで起こった革命を鎮圧するためにフランス軍が介入し，シュタンツの町が大きな被害を受けた。政府は孤児院を設け，ペスタロッチーをその管理者として招聘した。

*8　事物や事象を直接に体験したり，絵や標本，模型などの代理物を提示して具体的に学習させたりする方法を直観教授と呼ぶ。その端緒はコメニウスの教授法に見られる。

*9　コメニウスの直観は，主に視覚によるものであったが，ペスタロッチーの直観は，五感を通しての感覚的受容であり，また，事物の本質を把握し，認識を構成していく力も含む。

*10　これら「人間の根本力」を「頭（Kopf）」「心（Herz）」「手（Hand）」と表現している。

（2）ヘルバルトによる「一般教育学」

ヘルバルト

　ドイツの教育学者ヘルバルト（Herbart, Johann Friedrich, 1776-1841）は，1799年にペスタロッチーを訪問し，「メトーデ」を研究した。また，大学教授となってからは，「教育学ゼミナール」で教員養成にも携わった。こうした経験から，教育を科学的に考察することが必要だと考え，学問としての教育学を確立しようと試みた。

　実践哲学（倫理学）と表象力学（心理学）に基づく『一般教育学』（1806）において，ヘルバルトは人間の個人的側面である「個性（Individualität）」と，社会的側面である「品性（Charakter）」に注目した。そして，人間形成の前提はそれぞれの自由意志に求められるとして，「個性」を重視した。そして，人間の内部から沸き起こる知的な働きである「興味*11」を多方面にわたって喚起（興味の多面性：Vielseitigkeit des Interesses）するよう求めた。しかしそれは，あくまでも人間形成の前提である。その興味を意思の力でもって統合し，望ましい道徳的な人格へと高めていくこと，つまり「強固な道徳的品性」（Charakterstärke der Sittlichkeit）を陶冶することを目指さなければならないと説いた。

　次に，ヘルバルトは，教育の方法としての「管理（Regierung）」の意義に着目した。「管理」とは，子どもに直接に働きかけ，「子ども自身にとって有害なものを取り除く5)」ことである。とはいえ，それは子どもを支配したり，操縦したりするのではなく，子どもの誤った意志を押さえる「権威」と，子どもの心情に触れ，通い合う「愛」に基づかなければならないという。それによって子どもは，教師の導きに自ら従うようになるというのである。

　ヘルバルトによれば，こうした「管理」のうえに「教授（Unterricht）」が展開される。「教授」とは，教材を媒介として「認識」や「同情」を喚起し，子どもの「興味」の内容を豊かにしていく働き掛けである*12。また，「訓練（Zucht）」も必要であるという。それは，「管理」と同じく，子どもに直接に働き掛けるのであるが，道徳的な心情や態度を育てようという意図をもった働き掛けである。ゆえにヘルバルトは，教育の主要な部分は「訓練」にあると述べている。

　さらにヘルバルトは，「教授」の進行を段階づけるべきだと考えた。「専心」と「致思」という意識の働き*13を，それぞれ静的な段階，動的な段階に分け，「明瞭」「連合」「系統」「方法」という四段階の教授法*14として示した。それ

*11　ヘルバルトは，自然や事物に向かう興味を「認識」，人間や社会に向かう興味を「同情」と呼び，前者は「経験」，後者は「交際」によってもたらされると述べた。

*12　「教授」とは，知識の伝達にとどまるものではなく，「経験」や「交際」を拡充し，知識，思想や感情，行動とが内的に結合された「思想界」を陶冶することである。ゆえに，「教育的教授（erziehender Unterricht）」と呼ばれる。

*13　「専心」は対象に没入する意識の働きであり，「致思」は「専心」を統一しようとする意識の働きである。

*14　個々の事物の正しい知識をもつ段階が「明瞭」，他の事物の知識と結びつけ，観念の連合を生じる段階が「連合」，事物の関係を探究し，法則を見つける段階が「系統」，そして，新しい事物を発見し，系統を応用する段階が「方法」である。

は，ツィラー（Ziller, Tuiskon, 1817-1882）やライン（Rein, Wilhelm, 1847-1929）によって五段階に改訂され[*15]，各地の学校で実践されていった。

（3）フレーベルの幼児教育思想と遊び

ドイツの教育家フレーベル（Fröbel, Friedrich Whilhelm August, 1782-1852）は，1805年，1808年の二度にわたってペスタロッチーのもとを訪れ，「メトーデ」を学んだ。また，1816年には「一般ドイツ学園（カイルハウ学園）」を開設し，初等及び中等学校の教育に携わった。しか

フレーベル

図3-1　恩物で遊ぶ子ども[6]

し，彼の関心は次第に幼児教育に向かった。1837年に「幼児と青少年の作業衝動を育成するための施設」を開設し，1839年，「児童指導者の養成施設」を併設した。そして1840年，これらを統合して「一般ドイツ幼稚園（Der Allgemeine Deutsche Kindergarten）[*16]」と名づけた。

『人間の教育』（1826）には，フレーベルの幼児教育思想を支える人間観が示されている。彼は，すべてのものには永遠の法則が宿り，その根底に，すべてのものを統一する「神」が存在すると考える。ゆえに人間の本質も，「神」の法則を宿す「神性」にあるという[*17]。そして，この「神性」を発展させ，現実のものとしていくことが人間としての使命であり，教育はそのための方法や手段をもたらし，自らの意志でもって「神性」を表現させるようにするという。

フレーベルによれば，幼い子どもにも「神性」は宿っており，それが完全に表わされて初めて，幼児は少年へと成長する。つまり，幼児期の「神性」の表現に，すべての教育の源がある。そこで彼は，「内なるものそのものが求め，必要とするところの表現[7]」である「遊び」に注目し，「恩物（Gabe）[*18]」という教育的玩具を考案した。

「恩物」は，教師がその使用の手引きに従って提示し，幼児のもつ形成衝動や活動衝動を刺激しながら遊びを促していくものである。幼児はその形態や触感，それぞれが調和して見せる美しさなどを経験しながら，すべてのものの統一的な法則を直観的に感じ取っていくのである。

*15　ツィラーは，ヘルバルトの「明瞭」を2つに分け，「分析・総合・連合・系統・方法」の五段階とした。ラインは，これを教師による教材提示の順序として構成し，「予備・提示・比較・概括・応用」の五段階とした。

*16　Kindergarten は「子どもの庭」という意味であり，フレーベルの造語である。日本では「幼稚園」と呼称される。フレーベル主義の幼稚園は，「学制」実施の責任者であった田中不二麿（1845-1909）や，東京女子師範学校附属幼稚園の監事であった関信三（1843-1880）らによって導入され，普及した。

*17　神とすべてのものの存在とを同一のものと捉えようという汎神論に対して，すべてのものに神が宿り，神は個々のものを超えてすべてを包摂するという考え方のことである。

*18　「神からの賜物」を意味する Gabe と呼ばれたが，明治期に日本に伝わった際に，「父母からの賜物：恩物」という訳語が当てられた。

3. 近代公教育制度の確立

（1）革命期の教育思想とフランスの公教育

　フランスでは，1791年の憲法において公教育制度の実現が謳われ[*19]，関連する法案が議会に提出された。コンドルセ（Marquis de Condorcet, Marie-Jean-Antoine-Nicolas de Caritat, 1743-1794）の「公教育の全般的組織についての報告と法案」（1792）やルペルチェ（Lepeletier de Saint-Fargeau, Ferdinand Louis Félix, 1760-1793）の「国民教育計画」（1793）などである。

　コンドルセ法案では，すべての国民に教育の機会を等しく供与すること，そしてその実現のために公教育は無償とすることが提言されている。また，公教育は知識の教授を中心とすること，公権力の設置する教育機関を政治的権威から独立させることが求められている。また，ルペルチェ案では，親に対して子どもの就学を義務づけることや，公教育において訓育を行うことなどが盛り込まれている。

　こうした原理が具体的に整備されるまで，フランスは，数次にわたり政治体制の変革を経験した。普仏戦争（1870-1871）での敗北を経て第三共和政期（1870-1940）に至り，コンドルセ案を理想とした法整備が進められていった。一連の法律は「フェリー法」（1880-1882）と呼ばれ，初等教育の完全無償と義務制（6〜13歳），そして「ライシテ（laïcité）[*20]」を実現するものであった。ここにようやく，フランス公教育制度の原形が築かれたのである。

（2）産業革命の進展とイギリスの公教育

　18世紀後半，すでに産業革命が始まっていたイギリスでは，勤勉な労働者を育成することが教育の課題であった。しかし当時は，労働者階級の子どもの教育は，慈善団体や教会のボランタリズムで成り立っていた。「モニトリアル・システム（monitorial system）[*21]」を確立したランカスター（Lancaster, Joseph, 1778-1838）の学校もまた，その1つであった。「モニトリアル・システム」とは，教授の効率化を図るために，優秀な，あるいは年長の子どもを助教に任用し，教師の指導・監督の下に，習熟度別に区分したグループの子どもを教えさせるという方法であり，資金の不足するボランタリズムの学校に広く普及した。

　一方，子どもの労働[*22]も問題視され始めた。1802年，「徒弟の健康と道徳に関する法律（Health and Morals of Apprentices Act, 工場法）[*23]」が制定され，

*19　第1編に「すべての市民に共通し，すべての人にとって不可欠の教育部門に関して無償の公教育（Instruction publique）が創設され且つ組織される。その施設は王国の区分と結合した割合において順次当てられるものとする」との条文がある。

*20　国家の宗教的中立性や個人の信仰の自由を保障することであり，「世俗主義」と表されることもある。

*21　国教会の従軍牧師としてインドに派遣されていたベル（Bell, Andrew, 1753-1832）もまた，「マドラス法」という相互教授法を開発していたので，二人の名前を取り，「ベル・ランカスター方式」ともいう。

*22　機械の導入により，低賃金で雇用できる子どもが工場で働くようになった。貧しい子どもは農場や工房などでも働いており，その仕事も決して楽ではなかったが，劣悪な環境の工場での長時間労働もまた，相当に過酷なものだった。

*23　工場内の環境や衣食住の改善，長時間労働や夜間労働の制限のほか，キリスト教を教え，労働時間内に，読み書き計算の授業を受けさせることなどが定められている。

子どもの工場労働を制限することが求められた。1819年の工場法改正に尽力したオウエン（Owen, Robert, 1771-1858）もまた，工場経営者でありながら，子どもの労働と教育の問題に取り組んだ一人である。人間形成における環境の影響を重視していた彼は，1816年，「性格形成学院（the Institute for the Formation of Character）」を工場に併設し，従業員の子ども（5～10歳）を受け入れた。そこでは，子どもの衣服や空調，採光などの生活環境への配慮はもとより，学習においても，叱責や体罰のない愛情深い関係を築くこと，書物ではなく絵や事物を使って子どもの自発的な学習を促すことなどが重視された。また，「幼児学校（infant school）」も設置され[24]，野外での遊びや作業，歌，ダンス，お話，遠足などが行われた。

　こうした活動が注目され始める中，1832年の第1次選挙法改正によって中産階級の政治参加が実現した。働く子どもの教育に対する国家の支援が検討され，学校を運営する団体に補助金を交付する制度が可決した[25]。1850年，プロテスタントの中産階級の人々を中心に，「全国公立学校協会」が結成され，すべての子どもを対象とする無償の公立学校の設立が要求された。保守派や国教会派は反発したが，フォスター（Foster, William Edward, 1818-1886）が意見調整に努め，1870年，「初等教育法（フォスター法）」を成立させた。その後，同法の改正を経て，20世紀初頭に義務制，完全無償制，教育行政における宗教的中立が完成した。

（3）国家統一の理想とドイツの公教育

　18世紀末のドイツは，神聖ローマ帝国内の領邦国家の集まりであった。最も強大であったのが，プロイセンである。1806年，対ナポレオン戦争に敗北したプロイセンは，ナポレオン軍の占領下，フランスに対抗するため，急速に近代化を推し進めた。その過程で，公教育もまた議論されていった[26]。

　ナポレオン軍の占領は，プロイセンの人々の間に，国家統一を求める機運を生み出した。哲学者のフィヒテ（Fichte, Johann Gottlieb, 1762-1814）は，ベルリンで連続講演『ドイツ国民に告ぐ』（1807-1808）を行った。そこで彼は，ドイツの文化的精神の優秀さを強調し，人々が国家統一の理想を果たせるよう，共通の文化に基づいて「ドイツ国民（deutsche Nation）」としての自覚と連帯に目覚めるよう訴えるとともに，そのための手段を，全体的かつ調和的な人間形成に求めたのである[27]。

　プロイセン改革において教育分野を担当したのは，フンボルト（Humboldt, Friedrich Wilhelm Christian Karl Ferdinand Freiherr von, 1767-1835）である。彼の構想もまた，人間性の完成を教育の目標に掲げるものであった。そして，ギリシア文化に人間性の理想的表現を求め，古代ギリシア語を中心とする言語の

*24　「幼児学校」には5歳未満の子どもが通った。また，夜間には大人の労働者を対象とする講座も開かれ，社交生活や子育ての方法などが学ばれた。

*25　1839年，枢密院教育委員会が設立され，制度の監督に当たった。初代教育局長のシャトルワース（Shuttleworth, Kay, 1804-1877）は，政府による学校査察権を主張し，公教育における国家の責任を明示した。また，ペスタロッチー主義の師範学校を私費で設立した。

*26　農奴制の廃止や都市自治の制定，ツンフト（p.15参照）の廃止など，近代化を阻んでいた中世の制度が改められた。これらの改革はナポレオン占領下で実現したものであり，プロイセンの近代化は「上からの改革」であった。

*27　国民教育の計画として，ペスタロッチーの教育施設をモデルに，子どもが精神的な活動や身体的な訓練を統合し，協働して生活しながら自律していく過程を構想している。

*28 普遍的な人間へ
と形成される過程を「陶
冶（bildung）」と呼び，
古代ギリシア語の習得
に，人間性の豊かな形
成を期待した。フンボル
トの思想は新人文主
義を代表するものとさ
れる。

学習を重視するとともに，こうした教育を実現するために，「統一学校制度」の必要を訴えたのである*28。

　フンボルトの改革は，ジュフルン（Süvern, Johann Wilhelm, 1775-1829）に引き継がれた。1819年，「プロイセン学校制度に関する一般法案」が起草され，統一学校制度，近代的な教育課程，学校教育の公費負担，教員養成制度などが構想された。また，7〜14歳を義務教育とし，それを公費によって維持することが示された。しかし，フンボルトの退任後に政治情勢が変化し，その実現は部分的にとどまった。

　1815年のウィーン会議を経て，ドイツは35の君主国と4つの自由都市に整理されるが，いまだ統一国家と呼べる状況にはなかった。近代的な公教育制度の整備は，普仏戦争後のビスマルク（Bismarck, Otto von, 1815-1898）体制下において進められた。まず，1872年には「一般諸規定」が定められ，初等教育における宗教教授の削減，暗記・暗唱を中心とする教授から観察・思考を重視する教授への転換，地理や歴史の導入による教育課程の多様化など，学校の教育内容や方法を近代化する基準が示された。また，同年には「学校監督法」も制定され，主としてカトリックの聖職者に保有されていた学校監督権が国家に移された*29。授業料の廃止については，1850年憲法に規定されたが，その後も議論が続き，1888年，「国民学校の負担の軽減に関する法律」によって授業料徴収の原則的廃止が定められた。

　とはいえ，19世紀のドイツの学校体系は，初等教育の系統と，初等教育から中等教育へと接続していく系統とが並立する分岐型を成し，中等教育はさらに，ギムナジウム*30とそれ以外の系統とに分かれるなど，フンボルトらの理想を実現するものではなかった。

*29 ビスマルクが労
働運動を弾圧する政策
を推進したことから，
公教育への反動が高ま
り，宗教教授が再び強
化されるようになっ
た。学校監督権は国家
へと移ったが，実質的
な世俗性は実現しな
かった。

*30 アビトゥーア（ド
イツの大学入学資格）
を取得し，高等教育へ
の進学を目指す中等教
育機関である。

*31 法案は白人を対
象としたもので，白人
であっても，女子に認
められたのは初等教育
の機会のみであった。
この法案は邦議会を通
過できず，構想に終
わった。

（4）アメリカの公教育とコモンスクールの展開

　1776年，アメリカ13邦はイギリスからの独立を宣言した。独立宣言の起草者の一人であったジェファソン（Jefferson, Thomas, 1743-1826）は，ヴァージニア邦知事として「知識の一般的普及に関する法案」（1779）を議会に提出した。初等教育の機会を提供し，さらに，国家の将来の実務を担うリーダー層を公費で育成することを掲げた*31。また，「ヴァージニア信教自由法」（1786）を成立させて政教分離を定め，公教育の内容から宗教を排除した。1787年にはアメリカ合衆国憲法が制定され，新しい国家体制の構築が始まると，憲法の理念のもとでアメリカ市民を育成するための仕組みとして，公教育の理念が広まった。

　こうした動きから，いよいよ無償の義務教育制度が確立していく。1837年，マサチューセッツ教育委員会の初代委員長となったマン（Mann, Horace, 1796-

1859）は，すべての人が無償で通うことのできる「コモンスクール（common school）」の整備・拡充*32に努めた。様々な反発もあったが，彼は，教育を受ける権利が「廃棄することの出来ない自然法」によるものであり，「すべての子どもは，その教育のために必要とされるだけ多くの財産を社会から継承する8)」と訴え，1852年，アメリカ初の「義務教育法」を同州で成立させた。「コモンスクール」はアメリカ全土へと広がり，それぞれの州において，宗教的中立性に基づく公立学校の整備を基礎づけることとなった。1918年には，アメリカ全州において「義務教育法」が採択された。

4. 20世紀前半における教育の理論と実践

（1）新教育運動とケイの教育思想

　19世紀末から20世紀初頭にかけて，公教育制度の基盤が形成され，就学率も高まってくると，旧来の学校のあり方や教育の方法・内容に異議を唱え，新しい教育を求める動きが現れ始めた。その動きは，新教育運動*33と呼ばれる世界的な教育改革運動へと発展した。

　新教育運動の理論や実践は多岐に渡るが，共通する理念として「子ども中心主義」があげられる。その理念を広めるうえで大きな役割を果たしたのが，ケイ（Key, Ellen Karolina Sofia, 1849-1926）の『児童の世紀』（1900）である。彼女は，「本当の教育」は，「静かに，おもむろに，自然を自然のあるがままに任せ，自然本来の仕事を助けるために周囲の状態に気を配る9)」ことだという。そして，ルソーの自然の教育に言及しながら，「教育の最大の秘訣は教育しないところに隠れている10)」と主張する。ケイにとって，現実の教育や学校に見られるのは，知識の一方的な伝達，教師主導の画一的な管理，生活の現実と乖離した学習内容であり，そこでは子どもの主体性や自由，興味などは全く無視されている。こうした状況を変えるには，徹底的に干渉を避け，子どもの自由な活動を保障しなければならないと考えられたのである*34。

　新教育運動では，ケイの教育思想に呼応するような取り組みが各地で展開された。例えば，授業の選択制や全校集会による学校自治を実現したサマーヒル・スクールや，子どもの作文を授業の教材として活用するフレネの学校では，子どもの主体性や自由が重んじられた。また，全寮制の寄宿舎学校で，実用的な知識や技能を中心に，情操教育を含む全人的教育を目指した田園教育舎や，身体を用いる作業を教育課程に導入した労作学校は，古典中心の主知主義的な中等教育課程を大胆に改革するものであった。さらに，異年齢で学級を構

*33　ドイツでは「改革教育学（Reformpädagogik）」，アメリカでは「進歩主義教育（progressive education）」と呼ばれることが多い。

*34　『児童の世紀』の第2部第2章では，「未来の学校」が構想されている。その学校では，子ども一人ひとりに合わせた計画が作られ，通信簿も褒賞もなく，卒業試験も行わない。子どもが身に付けた知識は，口述やレポート，試験官との対話による聴聞によって確認される。

成し，共同体意識を高めながら，個に応じた学習を行うイエナ・プランの学校は，教育の内容と方法を子どもの実際的な生活とつながりのあるものにした。

（2）モンテッソーリの感覚教育

モンテッソーリ

モンテッソーリ（Montessori, Maria, 1870–1952）は，ローマ大学を卒業した後，同大学精神科医院で知的障害児に関わり，イタール（Itard, Jean Marc-Gaspard, 1774–1838）[35]やセガン（Séguin, Édouard Onesimus, 1812–1880）[36]の研究に学んだ。再び大学で教育学を学び，教壇にも立った。1907年には，ローマのスラム街に開設された「子どもの家（Casa dei bambini）[37]」の指導者に就任し，知的障害児の教育で成果のあった方法を幼児の教育に応用した。その方法は「モンテッソーリ・メソッド」として知られ，今日も実践されている。

モンテッソーリは，子どもをよく観察して発達の諸法則を確かめることと，その発達の諸法則において，一人ひとりの子どもに発達の自由を与えることを重視した。というのも，子どもの発達の諸法則が理解され，その自由を援助することができれば，幼い子どもであってもおのずから興味の対象に注意を向け，そのものに没頭することができると考えたからである。ゆえに，教師が心得るべきは，子どもの環境に気を配り，その「注意の集中現象」を見守りながら，子どもが一人で行動し，意図し，考えるのを励まし活気づけることだという。

子どもに準備すべき環境の1つとして，モンテッソーリは，イタールらの教具を参考に，子どもの興味を刺激し，感覚を訓練するためのさまざまな教具を開発した。例えば，「差し込み円柱（円柱差し）」は，板に掘られた穴に円柱を差し込む教具であるが，穴の直径や深さが様々に作られているので，子どもはそれにうまく合う円柱を，よく見て選ばなければならない。他にも，触感の相違を識別する「触覚板」や，聴覚の訓練のための「音感ベル」，算数や地理などの知的な学習や実際の生活の練習のための教具もある。

（3）デューイの経験主義教育

デューイ

アメリカのみならず，19世紀以降の哲学，心理学，教育学に影響を与えた論客に，デューイ（Dewey, John, 1859–1952）がいる。プラグマティズム[38]を代表する彼は，これまでの学校のカリキュラムに対して，「子ども中心のカリキュラム（child-centered curriculum）」の思想が提起されていく中で，両者を理論的に整理しようとした。そして，教育による社会改造を志向し，教育の社会的な意味を，子どもの発達における意義へと統合する経験主義のカリキュラムを生み出した。

*35 聴覚障害のある子どもの教育の先駆者である。アヴェロンで発見された野生児の教育を通して，知的障害児の教育に大きな影響を及ぼした。

*36 フランスの医師であり，知的障害児の教育に影響を与えた。イタールに師事し，知的障害児の障害の軽減と，その能力や人格の発達を促す治療教育体系の確立に尽力した。

*37 両親が働きに出ている家庭の子どもを無償で預かる施設であり，入学者は3〜7歳の子どもであった。この時期は，感覚が発達する「敏感期」に当たるとして，感覚教育が特に重視された。

*38 経験や行動を重視する思想学派であり，19世紀後半から20世紀前半にかけて，アメリカで展開された。プラグマティズムは，事物や行為，出来事を意味するギリシア語"pragma"から派生した。

*39 進歩主義教育とは，狭義には，1919年

こうした彼の構想は，子ども中心カリキュラムを実践していた進歩主義教育運動*39に理論的な基礎を与えていった。

　1896年，デューイはシカゴ大学附属実験学校を開校し，「なすことによって学ぶ（learning by doing）」を学習指導原理とする教育を実践した。子どもの学習には，「オキュペーション（occupation）*40」が導入された。「オキュペーション」では，子どもが活動の主体となり，他者と協同しながら，日常生活に結びついた作業課題に取り組んでいく。その過程で，自らの判断や行動を振り返り，意味づけ，解決の指針を導いていく*41とともに，生活における知識や技能の有用性を理解し，自らも知識を活用して，これからの生活を充実させようとする意欲や実践的能力を高めていくのである。

　「オキュペーション」は，系統的な学問体系にならって学習内容を編成する「教科カリキュラム」とは異なり，子どもの生活体験に基づいて教育内容が構成される。ゆえに，学校や教師には，日常生活と関連する事柄から，子どもの活動衝動を満たすような題材を選択し，子どもの発達の段階に応じた学習活動へと組織することが求められた。

　1930年代になると，その非効率性が子どもの読み書き能力を低下させ，アメリカの公教育を衰退させたとして，進歩主義教育に対する批判的な思想が展開された。例えば，エッセンシャリスト（essentialist：本質主義者）と呼ばれた人々は，学力や規律を確保することが，変わりゆく社会の中で民主主義を発展させるために不可欠であるとして，伝統的な学問や知識の体系の必要性を訴えた。

　今日，改めてデューイが注目されている。彼は，「民主主義は単なる政治形態ではなく，…共同生活の一様式，連帯的な共同経験の一様式なのである11)」と述べる。それは，多様な人々の経験が交わり合って再構成されていくものであり，ゆえに，そこに生きる人々に，生活の当事者となって対話的に生きることを求めるのである。こうした社会を生きていく子どもたちに，何ができるだろうか。そう考えたとき，デューイの教育論に至る歴史を辿り，改めてその現代的意義を探究することが求められる。

ワーク　コメニウス（第2章），ロック，ルソー，ペスタロッチー，ヘルバルト，フレーベル，コンドルセ，ランカスター，オウエン，フィヒテ，フンボルト，ケイ，モンテッソーリ，デューイから一人を選び，その人の人間観，対象理解の観点や方法，教育内容や方法のいずれかについてまとめなさい。

に設立された進歩主義教育協会（Progressive Education Association）の指導する教育実践とその理論を指すが，広義には，子どもの善性を謳うエマソン（Emerson, Ralph Waldo, 1803-1882）の教育思想を源流に，学校教育の質的改善を目指した「クインシー運動」や，ペスタロッチー主義教育の普及を目指した「オスウィーゴー運動」なども含まれる。子どもの個性の尊重を強調しながら，学校教育の改革を通して社会改良を目指すところに，一貫した特徴が見られる。

*40　工作や調理，裁縫，織物などが典型的なものであった。実験学校では，活動ができる教室（工作室，調理室など）の中心に図書室も設置され，これらの活動が最終的には知的な資料につながっていくよう，教室空間が構成されていた。

*41　『論理学説研究』（1903）では，「思考とは問題状況を解決して，環境に適応する活動であり，観念はそのための道具である」と述べ，『思考の方法』（1910）や『論理学』（1938）では，さらに「反省的思考」の分析を進めた。2つの著書で若干の違いがあるものの，①問題状況，②問題設定，③仮説提示，④仮説再構成，⑤（観察や実験による）仮説検証の5つの段階に分けられている。

■引用文献

1 ）J. ロック，大槻春彦責任編集：人間知性論；世界の名著32 ロック・ヒューム，中央公論社，1999, p.81.
2 ）J. ロック，服部知文訳：教育に関する考察，岩波文庫，2013（1967），p.14.
3 ）J. ルソー，平岡 昇責任編集：学問芸術論；世界の名著36 ルソー，中央公論社，1983，p.70.
4 ）J. ルソー，今野一雄訳：エミール（上），岩波書店，1991（初版1961），p.23.
5 ）J. ヘルバルト，三枝孝弘訳：一般教育学，明治図書，1982（初版1960），p.34.
6 ）Kraus-Boelte, M.・Kraus, J.：*The kindergarten guide : An illustrated hand-book,* 1877.
7 ）F. フレーベル，荒井 武訳：人間の教育（上），岩波文庫，1964，p.71.
8 ）H. マン，久保義三訳：民衆教育論，明治図書，1970，p.34.
9 ）E. ケイ，原田 実訳：児童の世紀，福村出版，1953，p.140.
10）前掲書8 ）と同じ，p.142.
11）J. デューイ，松野安男訳：民主主義と教育〈上〉，岩波文庫，1975，p.142.

■参考文献

J. ペスタロッチー，長田 新訳：隠者の夕暮・シュタンツだより，岩波書店，1991（1943）.
J. ペスタロッチー，前田 寿・石橋哲哉訳：ゲルトルート教育法，シュタンツ便り，玉川大学出版部，2001（1987）.
J. フィヒテ，椎名萬吉訳：ドイツ国民に告ぐ，明治図書出版，1976.
J. コンドルセ，松島 釣訳：公教育の原理（公教育の全般的組織に関する報告及び法案），明治図書出版，1984（1962）.
R. オーエン，梅根 悟・勝田守一監修，渡辺義晴訳：社会変革と教育，明治図書出版，1969.
M. モンテッソーリ，阿部真美子ほか訳：モンテッソーリ・メソッド，明治図書，1977.
M. モンテッソーリ，武田正実訳：創造する子供，エンデルレ書店，1978.
M. モンテッソーリ，林信二郎ほか訳：子どもの何を知るべきか モンテッソーリ教育 子どもの発達と可能性，あすなろ書房，1980.
J. デューイ，松野安男訳：民主主義と教育〈上・下〉，岩波文庫，1975.
J. デューイ，宮原誠一訳：学校と社会，岩波文庫，1996（1957）.
J. デューイ，市村尚久訳：経験と教育，講談社，2004.
今井康雄編著：教育思想史，有斐閣，2009.
乙訓 稔：西洋近代幼児教育思想史―コメニウスからフレーベル―，東信堂，2005.
乙訓 稔編著：教育の論究，東信堂，2006.
金子 茂編著：現代に生きる教育思想4　ドイツ（Ⅰ），ぎょうせい，1981.
近藤和彦：近世ヨーロッパ，山川出版社，2020（2018）.
教育思想史学会編：教育思想事典 増補改訂版，勁草書房，2017.
鈴木晶子，山名 淳，駒込 武：教育思想・教育史，協同出版，2018.
長尾十三二：西洋教育史［第二版］，東京大学出版会，1991（初版1978）.
西村貞二：人と思想86　フンボルト，清水書院，2015.
浜田栄夫編著：ペスタロッチー・フレーベルと日本の近代教育，玉川大学出版部，2019.
藤井千春編著：時代背景から読み解く　西洋教育思想，ミネルヴァ書房，2016.
眞壁宏幹編著：西洋教育思想史，慶応義塾大学出版会，2016.
望月幸男：ドイツ・エリート養成の社会史，ミネルヴァ書房，1998.
柳 治男：〈学級〉の歴史学 自明視された空間を疑う，講談社，2005.
弓削尚子：啓蒙の世紀と文明観，山川出版社，2021（2004）.

第**4**章 日本における**教育課程**の理念（戦前）

　教育課程を深く学ぶには，過去の教育課程が何をどこまでやっていたのかを研究する必要がある。本章では，戦前から戦後直後までの日本の教育課程について，江戸期との対比と，明治以降の教育目的・内容・方法の変遷を踏まえて研究する。なぜ教育課程は一人ひとりの子どもを育てたり，学問を楽しんだりするだけでなく，社会・国家に貢献することまで期待されるのか。

1. 江戸期における教育課程

　教育課程について，教育目的に基づいて教育内容を組織的・計画的に組み立てたものとすると，江戸期にも教育課程は存在した。江戸期には，藩校，郷学（郷校），私塾（家塾），手習塾（寺子屋）があった[*1]。18世紀後半以降，文書による政治・行政体制と貨幣経済が発展し，文字文化が普及した。このことが読み書きの需要を高め，特に手習塾（図4-1）の普及を促した。手習塾は，自学自習による個別学習と個別指導を基本にした。子どもたちは，朝，登校して自分の机を運び，適当な位置に置いて手習い（書字）を始めた。おおよそ，師匠から与えられた手本に従って学習を進め，「いろは」から数字，単漢字・熟語の順で学んだ。学習の節目には，清書・浚・席書などと呼ばれた試験が行われた。読み書き教材には，往来物[*2]がよく用いられた。往来物は，子どもの進路に応じて適したものを教師が選んだ。必要に応じて，算盤を教える手習塾も

図4-1　江戸期の教育風景―手習塾
出典）渡辺崋山：一掃百態図，田原市博物館蔵

*1　**藩校・郷学・私塾・手習塾**：江戸期に統一された統計はないので正確な数は不明だが，幕末には，藩校は全国に270校ほど存在したという。
文部省：学制百年史，通史編・資料編，ぎょうせい，1972，p.3．

*2　**往来物**：手習塾でよく使われた教材。もともと手紙のやりとり（往来）を不自由なくするための文例集として作られたものが多い。手紙形式だけでなく，職業や生活に必要な単語類を羅列するものも作られた。

あった。

　藩校の教育課程は各校によって異なるが，広島藩の修道館＊3 を例に見てみよう。修道館では，早朝から正午まで，儒学に関する授業が行われた。修道館では，はじめ四書五経＊4（経書）の素読＊5 に取り組み，それを終えると『大学』・『中庸』・『蒙求』の講義＊6 に移った。経書以外のテキストに取り組むのはそのあとであった。儒学の学習者は，素読によって経書を声に出して暗唱し，講義によってその意味を講究した後，未習のテキストを教師に質問して自力で黙読し，他の学習者とともに議論するといった順番で学びながら，諸子百家＊7 などの経書以外の書も読む力を身に付けていった。儒学の学習は，身分制社会を維持する哲学・倫理を身に付けるために奨励されたが，広く深く学問するための準備課程でもあった。当時の学問書の多くは漢文で書かれていた。それらを学ぶには，漢文の読解能力や儒学的な教養が必要だった。

　その他にも，子どもたちは様々な形で学んだ。師弟関係は道徳的な教化・感化を期待された。また，子どもたちは遊びながら学び，大人に混じって働きながら学ぶことも多かった。儒学以外に，琴や三味線等の稽古事，俳諧，狂歌，川柳，漢詩，和算などの学習も盛んであった。子育てでは，子どもの成長を植物の成長に重ね合わせ，大人が成長に即して介入したり，援助したりすることが求められた。また，「先入主＊8」の思想に基づいて，子どもは心のけがれなさのゆえに周囲の影響を受けやすいため，善に導くには早期から教育が必要だとも考えられた[1]。手習塾や藩校等以外における学びにも広義の教育課程を見出すことができる。

2. 明治以降から戦前日本の教育課程

（1）学校教育目的の変遷

　明治以降，藩校や手習塾などは小学校や中学校などに再編されたり（図4-2），廃止されたりして，新しい学校の教育課程が開始された。学校外には，依然として稽古事や遊び，労働，家族の子育て，地域団体などで様々な教育が展開していた。次第に，学校外の教育の多くは家庭教育・社会教育＊9 の枠内に位置づけ直され，学校教育と協力・対置関係に置かれて改めて奨励されるようになった。1872（明治5）年の「学制」発布以降，学齢児童に普通教育を受けさせることは保護者の義務とされた。小学校への就学率は徐々に高まり，1902（明治35）年には男女平均で91.6％に達した。こうして，明治以降，教育課程における学校の位置はますます重要になった。

図 4-2　1876（明治 9）年竣工の旧開智学校校舎
出典）旧開智学校校舎所蔵

　学校の教育課程は，1872（明治 5）年の「学制」発布以降，全国で，一定の教育目的に基づいて編成され始めた。表 4-1 は，戦前から戦後直後までの日本の教育目的に関わる重要資料を整理したものである。表 4-1 によると，明治以降の教育目的は，儒学由来の語を用いながら，個人の立身出世や国家を支えること等を掲げていた。明治以降の日本は，東アジア・太平洋地域における西洋列強*10 の軍事的・経済的侵出にさらされていた。富国強兵に努めて国際的独立を守り，ひるがえってこの地域で優位に立つために，学校教育が重視された。そのため，教育目的では国家を支えることが強調されたが，個人の立身出世を軽視したわけではない。明治以降，学歴社会*11 が徐々に形成された。人々は，学歴によって社会的地位の上昇を図るために，立身出世を目的とし始めた*12。戦前日本の教育課程は，国家独立をかけた国際的緊張や社会的地位をめぐる国内競争の中で，国家の命運や個人の将来を支えるために編成された。

表 4-1　戦前から戦後直後までの日本における教育目的の主な変遷

文書名	公表年	教育目的に関する記述
学制布告書	1872（明治 5）年	人々自ら其身を立て其産を治め其業を昌にして以て其生を遂ぐるゆゑんのものは他なし身を修め智を開き才芸を長ずるによるなり而て其身を修め知を開き才芸を長ずるは学にあらざれば能はず是れ学校の設あるゆゑん…
教育ニ関スル勅語	1890（明治23）年	朕惟ふに我か皇祖皇宗国を肇むること宏遠に徳を樹つること深厚なり我か臣民克く忠に克く孝に億兆心を一にして世々厥の美を済せるは此れ我か国体の精華にして教育の淵源亦実に此に存す爾臣民父母に孝に…［略］…常に国憲を重し国法に遵ひ一旦緩急あれは義勇公に奉し以て天壌無窮の皇運を扶翼すへし
戦時教育令	1945（昭和20）年	学徒は尽忠以て国運を双肩に担ひ戦時に緊切なる要務に挺身し平素鍛錬せる教育の成果を遺憾なく発揮すると共に智能の錬磨に力むるを以て本分とすべし（第 1 条）
教育基本法	1947（昭和22）年	われらは，さきに，日本国憲法を確定し，民主的で文化的な国家を建設し，世界の平和と人類の福祉に貢献しようとする決意を示した。この理想の実現は，根本において教育の力にまつべきものである。われらは，個人の尊厳を重ん

葉が使われるようになった。1900 年代以降，「家庭教育」が主に学校教育の充実のために論じられた。「社会教育」は，1910年代頃から，社会改良と成人教育のために学校外の教育を組織するために論じられ始めたが，学校教育との対置が前提であった。
小山静子：子どもたちの近代．吉川弘文館，2002，pp.127〜145，他。

*10　**西洋列強**：先んじて近代化を始め，強力な国民国家を築いて帝国主義化した欧米の諸国。まずイギリス・フランスのことであり，遅れて近代化を始めたドイツ・アメリカなども含む。

*11　**学歴社会**：近代社会の側面の 1 つ。日本では，1880年代に確立した立身出世主義をきっかけにして，1900年代以降から1960・70年代にかけて成立した，学校の卒業・修学歴による就職や社会的地位をめぐる競争を基盤とする社会。
白石崇人：教育の制度と経営―社会の中の教育．Kindle，2022，第 4 章 1 -(2)〜 2 。

*12　学歴による立身出世やその機会の程度は，性差や障害，階層などによって異なった。例えば，戦前日本の女性は，大学進学や自由な就職などの機会をほとんど与えられていなかった。そのため，立身出世目的の教

育課程は，戦前日本に
完成したのではなく
て，不完全な形である
が形成され始めたとい
うべきである。

<table>
<tr><td></td><td>じ，真理と平和を希求する人間の育成を期するとともに，普遍的にしてしかも個性豊かな文化の創造を目指す目的を普及徹底しなければならない。（前文）</td></tr>
</table>

出典）文部省：学制百年史　資料編，ぎょうせい，1972を用いて作成

＊13　勅語・勅令：
「勅語」は天皇が口頭
で発した言葉，「勅
令」は天皇の法的拘束
力のある命令（法令の
一種）。戦前日本で
は，教育に関する法令
を，法律ではなく天皇
の命令として出すこと
が多かった（勅令主義）。

＊14　幼児教育は，幼
児を対象とする教育を
指し，ここでは幼稚園
の就学前教育のこと。
初等教育は，児童を対
象とする共通の基礎的
な普通教育を指し，こ
こでは尋常小学校・高
等小学校の教育のこ
と。中等普通教育は，
生徒を対象とする共通
の普通教育を指し，こ
こでは中学校・高等女
学校の教育のこと。中
等段階の実業・職業教
育を除いた目的を分析
するためにこのように
記した。

＊15　「保育」の目的
が1926（大正15）年に
初めて詳細に明記され
たわけではない。例え
ば1876（明治9）年の
「幼稚園規則」（東京
府文書）では「天賦の知
覚を発達し固有の良心
を啓発せしむる」など
の目的を掲げている。
勅令・省令レベルで定
められたのが1926（大
正15）年だったという
意味である。

　表4-2は，勅語・勅令*13や文部省令を資料にして，戦前から戦後直後までの日本における幼児教育・初等教育・中等普通教育*14の目的の変遷を整理して示したものである。

　表4-2によると，幼児教育の目的は，小学校就学を前面に出したところから，次第にそうでない方向に変化したことがわかる。1926（大正15）年には，「保育*15」の目的として，心身の健全な発達や，善良な性情の涵養，家庭教育の補助を明記した。戦前日本では，幼児教育・保育の目的の独自性が模索されていたことがわかる。

　初等教育・中等普通教育の目的は，当初，短期間で改正されて模索が続いた。初等教育の目的は，1890（明治23）年に児童の身体発達に留意した「道徳教育」・「国民教育の基礎」・「生活に必須なる普通の知識技能」と規定されて以降，長く変更されなかった。中等普通教育の目的は，1899（明治32）年に男女別の「高等普通教育」となった。1919（大正8）・20（大正9）年には，男子の目的に「国民道徳の養成」，女子の目的に「婦徳の涵養」が追加された。初等教育の目的は男女共通であり，戦後の中等教育の目的も男女共通になったことを考えると，男女別の中等普通教育の目的は戦前の特徴といえる。1940年代には，小学校は国民学校に改称，中学校・高等女学校は中等学校にまとめられた。国民学校は「初等普通教育」・「国民の基礎的錬成」を目的に掲げ，中等学校は「高等普通教育又は実業教育」・「国民の錬成」を目的に掲げた。

　以上のように，戦前日本の教育目的は，幼児・初等・中等教育の目的をそれぞれ区別し，幼児教育の目的を家庭教育補助など，初等・中等教育の目的を「普通教育・実業教育」と「国民錬成」に整理して，段階的な系統をもたせた。

表4-2　戦前から戦後直後までの日本における幼稚園・小学校・中学校・高等女学校の教育目的の主な変遷

法規名	制定改正年	段階	教育目的
学制	1872（明治5）年	幼	幼稚小学は男女の子弟六歳迄のもの小学に入る前の端緒を教るなり（第22章）
		初	小学校は教育の初級にして人民一般必す学はすんはあるへからざるものとす（第21章）
		中	中学は小学を経たる生徒に普通の学科を教る所なり（第29章）
教育令	1879（明治12）年	初	小学校は普通の教育を児童に授くる所（第3条）

		中	中学校は高等なる普通学科を授くる所とす（第4条）	
中学校令	1886（明治19）年	中	中学校は実業に就かんと欲し又は高等の学校に入らんと欲するものに須要なる教育を為す所とす（第1条）	
小学校令	1890（明治23）年改正	初	小学校は児童身体の発達に留意して道徳教育及び国民教育の基礎並其生活に必須なる普通の知識技能を授くるを以て本旨とす（第1条）	
中学校令	1899（明治32）年改正	中	中学校は男子に須要なる高等普通教育を為すを以て目的とす（第1条）	
高等女学校令	1899（明治32）年	中	高等女学校は女子に須要なる高等普通教育を為すを以て目的とす（第1条）	
幼稚園保育及設備規程	1899（明治32）年	幼	幼稚園は満三年より小学校に就学するまての幼児を保育する所とす（第1条）	
中学校令	1919（大正8）年改正	中	中学校は男子に須要なる高等普通教育を為すを以て目的とし特に国民道徳の養成に力むへきものとす（第1条）	
高等女学校令	1920（大正9）年改正	中	高等女学校は女子に須要なる高等普通教育を為すを以て目的とし特に国民道徳の養成に力め婦徳の涵養に留意すへきものとす（第1条）	
幼稚園令	1926（大正15）年	幼	幼稚園は幼児を保育して其の心身を健全に発達せしめ善良なる性情を涵養し家庭教育を補ふを以て目的とす（第1条）	
国民学校令	1941（昭和16）年	初	国民学校は皇国の道に則りて初等普通教育を施し国民の基礎的錬成を為すを以て目的とす（第1条）	
中等学校令	1943（昭和18）年	中	中等学校は皇国の道に則りて高等普通教育又は実業教育を施し国民の錬成を為すを以て目的とす（第1条）	
教育基本法	1947（昭和22）年	—	教育は，人格の完成をめざし，平和的な国家及び社会の形成者として，真理と正義を愛し，個人の価値をたつとび，勤労と責任を重んじ，自主的精神に充ちた心身ともに健康な国民の育成を期して行われなければならない。（第1条）	
学校教育法	1947（昭和22）年	幼	幼稚園は，幼児を保育し，適当な環境を与えて，その心身の発達を助長することを目的とする。（第77条）	
		初	小学校は，心身の発達に応じて，初等普通教育を施すことを目的とする。（第17条）	
		中	中学校は，小学校における教育の基礎の上に，心身の発達に応じて，中等普通教育を施すことを目的とする。（第35条）	
		中	高等学校は，中学校における教育の基礎の上に，心身の発達に応じて，高等普通教育及び専門教育を施すことを目的とする。（第41条）	

出典）次の資料を用いて作成。文部省：学制，文部省，1872；文部省：学制百年史 資料編，ぎょうせい，1972；米田俊彦編：近代日本教育関係法令体系，港の人，2009.

（2）学校教育内容の変遷

　表4-3は，戦前から戦後直後までの日本の幼児教育内容の主な変遷を整理したものである。明治以降，幼児教育には「遊戯」「談話」「唱歌」に当たる内容が一貫して含まれた。1890年代以降は，読書算などの小学校就学後に取り組むべき内容は見られなくなった。保育課目・項目にあげられていた「開誘」や「木の積立て」，「手技」などは，恩物（第3章，p.25参照）を使った手順の決まった作業を主に指したが，1890・1900年代頃には，積み木や紙などを自由に

用いる遊びが行われるところもあった[2)]。1926（大正15）年の「幼稚園令」において新たに「観察」が加わった。また，内容に「等[*16]」が付されて，独自の内容を追究する余地が制度化された。

*16　保育内容５項目に「等」が付された意味は大きかった。これによって，「保姆」が研究開発した，５項目には収まらない様々な教材・活動が保育内容として認められるようになり，小学校とは異なる幼稚園教育の特色を発揮できるよりどころとなった。
文部省：学制百年史，通史編・資料編，ぎょうせい，1972，p.470.

表４-３　戦前から戦後直後までの日本における幼児教育内容（保育課目・項目）の主な変遷

法令名	制定改正年	保育課目・項目
幼稚園規則（保育規則）	1876（明治９）年	遊戯，運動，談話，唱歌，開誘
東京女子師範学校附属幼稚園規則	1884（明治17）年改正	会集，修身の話，庶物の話，木の積立て，板排べ，箸排べ，鐶排べ，豆細工，珠繋き，紙織り，紙摺み，紙刺し，縫取り，紙剪り，画き方，数へ方，読み方，書き方，唱歌，遊戯
女子高等師範学校附属幼稚園規則	1892（明治25）年改正	説話，行儀，手技，唱歌，遊戯
幼稚園保育及設備規程	1899（明治32）年	遊戯，唱歌，談話，手技
幼稚園令施行規則	1926（大正15）年	遊戯，唱歌，観察，談話，手技等
保育要領	1948（昭和23）年	見学，リズム，休息，自由遊び，音楽，お話，絵画，製作，自然観察，ごっこ遊び・劇遊び・人形芝居，健康保育，年中行事

出典）次の資料を用いて作成。湯川嘉津美：日本幼稚園成立史の研究，風間書房，2001.，文部省：学制百年史 資料編，ぎょうせい，1972；文部省：幼稚園教育百年史，ひかりのくに，1979；米田俊彦編：近代日本教育関係法令体系，港の人，2009.

表４-４　戦前から戦後直後までの日本における初等教育内容（教科・学科目）の主な変遷

法令名	制定改正年	教科・学科目
学制	1872（明治５）年	【下等・上等合計８年】 下等小：綴字，習字，単語，会話，読本，修身，書牘，文法，算術，養生法，地学大意，窮理学大意，体術，唱歌 上等小：綴字，習字，単語，会話，読本，修身，書牘，文法，算術，養生法，地学大意，窮理学大意，体術，唱歌，史学大意，幾何学大意，罫画大意，博物学大意，化学大意，生理学大意 （加設可能…外国語学の一二，記簿法，図画，政体大意）
教育令	1880（明治13）年改正	【３〜８年】修身，読書，習字，算術，地理，歴史等の初歩，裁縫等※女 （加設可能…罫画，唱歌，体操等　物理，生理，博物等の大意）
小学校ノ学科及其程度	1886（明治19）年	尋常小【４年】：修身，読書，作文，習字，算術，体操（加設可能…図画，唱歌）　※小学簡易科【３年以内】：読書，作文，習字，算術 高等小【４年】：修身，読書，作文，習字，算術，地理，歴史，理科，図画，唱歌，体操，裁縫※女（加設可能…英語，農業，手工，商業）
小学校令	1890（明治23）年	尋常小【３〜４年】：修身，読書，作文，習字，算術，体操（加設可能…日本地理，日本歴史，図画，唱歌，手工，裁縫※女） 高等小【２〜４年】：修身，読書，作文，習字，算術，日本地理，日本歴史，外国地理，理科，図画，唱歌，体操，裁縫※女（加設可能…幾何の初歩，外国語，農業，商業，手工）
小学校令	1900（明治33）年改正	尋常小【４年】：修身，国語，算術，体操（加設可能…図画，唱歌，手工，裁縫※女） 高等小【２〜４年】：修身，国語，算術，日本歴史，地理，理

		科，図画，唱歌，体操，裁縫※女（加設可能…手工，農業，商業，手工，英語）
小学校令	1907（明治40）年改正	尋常小【6年】：修身，国語，算術，日本歴史，地理，理科，図画，唱歌，体操（加設可能…裁縫※女）
小学校令	1926（大正15）年改正	尋常小【6年】：修身，国語，算術，国史，地理，理科，図画，唱歌，体操（加設…裁縫※女）高等小【2～4年】：修身，国語，算術，国史，地理，理科，図画，手工，唱歌，体操，実業（農業，工業，商業），家事※女，裁縫※女（加設可能…外国語，その他）
国民学校令	1941（昭和16）年	初等科【6年】：国民科（修身，国語，国史，地理），理数科（算数，理科），体錬科（体操，武道），芸能科（音楽，習字，図画及工作），裁縫※女高等科【2年】：国民科，理数科，体錬科，芸能科，実業科（農業，工業，商業，水産），家事及裁縫※女（加設可能…外国語，その他）
学習指導要領	1947（昭和22）年	【6年】：国語，社会，算数，理科，音楽，図画工作，家庭，体育，自由研究

注）【　】内は修業年限。小学簡易科は1886年文部省訓令第1号による
出典）次の資料を用いて作成。文部省：学制，文部省，1872；文部省：学制百年史 資料編，ぎょうせい，1972；米田俊彦編：近代日本教育関係法令体系，港の人，2009．

　表4-4は，戦前から戦後直後までの日本の初等教育内容の主な変遷を整理したものである。戦前日本の初等教育課程は尋常・高等の2段階に分けられた。尋常小学校（義務教育）は，1907（明治40）年に修業年限を6年制[*17]に統一し，修身・国語・算術・日本歴史・地理・理科・図画・唱歌・体操を必修科目とした。以下，各科目について概要を説明する。

　修身は道徳教育専門の科目で，1880（明治13）年に筆頭科目として最重要の教育内容になった。国語の内容は，1872（明治5）年頃から読書・作文・習字などに分かれていたが，1900（明治33）年以降，国語科として一括された。算術は，当初から初等教育内容に含まれたが，日本歴史と地理，理科は，1907（明治40）年以降に必修内容として定着した。歴史は日本歴史に限られた一方で，地理は日本地理に限られなかった。理科は，1872（明治5）年頃から物理・化学・生理学などに分かれていた。高等小学校（義務教育でない）では，不安定ながら，しばしば外国語（英語）が加設可能とされた点も注目される。芸術教育の内容は図画と唱歌，身体教育の内容は体操に限られた。体操は，普通体操に加えて，尋常小では遊戯，高等小では中学校同様に男子には兵式体操[*18]を課した。高等小では，1926（大正15）年以降，実業[*19]が必修になり，男子に多めの時間が配当された。また，女子には裁縫が課せられ，高等小では必修になり，1926（大正15）年以降には家事[*20]も課された。戦前日本の初等教育では，目的は男女共通であったが内容は男女別であった。

　表4-5は，中等普通教育の内容の主な変遷を整理したものである。中等普通教育は男女別学であり，中学校（男子のみ入学可）と高等女学校で教えられた。中学校は1886（明治19）年から5年制をとり，高等女学校では1920（大正

*17　従来，初等教育課程は様々な事情に応じるために年限の異なる複数の課程に分かれていた。1900（明治33）年，尋常小学校が4年制に統一され，共通年限の初等教育課程が整備された。そして，1900年代には就学率が男女平均で9割を超え，尋常小学校と2年制高等小学校が併置された尋常高等小学校が増えた。また，日露戦争を経て国民教育の充実を図る必要が高まっていたため，日本は初等教育課程の年限延長に踏み切った。
国立教育研究所編：日本近代教育百年史，第4巻，教育研究振興会，1974，pp.904-906．

*18　兵式体操：1885（明治18）年に東京師範学校に最初に導入された，軍隊式の集団訓練。初代文部大臣の森有礼（1847-1889）が主導し，国民教育・道徳教育の方法として位置づけられた。中学校でも必修内容として盛んに行われた。

*19　実業：生産・販売等に関わる分野の知識技能を学び，勤勉等の心・習慣を養う学科目。主に農業，工業，商業に関する内容から，土地の情況によって1つまたは複数学んだ。

*20　家事：衣食住や看護，育児，家計簿記等の家の整理・経済・衛生等に関する内容を教授した学科目。1899（明治32）年に高等女

学校に追加された。理科の教授内容との関連が課題となり，1910（明治43）年設置の高等女学校実科では，「理科及家事」として理科と合わせて教えられた。なお，高等小学校では，家事の内容そのものは，1911（明治44）年から女子のみ理科の内容に含められていた。

＊21 作業科：1931（昭和6）年，中学校に追加された学科目。園芸や工作などの作業によって勤労の意識・習慣を養って，日常生活に役立つ知能を身に付けることを目指した。

＊22 教育：家庭教育に資するために，理論などの教育に関する普通の知識を得ることを目指した学科目。1899（明治32）年から加設可能な学科目として高等女学校に置かれた。

＊23 実科：主として家政に関して学修する学科。1910（明治43）年，高等女学校に新設された。実科のみの高等女学校は，特に実科高等女学校と称した。

＊24 国定制：教科書の執筆・編集を国が行い，その教科書を全国の学校で一律に使用させる制度。検定制のもとで不正事件が発生し（教科書疑獄），その対策として採用された。

＊25 学校儀式：1891（明治24）年の「小学校祝日大祭日儀式規

9）年に5年制が認められた。中等普通教育の内容は，主に修身・国語・外国語・歴史・地理・数学・理科・図画・唱歌・体操であり，実業を加えることもあった。男女別の内容については，男子には漢文や法制及経済，作業科＊21，女子には家事や裁縫，手芸，音楽，教育＊22が課された。高等女学校には，中学校よりも多様な年限・内容の課程があり，家庭の実生活に必要な内容を教育するための実科＊23も置かれた。

各教科の具体的な内容は，教科書として編集された。例えば小学校の教科書は，1881（明治14）年には開申（届出）制，1883（明治16）年に認可制，1886（明治19）年に検定制，1903（明治36）年には一部の教科で国定制＊24をとった。中等学校の教科書は長らく検定制であったが，1943（昭和18）年に国定制をとった。各教科の外にも教育内容はあった。重要な内容を含むものに学校儀式＊25があった。学校儀式は，紀元節などの祝日大祭日に教師・児童生徒を集め，天皇制国家に対する忠君愛国の精神を涵養（かんよう）することをねらった。

なお，戦前日本の教育課程が，幼児・初等教育の接続や初等・中等教育の接続，科目をまたぐ教育を問題にしていたことにも注目すべきである。1920年代以降，師範学校＊26附属学校園や私立学校などで，幼小接続や幼年教育のカリキュラム研究が進められていた。教科の統合についても，国語科や理科の誕生はもちろん，1940年代には初等・中等教育共通の教科として国民科・理数科・体錬科・芸能科＊27が置かれた。また，国民学校高等科と中学校には実業科，中学校には外国語科，高等女学校には家政科が必修教科として置かれた。

表4-5 戦前から戦後直後までの日本における中等普通教育の内容（教科・学科目）の主な変遷

法令名	制定改正年	教科・学科目
学制	1872（明治5）年	下等中学【3年】：国語学，算術，習字，地学，史学，外国語学，窮理学，図画，古言学，幾何学，代数学，記簿法，博物学，化学，修身学，生理学，政体大意，国勢学大意，奏楽 ※上等中学は省略
中学校教則大綱	1881（明治14）年	初等中学【4年】：修身，和漢文，英語，算術，代数，幾何，地理，歴史，生物，動物，植物，物理，化学，経済，記簿，習字，図画，唱歌，体操 ※高等中学は省略
尋常中学校ノ学科及其程度	1886（明治19）年	【5年】：倫理，国語及漢文，第一外国語，第二外国語，農業，地理，歴史，数学，博物，物理，化学，習字，図画，唱歌，体操
高等女学校ノ学科及其程度ニ関スル規則	1899（明治32）年	【4年】：修身，国語，外国語，歴史，地理，数学，理科，家事，裁縫，習字，図画，音楽，体操（加設可能…教育，漢文，手芸）
中学校令施行規則	1901（明治34）年	【5年】：修身，国語及漢文，外国語，歴史，地理，数学，博物，物理及化学，法制及経済，図画，唱歌，体操
高等女学校令施行規則	1901（明治34）年	【4年】：修身，国語，外国語，歴史，地理，数学，理

		科，図画，家事，裁縫，音楽，体操（加設可能…教育，手芸）
高等女学校令施行規則	1910（明治43）年改正	実科【2年】：修身，国語，数学，家事，裁縫，実業，体操 実科【3～4年】：修身，国語，歴史，数学，理科及家事，裁縫，図画，唱歌，実業，体操
中学校令施行規則	1911（明治44）年改正	【5年】：(1901年のものに加えて) 実業
高等女学校令施行規則	1920（大正9）年改正	【3～5年】：修身，国語，外国語，歴史，地理，数学，理科，図画，家事，裁縫，音楽，体操（加設可能…教育，法制及経済，手芸，実業，その他） 実科【2年】：修身，国語，数学，家事，裁縫，図画，唱歌，実業，体操（加設可能…教育，法制及経済，手芸，その他） 実科【3～4年】：修身，国語，歴史，地理，数学，理科及家事，裁縫，図画，唱歌，実業，体操（加設可能…教育，法制及経済，手芸，その他）
中学校令施行規則	1931（昭和6）年改正	【5年】：修身，公民科，国語漢文，歴史，地理，外国語，数学，理科，実業，図画，音楽，作業科，体操
高等女学校令施行規則	1932（昭和7）年改正	【3～5年】：修身，公民科，国語，外国語，歴史，地理，数学，理科，図画，家事，裁縫，音楽，体操（加設可能…教育，手芸，実業，その他）
中学校規程	1943（昭和18）年	【4年】：国民科，理数科，体錬科，芸能科，実業科，外国語科
高等女学校規程	1943（昭和18）年	【2・4年】：国民科，理数科，家政科，体錬科，芸能科（加設可能…実業科，外国語科）
学習指導要領	1947（昭和22）年	【3年】：国語，習字，社会，国史，数学，理科，音楽，図画工作，体育，職業（農業，商業，水産，工業，家庭）（選択…外国語，習字，職業，自由研究）

注）【 】内は修業年限
出典）次の資料を用いて作成。文部省：学制，文部省，1872；文部省：学制百年史 資料編，
　　　ぎょうせい，1972；米田俊彦編：近代日本教育関係法令体系，港の人，2009．

程」以降，整備された儀式。中学校や高等女学校などの他の学校種でも盛んであった。天皇・皇后の御真影（写真・肖像画）への最敬礼や教育勅語の奉読等が行われた。

＊26　師範学校：1872（明治5）年以降，教員養成のために設けられた学校。次第に，小学校教員の養成や現職教育などの機能をもった。附属学校や附属幼稚園を整備し，実習や研究に活用した。

＊27　国民科は修身・国語・国史・地理を科目とし，理数科は算数・理科，体錬科は体操・武道（女子は体操のみ），芸能科は音楽・習字・図画及工作（初等科女子には裁縫，高等科女子には家事・裁縫）を科目とする総合的な教科。1941（昭和16）年の国民学校令によって，小学校が国民学校に改組された際に設置された。1943（昭和18）年には中学校・高等女学校にも設置された。

> **ワーク1**　国立教育政策研究所教育図書館HPの「近代教科書デジタルアーカイブ」を使って，明治以降の教科書には，どのような教材が使われたか調べてみよう。

（3）学校教育方法の変遷

　戦前日本の教育課程は，どのような教育方法を前提としたか。一般的に，明治初期の教育課程は知育・徳育・体育の3つに分けて考えられた。1890年代以降は，教育学の研究が進んで，管理・教授・訓育（訓練）などに分けて考えられるようになった。

　各教科・学科は，一斉教授を主な方法とした。一斉教授法は，1872（明治5）年以降，師範学校を通して全国の学校に広がり，江戸期以来の個別指導中心の教育方法を一新した（図4-3）。その後，一斉教授法は多様な展開を見せた。1880年代にはその一種として開発教授法＊28が流行し，知っていることと新

＊28　開発教授法：ペ
スタロッチーの教育理
論に基づき，子どもの
能力・心性の自然な開
発を目的とした教授
法。19世紀半ばのアメ
リカで起こっていたオ
スウィーゴー運動（ペ
スタロッチー主義の教
育改革運動）の影響を
受けて，日本に導入さ
れた。

**＊29　ヘルバルト派教
授法**：ヘルバルト主義
教授法ともいう。ヘル
バルトの教育理論を継
承発展させた学派によ
る教授法。教授を知識
技能の伝達にとどまら
ずに道徳教育に関わる
とした教育的教授論や，
特定教科を中心として
全教科に関連をもたせ
る中心統合法，心理過
程に応じて段階的に教
授する段階教授法など
を学説化して，公教育
に多大な影響力をもった。

＊30　合科学習：複数
の学科目・教科を統合
して学習をひとまとま
りにすること。奈良女
子高等師範学校附属小
学校の木下竹次（1872-
1946）が主導した理論
が有名。

＊31　分団教授：同一
学級の児童を教育目的
によって小さなグルー
プに分けて行う教授。
兵庫県明石女子師範学
校附属小学校の及川平
治（1875-1939）が主導
した理論・実践が有名。

**＊32　ドルトン・プラ
ン**：パーカースト
（Parkhurst, Helen,
1887-1973）が，1919

たに知ることを関連づけて学ぶ（既知から未知へ）などの学習原理や，実物教授，問答法などを伴って国内に広がった。1890年代にはヘルバルト派教授法[*29]が流行し，教育的教授や中心統合法，段階教授法などを伴って広がった。教授案（教案）の編成も奨励され，教師が何をどう教えるかについて，詳細に計画した具体的な教科・学科課程が各教室で編成されていった。20世紀に入ると，世界的な新教育運動の影響で，子どもの自発的活動や学習が重視されるようになり，子どもが生活の中で何をどう学んでいるかが問題になり始めた。それ以降，学習の観点から教科・学科の編成が見直されるようになり，合科学習[*30]などの新しい方法が開発されて，個性的な教育課程が開発された。一斉教授による授業の在り方も見直され，分団教授[*31]やドルトン・プラン（図4−4）[*32]など，グループ学習や個別学習を取り入れた教育課程の編成も試みられた。誘導保育案[*33]や一部の合科学習の実践のように，学校種をまたいで，幼児教育や小学校低学年の教育にプロジェクト・メソッド[*34]を導入する取り組みもあった。

　学校・学級生活全体を通した管理・訓育も，組織的・計画的に行われた[3)]。1891（明治24）年，決まった児童生徒が共同で生活する場・集団としての「学級」が成立した。1900年代以降には，就学率の高まりによって複数学級の学校が増え始めた。入学してくる多様な児童生徒を効率的に教育する必要から，「正常／異常」などのカテゴリーをあてはめて学級・集団編成に用いる方法も広がった。学校として各学級の訓育を統一的に進めるために校訓が制定され始めた。この他に，級長制や校歌，制服，校則など，様々な訓育の仕組みが整えられていった。学校儀式も重視された。また，中等学校を中心に校友会[*35]が置かれたり，児童生徒の校外活動を補導したりするなど，課外活動も組織化されるようになった。衛生・給食・時間割・学校建築などの研究も進められ，児童生徒の身体・時間・空間を管理し，教育条件を整えていく多様な方法が実践された。

　以上のような教育課程を確実に実施するために，学校や教職員を管理統制・奨励する仕組みも整えられた。例えば，文部省や県・郡に視学官が置かれるようになり，視察を通して各地の教育課程を統制・奨励した。教師の間でも，読書の奨励や講習の受講，研究会の開催等が盛んに行われ[4)]，教育課程の研究も行われた。

3.　戦前日本における教育課程の理念

　日本の教育課程は，江戸期の伝統を踏まえながらも，明治以降，急激に刷新された。文字文化や身分制社会の維持・推進のために読書算や儒学などの学習

図4-3　明治初期の教育風景─小学校
出典）鮮斉永濯画：小学入門教授図解，1877.

図4-4　大正期の新教育風景─福井県三国
小学校ドルトン・プラン的実践（自発教育）
出典）三好得恵：自発教育案と其の実現，東洋
　　　図書，1924.（復刻版　橋本美保監修：文
　　　献資料集成　大正新教育第Ⅰ期・第6巻，
　　　日本図書センター，2016, p.31.）

（大正8）年からマサ
チューセッツ州ドルト
ン市で実践した教育計
画。子どもが教師の講
義や支援を受けながら
自由に教材を研究し，
交流して学習を進める。

*33　**誘導保育案**：一定
のテーマに基づく環境構
成などによって子どもの
生活を誘導して，子ども
が自らの力で成長するこ
とを目指す保育計画。東
京女子高等師範学校附
属幼稚園の倉橋惣三
（1882-1955）が主導し
た。

*34　**プロジェクト・**
メソッド（Project Meth-
od）：子どもの問題解決
活動を引き出し，能動
的な学習を目指す教育
方法。1918（大正7）
年，デューイの理論に
基づき，キルパトリッ
ク（Kilpatrick,William
Heard, 1871-1965）が
初めて提唱し，現在ま
でに世界で様々なバリ
エーションの実践が行
われている。戦前日本
では，東京女子高等師
範学校附属幼稚園や明
石女子師範学校附属学
校園などが実践した。

*35　**校友会**：当該学
校に所属する児童生徒
や教職員などで構成さ
れた組織。庶務を担当
する部署や，運動・ス
ポーツや文化活動など
を行う部が置かれた。
同人雑誌の発行や，運
動会・展覧会の実施な
どを担うことも多かっ
た。会長は戦後には生
徒が就くようになった
が，戦前は一般的に校
長が就いた。

　を組織化していた江戸期の学校の教育課程は，明治以降，個人の立身出世や国
家の命運を支えるために，幼児・初等・中等教育の独自性と系統性を追究し，
保育や普通教育・実業教育・国民教育（錬成）を目的とするようになった。ま
た，道徳・言語・数理・地歴・芸術・身体などの教育内容を教科・学科ごとに
区分し，男女課程を区別しながら系統的に教授された。テキスト通りに暗唱し
て身体で覚えるような学習法や，独学，個別指導を主に前提としていた旧来の
教育課程は，多様な一斉教授法や，グループ・個別・プロジェクトなど，教師
の指導と児童生徒の学習との相互作用による方法を取り入れて刷新され，多様
化した。徳育の方法も，師弟関係を通した教化・感化のみならず，学校・学級
生活における児童生徒同士の関係を前提とした管理・訓育の方法を取り入れて
いった。

　戦前日本の教育課程は江戸期に増して広く深く整備され，学校内にとどまら
なかった。しかし，学校の教育課程がここまで著しく刷新されたのは，戦前日

本にとって，19世紀以降に展開した身分制社会からの脱却（近代化）と，軍事的・経済的な競争の激しい国際社会における国家独立がそれほど重要だったからである。戦前日本の教育課程の理念は，この意味での社会・国家づくりに貢献するところにあった。

> **ワーク 2**　江戸期の手習塾（寺子屋）での教育の風景（図 4 − 1），明治初期の教育の風景（図 4 − 3），大正期の新教育の風景（図 4 − 4）を見比べて，そこに見られるそれぞれの教育の考え方を推測・解釈してみよう。

■**引用文献**

1 ）湯川嘉津美：日本幼稚園成立史の研究，風間書房，2001，pp.46-59.
2 ）清原みさ子：手技の歴史，新読書社，2014，pp.140-204.
3 ）佐藤秀夫：教育の文化史 1 —学校の構造，阿吽社，2004，pp.123-129.
4 ）白石崇人：鳥取県教育会と教師—学び続ける明治期の教師たち，鳥取県，2015，pp.104-105.

■**参考文献**

市川寛明・石山秀和：図説 江戸の学び，河出書房新社，2006.
岩木勇作：近代日本学校教育の師弟関係の変容と再構築，東信堂，2020.
遠座知恵・橋本美保：近代日本における進歩主義幼小連携カリキュラムの受容，東京学芸大学紀要，総合教育科学系，62，2011，pp. 7 -17.
貝塚茂樹・広岡義之編：教育の歴史と思想，ミネルヴァ書房，2020.
国立教育研究所編：日本近代教育百年史，第 4 巻，教育研究振興会，1974.
佐藤秀夫：教育の文化史 1 —学校の構造，阿吽社，2004.
清原みさ子：手技の歴史，新読書社，2014.
宍戸健夫：日本における保育カリキュラム，新読書社，2017.
白石崇人：鳥取県教育会と教師—学び続ける明治期の教師たち，鳥取県，2015.
白石崇人：教育の制度と経営—社会の中の教育，Kindle，2022.
日本近代教育史事典編纂委員会編：日本近代教育史事典，平凡社，1971.
文部省編：日本教育史資料，第 4 巻，文部省，1890.
文部省：学制百年史，通史編・資料編，ぎょうせい，1972.
湯川嘉津美：日本幼稚園成立史の研究，風間書房，2001.
米田俊彦編：近代日本教育関係法令体系，港の人，2009.

第5章　日本における教育課程の理念（戦後）

この章では，戦後から今日に至る学習指導要領の変遷を踏まえながら，学習指導要領に基づいて教育課程を編成することの意味と意義について考えてみたい。学習指導要領や幼稚園教育要領が存在するのはなぜか。その改訂が重ねられるのはなぜか。そして日々の保育や学校教育が十分に展開していくために私たちに求められるものは何か。これらのような問いに思いを巡らせてみることを通して，より身近なものとして学習指導要領や幼稚園教育要領を感じられることを期待したい。

1. 経験主義の学習指導要領

本章での考察をはじめる前に，まずは戦後の教育の出発点となったのが民主主義であったことを確認しておこう。

連合国軍最高司令官総司令部（GHQ）ならびにアメリカ合衆国から日本に派遣された教育使節団は，アメリカ流の民主主義をめざした教育改革を進めていった。新しい教育体制の確立とその実現において，特にきわめて重要な役割を果たしたのが，日本国憲法と教育基本法である。1947（昭和22）年に制定された旧教育基本法の前文では，「われらは，さきに，日本国憲法を確定し，民主的で文化的な国家を建設して，世界の平和と人類の福祉に貢献しようとする決意を示した。この理想の実現は，根本において教育の力にまつべきものである」と謳い，憲法の精神に則った新しい教育を高らかに宣言した。憲法23条の学問の自由の保障，同26条の教育を受ける権利と義務教育に関する規定は，今なお重要な羅針盤であるといえるだろう。

このような社会的状況において船出を迎えた戦後の学校教育改革に象徴的であるものが，1947（昭和22）年3月に始まる学習指導要領の作成と，その試案としての位置づけである。「この書は，学習の指導について述べるのが目的であるが，これまでの教師用書のように，一つの動かすことのできない道をきめて，それを示そうとするような目的でつくられたものではない。新しく児童の要求と社会の要求とに応じて生まれた教科課程をどんなふうにして生かして行くかを教師自身が自分で研究して行く手びきとして書かれたものである」〔1947（昭和22）年版*1学習指導要領一般編序論「一 なぜこの書はつくられたか」〕と記さ

*1 一般には改訂が果たされた年を採って〇〇年版学習指導要領と呼ばれることが多く，以下も改訂年を付す。その実施時期については，近年はその数年後（周知や教科書等の作成のため）あるいは学校種ごとになっていることが多く，移行措置を経て完全実施となる。

＊2　ここで言う経験主義とは，デューイ（Dewey, John, 1859-1952）のプラグマティズムに依るものである。アメリカにおける新教育＝進歩主義教育を指しての用語であり，第2次世界大戦後のわが国の新教育期においては，それを"経験主義教育"の名のもとに導入・展開したと考えられる。デューイの経験主義は，当時の画一的な公教育の批判をその特徴の一つとしていて，「個別化・個性化」指向の進歩主義教育へ」という流れをその後に生み出していった。
奥田真丈・河野重男編：新教育学大事典，第一法規出版，1990，p.480.

＊3　社会科はヴァージニア州教育委員会作成の初等学校カリキュラムを手本としており，そのカリキュラムや教育方法は進歩主義的な立場である「なすことによって学ぶ」という原則を特徴としている。

＊4　コア・カリキュラム：核（この場合は社会科の単元学習）となる教育内容があって，それと他の内容がつながりあってカリキュラムが構成されるべきだという考え方である。今日の学習指導要領のように，見かけはどの教科等も「横並び」という点で「教科カリキュラム」とは異なる特色を有している。

＊5　系統主義：科学や学問上の成果として

れているように，教師にとっての手引き書としての性格を有している。また，一般編に続いて教科ごとに編集されていったこと，教科課程という表現で教育内容を示していたこと，具体的な教科として小学校では国語・社会・算数・理科・音楽・図画工作・家庭（5／6年）・体育・自由研究（4／5／6年）を設定したことが主な特徴である。

　この1947（昭和22）年版学習指導要領については，アメリカの教育学者デューイの経験主義の立場＊2がよく表れている。後に示すように，彼の経験主義は日本では生活単元学習とか問題解決学習と呼ばれる学習方法を特徴としている。問題解決を行う場面で人は反省的思考（reflective thinking）を機能させることを通して，すなわち新たに経験の再構成を重ねることを通して，人は成長するとデューイは考えた。

　新たに作成された学習指導要領には，2つの要点がある。ひとつは，新設された社会科への期待＊3である。社会科は，「今日のわが国民の生活から見て，社会生活についての良識と性格とを養うことが極めて必要であるので，そういうことを目的として，新たに設けられたのである。ただ，この目的を達成するには，これまでの修身・公民・地理・歴史などの教科の内容を融合して，一体として学ばれなくてはならない」（1947年版学習指導要領　一般編　第三章　二　小学校の教科課程と時間数）ものであり，よりよい社会生活の実現を目指すという点で生活単元学習あるいは問題解決学習のかたちで実践されていた。また社会科をコア・カリキュラム＊4の立場で推進しようとしていたことも，経験主義に立つ教育課程を特徴づけていた。

　いまひとつは，自由研究の新設である。自由研究は「児童の個性の赴くところに従って，それを伸ばして行く」時間であり，「どの児童も同じことを学ぶ時間として，この時間を用いて行うことは避けたい」（1947年版学習指導要領　一般編　同前）とされている。実際の実践では，「個人の興味や能力に応じた自由な学習」「クラブ活動」「当番や学級委員としての仕事1)」という3つの側面を教育内容として含んでいた。

　経験主義を特徴とした当初の学習指導要領は，戦後の復興すなわち経済産業的な発展を背景にして，次第に系統主義＊5に向かっていくこととなる（次節）。経験主義は個々の子どもの興味や身近な活動を重視するあまり，大きく変化していく社会や文化的課題に対応できる能力が身につきにくいという難点がある，という批判の高まりがあった。

　「学習指導要領は，どこまでも教師に対してよい示唆を与えようとするものであって，決してこれによって教育を画一的なものにしようとするものではない」という具合に，1951（昭和26）年に改訂された学習指導要領一般編（試案）

の記述には従来の教育内容の手引きという特徴を残しつつも，次第に子どもたちに教えるべきものを教えるという原則的な意味合いを持つ*6ようになった。この間に，教えるべき教育内容について教科課程という表現から教育課程に用語が変更され，自由研究を廃止して「教科以外の活動」（小学校）「特別教育活動」（中学校）が導入されている。また1955（昭和30）年の社会科編の改訂を皮切りに，試案という表現は用いられなくなっている。

2. 系統主義の学習指導要領

（1）系統主義への傾倒

　経験主義と系統主義との教育理念をめぐる対立は，「教育の方法は，子どもたちの経験や興味・関心を重視するものであるべきだ，という立場と，いや，社会には興味・関心にかかわりなく教え込むべきものがある，という立場の対立である2)」といえるだろう。

　1958（昭和33）年版学習指導要領は，それまでの子どもの生活経験を尊重するという経験主義的な立場を離れ，各教科のもつ系統性を重視し基礎学力の充実を目指すという系統主義的な立場に基づいて改訂された。「こどもたちの身辺にあるところの事柄を雑然と教えるのではなく」「もう少し系統的に学習を整理し」「原理，原則あるいは基本的なものをしっかり身につけていく」（小学校学習指導要領解説）学習が求められるようになったのである。この1958年版より，学校教育法施行規則において学習指導要領は文部大臣（当時）が教育課程の基準として告示するものであり，事実上学校教育における公的な基準として位置づけられた。学校教育法施行規則を改正することによって，学習指導要領を改訂するという手続きについても明確となった。以後およそ10年ごとに改訂されている。

　この1958年版で注目するべきことは，道徳の時間の特設である。「各教科（中学校では選択教科もある）*7」「特別教育活動」「学校行事等」そしてこの「道徳」の４領域によって，「地域や学校の実態を考慮し，児童生徒の発達段階や経験に即応して，適切な教育課程を」各学校において編成するものとされた。他にも施行規則に基づき，各教科等の授業時数の指定もなされている。例えば小学校では，年間で816（１学年）〜1085（６学年）時間を最低限の総授業時数と定めている。

　1968（昭和43）年（小学校，中学校は翌年）に改訂された第３次の学習指導要領ほど，当時の社会的な状況を反映したものはない。折しも東京オリンピック

の知識・技術のもつ"系統"を重視する見方・考え方をいう。古い系統学習を「戦前の国家主義，軍国主義のもとでの非科学的な知識・技術の系統学習を指す」のに対して，新しい系統学習を「科学的な知識・技術の系統の研究およびその実践の展開」と位置づけられ得る。系統主義自体は，教育史の立場で言えば「教授学」という「子どもをいかに教えて育てるか」という重要な課題と向き合ってきた経緯もある。
奥田真丈・河野重男編：新教育学大事典，第一法規出版，1990，p.495.

*6　教科を以下の４つの領域に分けて設定し直したことも特徴の１つである。それら４領域とは，主として学習の技能を発達させるのに必要な教科（国語・算数），主として社会や自然についての問題解決の経験を発展させる教科（社会科・理科），主として創造的表現活動を発達させる教科（音楽・図画工作・家庭），主として健康の保持増進を助ける教科（体育科）である。また時間数の目安をパーセンテージで示していた。

*7　小学校では国語，社会，算数，理科，音楽，図画工作，家庭，体育の８教科である（当時の学校教育法施行規則第24条）。中学校では必修教科に国語，社会，数学，理科，音楽，美術，保健

体育，技術・家庭，また選択教科に外国語，農業，工業，商業，水産，家庭，数学，音楽及び美術を置いた（同第53条）。

＊8　科学者が新事実を発見するのと同じ知的興奮や知的理解をもたらす学びを子どもたちにも，という考えや，学年が上がった時にまた別の形で同じ「構造」に出合うように（＝螺旋階段を上るように）カリキュラムを組むべきだ，という考え方を指す。全米科学アカデミーが開催した「ウッズ・ホール会議」という学校カリキュラムについての討議会で報告されたもので，その議長がブルーナーであった。なお，戦後の新教育運動を「はい回る経験主義」として批判した立場の一人に，マルクス主義教育学者の矢川徳光がいる。
矢川徳光：新教育への批判，刀江書院，1956，p.244．

＊9　中学校では必修教科・選択教科が引き続き設定された。

＊10　この表現自体は，1968（昭和43）年版において採用されている。

〔1964（昭和39）年〕や大阪万博〔1970（昭和45）年〕といった国をあげてのイベントに示されるように，経済的文化的な豊かさを人々が享受できるようになったのである。世は高度経済成長の時代である。その豊かさの実現には，科学技術の革新的な進歩があり，そしてその成果を子どもたちに学校で系統的に教えよう，という考え方，すなわち「教育内容の現代化」が大きく関わっている。

　アメリカ合衆国とソビエト連邦との冷戦構造下で，ソ連による人工衛星スプートニク1号の打ち上げ成功〔1957（昭和32）年〕による西側諸国の衝撃や危機意識は相当なもので（スプートニク・ショック），科学技術への信仰とともにそれを担う未来の子どもたちへの学校教育の改革への情熱はますます高まっていった。実際，アメリカ合衆国ではブルーナー（Bruner, Jerome, 1915-2016）らの「発見学習」・「螺旋型カリキュラム」論＊8に見られるように，学問体系を踏まえて知的水準の引き上げを実現する学校教育，具体的には教育内容を構造化し構成する必要性に焦点が当てられた。個々の子どもに応じた指導の必要性の出現であり，また能力主義的な発想の現れであるともいえる。

　教育内容の現代化を特徴とする1968（昭和43）年版の内容についても少し触れておこう。改訂に際し，1967（昭和42）年の教育課程審議会の答申「小学校の教育課程の改善について」において，「調和と統一のある教育課程の実現」というテーマのもと，教育課程の編成については「各教科＊9」「道徳」「特別活動」の3領域とし，特別活動に学校行事を含ませた。また授業時数の意味はそのままに「最低時数」から「標準時数」へと表現の変更があった。総授業時数は1年生で816時間，6年生で1085時間，中学校1・2年生では1190時間，3年生で1155時間である。

（2）系統主義からの離脱

　高等学校への進学率が1973（昭和48）年度に90％を突破し，次第に受験戦争が激化していく中，学校教育の病理という形で，例えば学校に背を向ける子どもたちの出現や増加も見逃せない。「落ちこぼれる（＝落ちこぼされる）」子どもである。猛スピードで学習をこなす様子として知られる「新幹線授業」の学校生活のもと，この落ちこぼれの状態は校内暴力・いじめ・登校拒否へと姿を変えていき，学校の病理とも呼ばれる状況を生み出していった。

　こうしたなかで，第4次改訂となる1977（昭和52）年版の学習指導要領第1章総則に示される「人間として調和の取れた育成を目指す＊10」という学校教育の課題が改めてクローズアップされることとなった。この改訂で特徴的であったのは，知育の偏重から脱却した「知徳体の調和」が取れた「ゆとりある充実した」学校教育の実現を目指したことと，その実現のために授業時数がはじめ

て削減されたことである。

　「ゆとりある充実した」学校教育の実現は，1987（昭和62）年の臨時教育審議会の最終答申に出てくる「個性重視の原則」を掲げる教育の実現と共鳴するものである。「指導の個別化，学習の個性化」を謳う個性化教育運動の始まりでもあり，子どもたちの興味や活動を重視する経験主義への回帰が理念的にも実践的にも進んでいくのである。

> **ワーク1**　童謡の「めだかの学校」「雀の学校」を聞いてみて，それぞれどのような学校の様子なのかを，イラストで描いてみたりペアやグループで話し合ったりしてみよう。また，それぞれが経験主義教育や子ども中心主義の立場，系統主義教育の立場をどのように表しているかも考えてみよう。

3. 新しい学力観

（1）個性を生かす教育と生きる力

　臨時教育審議会の提起した個性重視の原則のもとで編まれた第5次となる1989（平成元）年版の学習指導要領では，「個性を生かす教育の充実」という方針に立ち，新しい学力観を重視した教育課程の編成を求めている点が特徴的である。旧来の学力観が知識や理解を中心にしていたのに対して，興味・関心，学習の過程や変化に対応できる思考力や，生涯にわたって自ら学ぼうとする力（自己教育力），そして学習評価において関心・意欲・態度をより重視する学力観の登場である。情報化・国際化・少子高齢化等の社会情勢の変化に対して，「自ら学ぶ意欲と社会の変化に主体的に対応できる能力の育成を図るとともに，基礎的・基本的な内容の指導を徹底し，個性を生かす教育の充実」（1989年版学習指導要領 総則の第一 教育課程編成の一般方針）が求められて，小学校低学年に対して新しい教科として生活科が設定され，同時に社会と理科は廃止された。また，1992（平成4）年度からは毎月第2土曜を，1995（平成7）年度からは毎月第4土曜を段階的に休日とし，2002（平成14）年度には学校週5日制を実現した。

　個性を生かす教育は，「生きる力」を育む教育という名のもとで第6次改訂の1998（平成10）年版学習指導要領へと受け継がれることとなる。1996（平成8）年の中教審第一次答申「21世紀を展望した我が国の教育の在り方について」の副題として示されている「子どもに生きる力とゆとりを」というスローガンのもと，基礎基本となるものを確実に身に付けさせるとともに，「自ら学

＊11　OECDの実施しているPISA（Programme for International Student Assessment：ピザ）と呼ばれる国際的な学習到達度に関する調査で，「その目的は，義務教育終了段階の15歳の生徒が，それまでに身に付けてきた知識や技能を，実生活の様々な場面で直面する課題にどの程度活用できるかを測る事にあります。調査の結果から，自国の教育システムの良い点や課題についての情報を得ることができ，国の教育政策や教育実践に生かすことができます」と示されている。
文部科学省・国立教育政策研究所：OECD生徒の学習到達度調査2022年調査パンフレット2022.

＊12　「学校において特に必要がある場合には，第2章以下に示していない内容を加えて指導することができる。〔小学校学習指導要領 第1章総則の第2，2003（平成15）年12月一部改訂〕

＊13　歯止め規定（○○は扱わないものとする，という学習内容の制限）の撤廃，習熟度別指導や発展・補充学習の追加も，基準性という観点でいえば従来の性格からの方向転換といえる。

＊14　**社会人基礎力**：3つの要素と12の能力要素から成るとされている。それらは，「前に踏み出す力（主体性，働きかける力，実行力）」「考え抜く力

（課題発見力，想像力，計画力）」「チームで働く力（発信力，傾聴力，柔軟性，情況把握力，規律性，ストレスコントロール力）」である。
経済産業省：人生100年時代の社会人基礎力，2006.
＊15　21世紀型スキル：4つの大分類からなる10種のスキルに整理し提案している。それらは，①思考の方法（1．創造性とイノベーション，2．批判的思考・問題解決・意思決定，3．学び方の学習・メタ認知），②働く方法〔4．コミュニケーション，5．コラボレーション（チームワーク）〕，③働くためのツール（6．情報リテラシー，7．ICTリテラシー），④世界の中で生きる〔8．地域とグローバルのよい市民であること（シチズンシップ），9．人生とキャリア発達，10．個人の責任と社会的責任（異文化理解と異文化適応能力を含む）〕，である。
＊16　放課後児童健全育成事業（放課後児童クラブ）：児童福祉法第第6条3の2によれば，「小学校に就学している児童であつて，その保護者が労働等により昼間家庭にいないものに，授業の終了後に児童厚生施設等の施設を利用して適切な遊び及び生活の場を与えて，その健全な育成を図る事業」である。
＊17　2006（平成18）年に学校教育法が一部

び自ら考える力」を育てる学校教育が求められていった。この第6次改訂の目玉は，まず何と言っても「総合的な学習の時間」の導入であろう。教科等の枠組みを超えた横断的・総合的な学びの実現が期待されたのである。先の生活科と同様に体験的活動によって「生きる力」を育てようという意図があった。また，授業時数を中学校で年間980時間まで，教育内容も全体的に概ね3割程度にまで削減した。他にも，中学高校での外国語を必修教科（それまでは選択教科）としたこと，高校に新教科「情報」を導入したこともあげられる。全国的に習熟度別学習指導が広まっていったのもこの時期である。

（2）多様化する学力観と教育課程

　21世紀をまたぐ形で，教育課程に関わるいくつか重要な出来事があった。ひとつは，学力低下論争に関わるものである。1997（平成9）年頃のマスコミによる「学級崩壊」や中高生の逸脱行動の報道を皮切りに，「学びから逃走する子ども」という認識が広がっていったことである。2003（平成15）年実施のOECDのPISA調査[11]では，学力低下の傾向を決定づけるような結果が示された。学力とは何かという重要な問いは，文部科学省により「確かな学力」の向上を目指すという形で答えが示された。具体的には，第6次の学習指導要領の完全実施を目前に控えた2002（平成14）年に「確かな学力の向上のための2002アピール：学びのすすめ」を出し，翌2003（平成15）年12月には学習指導要領の一部改正を実施し，学習指導要領に示していない内容[12]を加えて指導することができるという見解[13]をはじめて示した。

　OECDのいうキー・コンピテンシーは，① 相互作用的に道具（言語・知識・情報）を使用する，② 異質な諸集団の中で交流する（協調や協力），③ 自律的に行動する（権利，責任，自己実現）という3側面から成るとされていた。日本の経済産業省が2006（平成18）年に定めた社会人基礎力[14]も，学力や能力の捉え方が多様化していることを示すものである。また，2009（平成21）年に発足したATC21s（Assessment and Teaching of 21st Century Skills）という研究団体による「21世紀型スキル[15]」もあげられる。OECDは，PISA調査を重ねた後の報告書「2030年に向けた学習枠組み」〔2018（平成30）年〕では，① 新たな価値を創造する，② 対立やジレンマを克服する，③ 責任ある行動をとる，という3つをキー・コンピテンシーの発展形として提案している。

　個性を生かす教育の実現に向けた，子どもや学校に関わる政策の展開について説明する。放課後児童健全育成事業[16]（いわゆる放課後児童クラブ）の法制化〔児童福祉法，1997（平成9）年〕，特殊教育から特別支援教育という呼称の採用〔文部科学省，2001（平成13）年〕や「特別支援学校[17]」への呼称の採用〔2007

（平成19）年〕もある。認定こども園〔就学前の子どもに関する教育，保育等の総合的な提供の推進に関する法律，2006（平成18）年10月〕，小中一貫校〔教育課程特例校制度＝学校教育法施行規則第55条の２，2008（平成20）年〕，義務教育学校〔学校教育法，2016（平成28）年〕がある。2006（平成18）年12月には教育基本法の全部改正[*18]が果たされたことも忘れてはならない。

　このような状況のもとで，2008（平成20）年に第７次の改訂学習指導要領が登場する。グローバル化する「知識基盤社会[*19]」を生き抜くための「習得」「活用」型学力観を基に生きる力の育成を目指す，というのが大きな特徴である。学校教育法第30条第２項を受けて，小学校学習指導要領では「基礎的・基本的な知識及び技能を確実に習得させ，これらを活用して課題を解決するために必要な思考力，判断力，表現力その他の能力をはぐくむとともに，主体的に学習に取り組む態度を養い，個性を生かす教育の充実に努めなければならない。その際，児童の発達の段階を考慮して，児童の言語活動を充実するとともに，家庭との連携を図りながら，児童の学習習慣が確立するよう配慮しなければならない」（第１章 総則）としている。また具体的な変更としては，年間の授業時数を増加させたこと，高学年に新領域「外国語活動」を設定したことがある。幼小の連携・接続について新たに規定したこともあげておこう（詳細は第５節）。

　2015（平成27）年３月には一部改訂によって，「考える道徳，議論する道徳への転換」をめざす道徳の教科化[*20]〔特別の教科 道徳，小学校で2018（平成30）年度，中学校で2019（令和元）年度からの完全実施〕も果たされている。

> **ワーク２**　学校教育で育成を目指す「学力」とはどのようなものがあるか，自分自身の経験も振り返りながら，ペアやグループで話し合って交流してみよう。

4. 学校教育における「学力の３要素」

（1）資質・能力の登場

　第８次改訂は2017（平成29）年で，生きる力を育成すべき「資質・能力」として捉え直し，それを「知識及び技能」「思考力，判断力，表現力等」「学びに向かう力，人間性等」の３つの柱に位置づけた。「何を学ぶか」というコンテンツ重視のカリキュラムから「何ができるようになるか」というコンピテンシー重視のカリキュラムとなったといえるだろう。各学校で教育課程の改善を

改正され，従前の盲学校，聾学校及び養護学校を「特別支援学校」とし（第１条），その目的として「視覚障害者，聴覚障害者，知的障害者，肢体不自由者又は病弱者（身体虚弱者を含む。）に対して，幼稚園，小学校，中学校又は高等学校に準ずる教育を施すとともに，障害による学習上又は生活上の困難を克服し自立を図るために必要な知識技能を授けること」（第72条）と規定した。また障害による学習上又は生活上の困難を克服し自立を図るために必要な知識技能を授ける領域も「養護・訓練」から「自立活動」に名称を改められた（1999（平成11）年の学習指導要領の改訂）。

*18　前文にある「わが国の未来を切り拓く教育の基本を確立し」「その振興を図る」という部分に示されるように，一方で教育の基本について謳いつつ，他方でその振興を施策として進めていくことに法の性格がある。教育の目的（第１条）を実現するための教育の目標（第２条）という構造になっていることも理解しておきたい。

*19　2005（平成17）年の中央教育審議会答申（「我が国の高等教育の将来像」）が指摘したもので，21世紀は，新しい知識・情報・技術が政治・経済・文化をはじめ社会のあらゆる領域での活動の基盤として飛躍的

に重要性を増す，いわゆる「知識基盤社会」（knowledge-based society）の時代であるといわれている。

＊20　中教審の教育課程部会に置かれた道徳教育専門部会による2014（平成26）年10月の答申を踏まえ，学校教育法施行規則と学習指導要領の改正が果たされた。小学校学習指導要領解説の特別の教科道徳編〔2015（平成27）年〕では，「いじめの問題への対応の充実や発達の段階をより一層踏まえた体系的なものとする観点からの内容の改善，問題解決的な学習を取り入れるなどの指導方法の工夫を図ることなどを示している。

＊21　「健康な心と体」「自立心」「協同性」「道徳性・規範意識の芽生え」「社会生活との関わり」「思考力の芽生え」「自然との関わり・生命尊重」「数量や図形，標識や文字などへの関心・感覚」「言葉による伝え合い」「豊かな感性と表現」である。「10の姿」とも呼ばれる。またとくに５歳児については，就学前の幼児が円滑に小学校の生活や学習へ適応できるようにするとともに，幼児期の学びが小学校の生活や学習で生かされてつながるようなカリキュラムの工夫（アプローチカリキュラム）が求められる。

意識した「カリキュラム・マネジメント」の視点や，よりよい学校教育を通してよりよい社会をつくるという理念を地域社会と共有し連携して実現する「社会に開かれた教育課程」の提案，指導と評価の一体化を目指す工夫などもあげられる。各教科等の特質に応じた「見方・考え方」を育てるための学び方や指導の仕方として「主体的・対話的で深い学び（の実現に向けた授業改善）」を導入したことも重要な点である。その他に個別には，小学校高学年に新教科として外国語を設定するとともに外国語活動を中学年に移したことがある。また，幼小・小中・中高といった学校段階間の円滑な接続や教科等横断的な学習の重視，小学校生活科を中心としたスタート・カリキュラムの充実，幼稚園での「幼児期の終わりまでに育ってほしい姿[*21]」の明確化もあげられる。高等学校では，公民科に新科目「公共」が導入され，領域「総合的な探究の時間」へと名称変更が果たされた。各要領の冒頭に「前文」を新設したことも知っておいてよいだろう。

（２）なぜ学習指導要領に基づいて教育課程を編成するのか？

　本章の最後に，この問いについて筆者なりの答えを示しておこう。ひとつには，どのような人間の生き方を理想として学校教育を進めるか，という設計書のような役割が求められるためだといえる。いまひとつには，学校教育法や学校教育法施行規則において学習指導要領が教育課程の公的な基準として示されるからである。

　Society5.0（p.159参照）と称されるこれからの社会において困難に対処する能力を身につける教育を実現することは，学校教育に期待される大きな役割である。VUCA〔＝ Volatility（不安定さ），Uncertainty（不確実さ），Complexity（複雑さ），Ambiguity（曖昧さ）の頭文字による造語〕な社会を生き抜く力，人工知能に人間が取って代わられないための能力の育成は，喫緊の課題である。「令和の日本型学校教育」において改めて着目されるように，「個別最適な学び」と「協働的な学び」の両方を取り入れたカリキュラムを編成することは，どのような人間像を理想として学校教育を描出するか，そしてなぜ学習指導要領に基づいて教育課程を編成するのかいう根本的な問いと直結している。中教審答申「令和の日本型学校教育の構築を目指して〜全ての子供たちの可能性を引き出す，個別最適な学びと，協働的な学びの実現〜」では，「一人一人の児童生徒が，自分のよさや可能性を認識するとともに，あらゆる他者を価値のある存在として尊重し，多様な人々と協働しながら様々な社会的変化を乗り越え，豊かな人生を切り拓き，持続可能な社会の創り手となることができる（p.15）」と示されており，教育課程の意義と役割を改めて強調できるだろう。

5. 就学前教育課程の理念

　最後に，幼稚園教育要領，保育所保育指針，幼保連携型認定こども園教育・保育要領の改訂（定）の変遷についてまとめて取り上げる。

　1947（昭和22）年には，文部省（当時）によって保育要領（試案）が出されている。幼児教育の手引きという副題に示されるように，学校としての幼稚園のみならず保育所や託児所，そして家庭における「楽しい幼児の経験」の視座から保育や教育のあり方を問うている。幼児の経験としての保育内容について12項目*22をあげている。

　1956（昭和31）年に，幼稚園の教育課程の基準としての性格を有する幼稚園教育要領が出される。この発展的な改訂により，保育内容を6つの領域（健康，社会，自然，言語，音楽リズム，絵画製作）にまとめ，小学校教育との一貫性が図られた。幼稚園教育の目標の具体化と指導計画の作成や，指導上の留意点についても言及している。

　1964（昭和39）年の改訂版より，学校教育法施行規則の改正をもって幼稚園教育要領の告示を文部省（当時）において行うという教育課程の基準化が果たされた。幼稚園教育の意義と独自性に言及したことや，引き続き6領域のもとで137項目にわたる具体的なねらいを設定したことが主な特徴である。

　1989（平成元）年の改訂では，幼稚園教育の基本として「環境を通して行う教育／保育」を明記した上で，「健康，人間関係，環境，言葉，表現」という5領域で保育内容を再編成したことが主な特徴である。ねらい（教育目標）と内容の区分を設定したことも，この1989年版からである。

　1998（平成10）年改訂版では，他の学校種と同様に「生きる力」路線の教育課程改革がなされ，特に幼稚園は「生きる力」の基礎を育む場とされた。

　2008（平成20）年の改訂においては，改正された教育基本法をもとにした幼稚園教育の充実が目指され，特に家庭・保護者と幼稚園教育の連携や，幼稚園と小学校の接続・連携が明記されたことが主な特徴である。

　現行版でもある2017（平成29）年の改訂では，幼稚園教育を通して育みたい資質・能力*23ついて言及し，保育内容に「幼児期の終わりまでに育ってほしい姿（10の姿）」を新たに位置づけた。

　他方で保育所保育指針は，厚生省の通知（各保育所が「参考とするもの」）という形で1965（昭和40）年8月に最初の版が，次いで1990（平成2）年3月，1999（平成11）年10月と改定が重ねられた。その後2008（平成20）年に厚生労働大臣による告示として改定され（保育所保育指針の告示化），一定の法的根拠

*22　見学，リズム，休息，自由遊び，音楽，お話，絵画，製作，自然観察，ごっこ遊び・劇遊び・人形芝居，健康保育，年中行事である。

*23　（1）豊かな体験を通じて，感じたり，気付いたり，分かったり，できるようになったりする「知識及び技能の基礎」。（2）気付いたことや，できるようになったことなどを使い，考えたり，試したり，工夫したり，表現したりする「思考力，判断力，表現力等の基礎」。（3）心情，意欲，態度が育つ中で，よりよい生活を営もうとする「学びに向かう力，人間性等」。（第1章 第2）

　と拘束力をもつものとなった。現在の版は2017（平成29）年３月に告示されたものである。保育所保育指針では保育とは「養護と教育を一体的に行う」ものであると策定時から一貫して定義していることは押さえておきたい。

　また，認定こども園は，2006（平成18）年の「就学前の子どもに関する教育，保育等の総合的な提供の推進に関する法律」に設置の根拠を有するもので，その第６条に，「当該施設において教育又は保育を行うに当たっては，第十条第一項の幼保連携型認定こども園の教育課程その他の教育及び保育の内容に関する事項を踏まえて行わなければならない」とある。教育課程その他の教育及び保育の内容に関する事項として幼保連携型認定こども園教育・保育要領が適用されている。これについても幼稚園教育要領や保育所保育指針と同じタイミングで2017（平成29）年に改訂された。また，2023（令和５）年にこども家庭庁が内閣府の外局として発足したことも付言しておこう。

■引用文献
１）高橋早苗・鈎 治雄：特別活動の変遷と教師の役割への一考察―新学習指導要領における教師の適切な指導について―，創価大学教育学部・教職大学院 教育学論集，第69号，2017，p.166.
２）苫野一徳：どのような教育が「よい」教育か，講談社，2011，p.177.

■参考文献
市川伸一：学力低下論争，筑摩書房，2002.
佐藤 学：「学び」から逃走する子どもたち，岩波書店，2000.
新堀通也：教育病理への挑戦―臨床教育学入門，教育開発研究所.
奈須正裕：「資質・能力」と学びのメカニズム，東洋館出版社，2017.
日本カリキュラム学会編：現代カリキュラム研究の動向と展望，教育出版，2019.
水原克敏，他：学習指導要領は国民形成の設計書 その能力観と人間像の歴史的変遷，2010.

第6章　教育課程のための子ども理解

　指導は，「子ども理解に基づいて内容・方法を考える」とされる。本章は，このうち「子ども理解」に焦点を当てる。子どもを含めた人間は，生から死に至るまで発達している。この過程は非常に複雑であるため，これを理解するには，「系統」や「段階」などの捉え方が目安として役立つ。指導では，この目安を頼りに子どもを理解することになる。この理解には，しばしば「障害／健常」というカテゴリーが用いられるが，これは便宜的なものである。人間の理解には，境目のない存在（スペクトラム）である，との認識が始点となる。

1.　カリキュラムを「社会」に位置づける

（1）子ども理解に基づく内容・方法

　一般的なイメージでは，「カリキュラム」は，「教師が幼児・児童・生徒（以下，子ども）に教える内容」だと考えられがちだが，実際には非常に複雑である。まず，指導法の基本の枠組みとしては，子どもを理解したうえで，それに見合った内容と方法を考える，「対象理解＋内容・方法」となっている*1。また，この対象理解は，教員と子どもが対面している「いま・ここ」でのものだけでなく，家庭の中での成育の過程や生活の実態，校園以外での人間関係など準拠集団が様々ある。さらに，その内容・方法は，学習指導だけでなく生活指導などの内容も含まれ，遊びや学習の効果を考慮した活動の形態，手順，教材などの方法が含まれている。そして，教室の中での活動にとって，その入口となる就園や就学での選抜，あるいは出口となる卒園や卒業の後にある選択（進路）も関連している。近年，就学前保育と就学後教育との関係についての議論では，一方では相違点として「領域／教科」「養護／教育」の枠組みを残しながらも，もう一方では共通点として「育ちの連続性」や「3つの柱」（第1章参照）を視野に入れながら，実践が行われている。発達は，理念的には月齢や年齢などの一定の時間で区切れば「特徴」と表現できるが，実際にはどこかの時点で途切れることのない「連続」と表現できる。「カリキュラム」というものは，こうした複合的な要素から成り立っていて，「何を教えればよいか」と

*1　対象理解の方法は，「客観・定量／主観・定性」に区分できる。客観・定量の方法は，実験や質問（アンケート），主観・定性の方法は，観察や面接（インタビュー）である。前者のデータは数値であり，後者のデータは記述であるが，実際には前者で記述，後者で数値を扱う場合もある。なお，実際の方法の種別として，前者には，入学試験，卒業試験，小テスト，定期試験など，後者には，作品，作文，口頭，発表，ワーク，実技などがある。

いう単なる内容の話ではない。カリキュラムは，社会という文脈の中に位置づいていることを忘れてはならない。

（2）指導における理解（価値・事実）

　教育・保育の世界では，しばしば，指導と遊び・学習についての「望ましいあり方」として，「指導者主体ではなく子ども主体に」といわれる。ところが，「どうしたら，そのような指導ができるのか？」と問うと，それほど明快な答えが返ってこない。そこで，ここでは，認知や行動の知見に基づいて，「指導と遊び・学習の過程」に着目することで，この問いに答えることにしよう。

　「人間の活動」には，感覚・知覚によって得られた「認識の対象」があり，その対象についてめぐらされる「思考の過程」があり，最終的な関わりとしての「実際の行為」がある（図6-1）。「思考の過程」には，思考する際に参照されている「枠組（frame of reference）」があり，それに基づいて「理解（comprehension）」を得ている。子どもの行動を「認識の対象」としてスタートしても，その先には，大別して2つの道筋がある[*2]。一方には，「～してほしい」という指導者の期待を「枠組」として，印象や異同によって「選好（良し／悪し）」や「問題（肯定／否定）」などの「理解」を得る，という道筋がある。もう一方には，「～してきた」という子どもの発達を「枠組」として，分析や統合によって子どもの行動の「経緯」や「背景」などの「理解」を得る，という道筋がある。

　これらは，どちらもあり得る「思考の過程」の道筋であり，どちらかだけが「正しい」というものではない[*3]。しかし，指導と遊び・学習の過程が「指導者主体ではなく子ども主体に」と願うのであれば，後者の道筋を選べるように心掛けなければならない。先述の「指導者主体ではなく子ども主体に」という

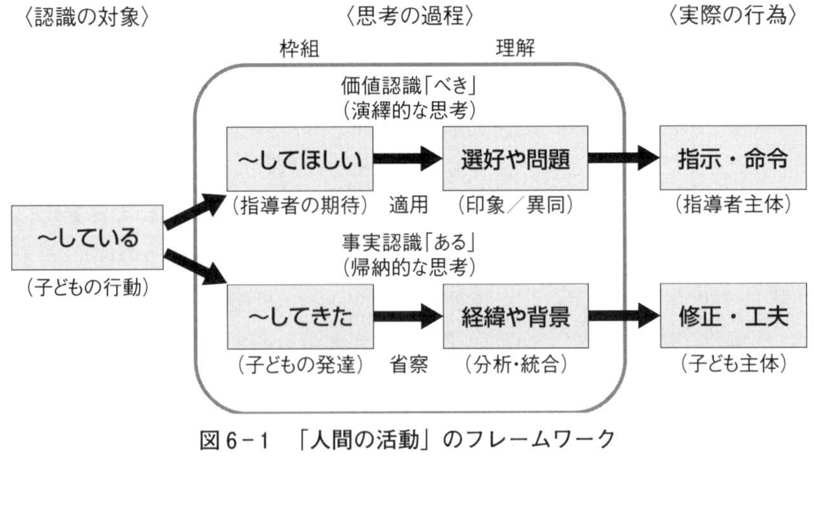

*2　これを「枠組」と「理解」の関係で説明すると，思考様式の特徴が類別でき，意識や自覚がしやすくなる。前者は，「枠組」を所与として「べき」という価値認識に基づき，認識の「対象」に適用して「理解」を得る，演繹的な思考である。一方，後者は，「枠組」を所与とせず「ある」という事実認識に基づき，認識の「主体」を省察して「理解」を得る，帰納的な思考である。

*3　ブルーム（Bloom, Benjamin Samuel, 1913-1999）は，完全習得学習（mastery learning）を提唱した。「落ちこぼれのない教育」のため，指導・学習の目標・評価を分類した。これは，児童生徒の分析的な理解の指標であって，「良／悪」「高／低」などの価値的な理解の基準ではない。価値的な理解は，児童生徒の複雑な姿への理解を後退させる「本末転倒」となる。梶田叡一：現代教育評価論，金子書房，1980；梶田叡一：ブルーム理論に学ぶ，明治図書，1986.

図6-1　「人間の活動」のフレームワーク

表現は,「人間の活動」の最後の部分である「実際の行為」について言及しているが, それはあくまでも最終形である。指導のあり方を左右しているのは, その手前にある「思考の過程」であり, 指導の質を担保するには, その過程を意識あるいは自覚して,「分析・統合」の道筋を通るトレーニングが必要となる。

2. 発達段階を踏まえて具体的に見る

　子どもを理解する際に, 1つの目安となるのが,「発達」に関わる概念や知見である。就学前保育においても, 就学後教育においても, カリキュラムの内容や方法を練る際には, まず, 子どもの発達を念頭に置く。

　「発達 (する／させる)」という概念は, 英語で言う「develop[*4]」という動詞を訳したもので, その語源からすると,「閉じているものが開く」という意味をもつ。これは, もともと,「閉じている種子」があり, その中には貴重な栄養を蓄えているため,「開く＝成長する」ことができる可能性を指している。では, この発達は, 何によってもたらされるのだろうか。

　生き物は, その種に固有な情報を蓄えており, それを次の世代に受け継ぐ働きをもっており, これを遺伝という。生き物のそれぞれを個体というが, この個体には, そうした遺伝の情報が与えられており, 生命の基本となる活動ができるようになっている[*5]。しかし, この遺伝という仕組みだけでは, 生き物は十分に生きていくことができない。個体に対して, その外部にある環境からの刺激 (影響) を受けることで, 多少なりとも学習する。個体は, 環境からの刺激を受け, ある一定の段階に達すると, 遺伝の情報が表に現れてくるし, 遺伝の情報に基づく発育や活動があることで, 個体は環境からの刺激を受けることができる。逆にいうと, ある一定の段階までに, 個体が環境からの影響を受けない場合には, それ以上の発育や活動が困難になる可能性がある (閾値説)。個体にとって, 遺伝と環境の両方が影響するのである (輻輳説)。

　発達を捉えるには, いくつかの基礎概念を知る必要がある。まず, 発達には,

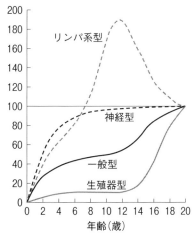

図6-2　発達の異速性―ハリスとスキャモンの臓器発育曲線

出典) Scammon, R. E. : The measurement of the body in childhood, in Harris, J. A. et al. (eds.), *The measurement of Men*, University of Minnesota Press, 1930.

＊4　文法的には「自動詞」と「他動詞」があるが, 他動詞の役割・用法で使われることが多い。他動詞では「発達させる」, 自動詞では「発達する」という意味になる。前者は「大人が子どもを発達させる」となるが, 後者は「子どもが自分の力で育つ」となる。大人は子どもを発達させるわけだが, それは, 子どもに発達する力があるからである。

＊5　発達概念は, 人間を「個体」「一時」で捉える傾向がある。そのため, 近年では,「個体」ではなく「関係」,「一時」ではなく「生涯」, という観点で発達を捉えるようになっている。前者を「関係発達」, 後者を「生涯発達」という。発達を「その人」「その時」で捉えずに,「人々の中で」「長い歩みの中で」捉える, という意味である。

＊6 ピアジェ(Piaget, Jean, 1896-1980)：日本では発達心理学で有名だが，学問的には生物学にルーツをもち，生物としての人間の認知を発生論から明らかにした。ユネスコ編『社会諸科学および人間諸科学の研究の主要動向』の巻頭論文の「序文」が『人間科学序説』(岩波書店，1976) として訳出・刊行されている。本論のテーマと関連して，① 遺伝と環境の輻輳説を取ること，② 行動を媒介にして認知が発達すること，③ 感覚と運動の機能が連動すること，という3点が重要である。

「方向性」「順序性」「異速性」がある。「方向性」とは，身体の「体幹から末梢へ」と発育の方向が決まっていること，「順序性」とは，身体の発育には「段階の順番を追って進む」という順序があること，「異速性」とは，身体の系統によって発育の速度が異なることを指す（図6-2）。これらの概念を知ることで，子どもの発達が，ぼんやりとしたイメージではなく，方向性，順序性，異速性から理解できる。子どもと関わる際，こうした基礎概念が観点となり，子どもの発達への理解は分析的となる。そうすれば，子どもの発達の課題を特定することも可能となり，具体的なカリキュラムを立てる際にも大いに役立つ。

また，子どもの発達の特徴を捉えるための概念として，「通時的な概念」と「共時的な概念」がある。「通時的な概念」としては，発達段階，発達課題，発達過程，という3つの概念が重要である。発達段階とは「年齢などの段階で区切った集団の特徴」，発達課題とは「長短に関わらず，特定の時期に達成される課題」，そして発達過程とは「一人ひとりが歩む発達の過程」のことである。一方，「共時的な概念」としては，認知，言語，情緒，運動，社会性，という5つの概念が考えられる。これらは，人間が活動する際にバックグラウンドで働いている機能の領域のことである。子どもの発達を理解する際，1つの目安として役立つのが発達段階説である。ここでは，ピアジェ＊6による認知の発達段階説（表6-1）を参考にして，児童生徒の発達の理解を試みよう。

> **ワーク1** 保育や教育に関連する発達の研究（理論や実証）として，「発達段階説」を唱えた特定の人物とその内容を調べてまとめてみよう。

3. 「障害／健常」という理解を超える

＊7 就学は「在籍」と「場所」とが関係する。「在籍」には，通常の学級，特別支援学級，特別支援学校があり，これら以外では，原則，教科指導が行われない。一方，これら以外にも，児童生徒が通う「場所」として，通級による指導（通級指導教室）と適応指導教室がある。なお，「在籍」の確定（就学指導）については，『障害のある子供の教育支援の手引』第2編を参照のこと。

第二次世界大戦後，盲・聾・養護学校では既設6障害，特殊学級では既設6障害に加えて言語障害や情緒障害に対応していった。「既設6障害」とは，「盲者及び弱視者」「聾者及び難聴者」「精神薄弱者（知的障害者）」「肢体不自由者」「病弱者」「身体虚弱者」を指しており，これに「言語障害者」や「情緒障害者」が加わり，現行の「障害および心身の故障」の種別が構成されている。

障害児童への教育の制度設計は，「既設6障害以外への対応（1950年代），実態の把握と条件整備（1960年代），養護学校の義務化（1970年代），特殊学級と通級の拡充（1980年代），通級指導の制度化（1990年代）を経て，「特別支援教育」へ転換（2000年代）と辿ってきた。図6-3が現行の制度である＊7。

なお，発達障害についての文部科学省の見解は，表6-2の通りである＊8。また，発達障害の種類と分類を図6-4（p.61）に示した。

表6-1　ピアジェの認知発達理論における発達段階

発達段階			時期	同化シェムの発達
感覚運動的知能		I　反射の練習	誕生したときから	将来的に有用となる生得的シェムの，練習による安定化
		II　最初の習慣	1か月頃から	獲得性の適応の始まり：安定した条件づけ，第1次循環反応など
		III　見ることと把握との協応	4か月頃から	意図的適応の始まり：第2次循環反応，興味ある光景を持続させるための諸手続き
		IV　2次的シェムの協応	8-9か月頃から	本来の知能的適応の始まり（目的と手段の協応）：新しい事態への既知シェムの適用，新規な対象・現象に対する探索行動
		V　第3次循環反応と新しい手段の発見	11-12か月頃から	（表象と前提としない）感覚運動的知能の絶頂期：第3次循環反応によるシェムの分化，能動的実験による新しい手段の発見
		VI　心的結合による新しい手段の発明	18か月頃から	表象的知能への移行期：シェムの内化（行為の停止と洞察による問題解決）と表象的シェムの始まり
具体的操作	前操作的段階	I　シェムの内化と記号論的機能の出現	2歳頃から	表象的調整の始まり：行為シェムが内化して表象的シェム（前概念，前関係）となる
		II　表象的調整による具体的操作の準備	4歳頃から	表象的調整：状態は変換とはかかわりなく，静態的布置に従って判断され，変換は自分自身の活動へ同化される（その後直観的調整まで進む）
	具体的操作段階	III　論理的・下位論理的具体的操作の組織化	7-8歳頃から	具体的操作の成立：クラスと関係にかかわる操作的全体構造（8つの群性体）と整数の全体構造（群）
		IV　空間的・時間的領域における全体構造化	9-10歳頃から	空間的・時間的諸操作：射影的空間，あるいは，ユークリッド的空間の構造化と測定行為
形式的操作		形式的操作の準備期	11-12歳頃から	命題操作システム（束群二重全体構造）の構築の始まり
		形式的操作の組織化の時期	14，15歳以降	組合せ法，INRC群，命題操作システム（束群二重全体構造）の構築の完成（理想的均衡状態）

注）シェム（schèmes）」は，日本の多くの著書や論文では「シェマ（schémas）」と表記されてきたが，ピアジェ自身は，2つの概念の意味や用法を明確に使い分けている。ピアジェによれば，「シェマは形象的図であるが，シェムは概念的または前概念的図式である」（1966=1975）とされる。また，「シェマは思考の形象的な側面を指している一方で，シェムは操作的な活動を指す」とされる（1976：筆者訳出）。ピアジェらの訳書（1972；1975）では，シェマが「図」，シェムが「図式」，と訳し分けられている。英語圏の文献では，英語の単語「スキーマ（schema）」のみが用いられているものもあり，日本では英米圏の影響が強いとの指摘もある。

出典）J. ピアジェ，中垣 啓訳：ピアジェに学ぶ認知発達の科学，北大路書房，2007，扉の表を結合し著者作成

＊8　滝川によれば精神医学には他の近代医学とは異なる性質がある。近代医学では，病気は部位と病因と病理に基づいて分類される。一方，精神医学では，病気は患者の「行動」（ふるまいや陳述）のあり方によって分類される。なお，発達障害は，「神経発達障害」（DSM-5）や「心理的な発達障害」（ICD-10）に分類されており，医学的な用語としては，精神疾患（DSM）や精神障害（ICD）が用いられている。近年，発達障害への理解が広がりつつあるが，制度的制約や社会的偏見のハードルが下がるため，自称でも「コミュ障」などと容易に使うべきではない。
滝川一廣：「発達障害再考」，育ちの科学，8，2007．

＊9　通級指導教室における「自立活動及び教科指導の補充」の標準年間指導時間は，35〜280単位時間（週1〜8単位時間程度），LD及びADHDの児童生徒に対しては10〜280単位時間（月1〜週8単位時間程度）とされる。なお，退級の基準は明確にされていない。

適応指導教室では，教科や領域による指導は在籍する通常の学級で行われることを前提に，時間割そのものが存在せず大まかな時間帯と活動の目安を教室ごとに設け，通常の学級への早期復帰が目指される。

＊10　文部科学省編著：障害に応じた通級による指導の手引 解説とQ&A（改訂第3版）（3 通級による指導の制度的位置付け），2018を参照。

＊11　日本LD学会編『発達障害事典』（丸善出版，2016）の柘植による「発達障害」の項を参照すると，発達障害の対象・範囲は「基本的には，学習障害，注意欠陥多動性障害，自閉症／自閉症スペクトラム症，その他の類似する障害のほか，知的障害（精神遅滞）などを含める場合もある」とある。また，「発達障害は種々の関連する障害の総称であり，統一された定義は現時点では存在しない。診断基準も含め個々の障害に関する研究が研究途上であるこ

表6-2　文部科学省による発達障害の種別と概要

種　別	概　要
自閉症	①他者との社会的関係の困難さ，②言葉の発達の遅れ，③興味や関心が狭く特定のものにこだわることを特徴とする発達の障害である。その特徴は3歳くらいまでに現れることが多いが，成人期に症状が顕在化することもある。中枢神経系に何らかの機能不全があると推定されている。
学習障害	全般的に知的発達に遅れはないが，聞く，話す，読む，書く，計算するまたは推論するといった学習に必要な基礎的な能力のうち，一つないし複数の特定の能力についてなかなか習得できなかったり，うまく発揮することができなかったりすることによって，学習上，さまざまな困難に直面している状態をいう。
注意欠陥多動性障害	身の回りの特定のものに意識を集中させる脳の働きである注意力にさまざまな問題があり，または，衝動的で落ち着きのない行動により，生活上，さまざまな困難に直面している状態をいう。

出典）文部科学省：障害のある子供の教育支援の手引，2021より著者作成

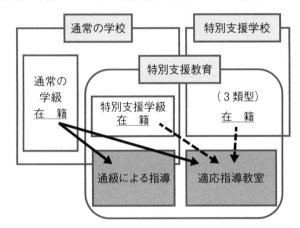

図6-3　現行の障害児童生徒への教育の制度設計[*9]

　なお，通常学級に在籍していても，通常学級での指導・学習が困難である場合には，障害の有無にかかわらず通級指導教室に入級でき，また，不登校などの不適応にある場合には，適応指導教室に入室できるようになっている。通級による指導[*10]は，言語障害，自閉症，情緒障害，弱視，難聴，LD（学習障害），ADHD（注意欠陥多動性障害）などのある児童生徒を対象に，各教科などの指導を通常の学級で行いながら，障害に基づく学習上または生活上の困難の改善・克服に必要な特別の指導を行う教育形態である。一方，適応指導教室は，障害を除く「その他の心身の故障」のある児童生徒を対象に，集団生活への適応，情緒の安定，基礎学力の補充，基本的生活習慣の改善などのための相談・適応指導を行うことにより，その学校復帰を支援し，不登校児童生徒の社会的自立に資することを基本とする。

　ただし，障害の診断や判定に際して，免許・資格をもつ専門家でさえ，発達障害の下位に分類されている障害を特定するのは容易ではない[*11]。そのため，

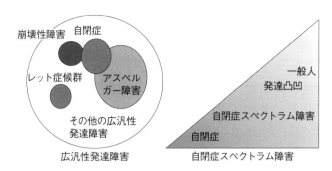

図6-4　発達障害の種類と分類
出典）杉山登志郎：発達障害のいま，講談社，2011．p.51

図6-5　1つの基準による分類例

現在では，発達障害をスペクトラム（連続体）として捉えるようになっている。上記の表6-2において「自閉症」という名称が用いられているが，アメリカ精神医学会のDSMの第5版（2013）では「自閉症スペクトラム障害」，WHO（世界保健機関）のICD（国際疾病分類）の第10版（2016）では「小児自閉症」と分類された[12]。

　そもそも，「A／B」という2つの概念を対立・対比させる考え方（二項対立の図式）は，現実にある人間，社会，自然を十分に捉えられない。それは，人間，社会，自然が多様で複雑であるため，言葉という単純な道具によって，「多くの人々にわかりやすくしている」にすぎない。「健常／障害」という言葉も，こうした二項対立の図式の1つであって，人間を2つのグループに分ける，「単純化のための道具」である[13]。ある1つの基準（例えば能力）によって人間集団の分布を考えると，「極端に低い集団」や「極端に高い集団」は障害に分類され得る（図6-5）。しかし，これは，あくまでも，医療や福祉などの措置や支援の対象となる範囲を限定するためにある，いわば「苦肉の策」にすぎない。

と，そのグルーピングの仕方の模索の最中であることから，その総称も変遷する」とある。なお，上記文献の刊行後，名称は，「限局性学習症」，「注意欠如・多動症」，「知的能力障害」へと変更されている。

＊12　精神科医の村井によれば，「発達障害」とは，2005（平成17）年に施行された発達障害者支援法という法律で用いられている法律用語・行政用語である。しかし，ADHDとの区別がしにくく，診断に困難がある，という意味で「発達障害」という言葉は医学の側から見ると問題が多い，という主旨の指摘をしている。

＊13　「生得／獲得」と障害とを関連づける「一次／二次障害」論がある。「一次障害」があると，社会的な負の烙印や処遇により，問題行動や犯罪行為などの「二次障害」に向かう。これは，「当人に責任なし」とする寛容的な解釈だが，2つの誤謬を招く。①生得的な障害に社会的障害が積み上げられる「基底論」，②問題行動や犯罪行為の原因を障害に帰属させる「原因論」である。

＊14 撫尾（2006）によれば，1965（昭和40）年の日本心理学会シンポジウムにおいて，板倉聖宣氏は，「義務教育段階の教育目標の必要性」を述べた際，方向目標と到達目標を区別して説明している。すなわち，「方向目標」は，「できるようになることが望ましい目標」であり，一方，「到達目標」は，「必ず到達すべき目標」である。辰野千壽・石田恒好・北尾倫彦監修：教育評価事典，図書文化，2006, p. 94.

＊15 認識や理解の対象が複雑な場合，私たちは単純化という方法を取る。この思考様式には，タテ軸である「階梯」とヨコ軸である「分布」がある。前者は「これを超えないとNG」という「規準（criteria）」，後者は「バラツキがないように」という「基準（standard）」に区分できる。しかし，実際の用語法では，必ずしもこうした明確な区分ができるわけではない。

＊16 2000（平成12）年の教育課程審議会答申（児童生徒の学習と教育課程の実施状況の評価の在り方について）からは，「目標に準拠した評価（絶対評価）」と表記されている。

＊17 目標・評価は，対立軸をどう設定するかによって，類型が異なる。一方では，①「知識・技能」と②

4. 「明確な基準」のわかりにくさ

　教師が子どもを評価するには，まず目標の性質を理解しておく必要がある。指導計画（特に指導案）において，就学前保育の場合には「ねらい」と呼ばれる目標があるが，これは子どもたちが育っていく方向性を示す「方向目標」である。一方，就学後教育の場合には「単元の目標」と呼ばれる目標があり，これは子どもたちが学習した結果を示す「到達目標」である＊14。就学前保育では，対象が乳幼児であるため，発達の初期の段階にあり，個人の差異は大きく，活動の過程での充足が得られることが大切である。一方，就学後教育では，対象が学齢期にあるため，ある程度の発達が見込め，集団での活動も可能となり，活動の結果を見極める必要もある。発達に見合った目標が前提となる。

　このことを踏まえ，子どもたちを評価することが義務づけられているのが，就学後教育の評価である。一般的なイメージでは，「評価」と聞くと，「結果の「良し／悪し」を指すように思われがちだが，教育における「評価」は，「ある程度の基準や観点をもって，現状を把握・分析すること」を意味する＊15。評価には，基準によって分類した「相対評価」「絶対評価」と，通時によって分類した「診断的評価」「形成的評価」「総括的評価」の2つの分類方法がある＊16。対象となる子どもの活動の結果について，「相対評価」は「児童生徒の集団における相対的な位置によって評価する方法」であり，「絶対評価」は「特定の基準や観点だけを基準にして評価する方法」である。また，対象となる子どもの現状について，活動の事前に行うのが「診断的評価」，活動の過程に行うのが「形成的評価」，活動の事後に行うのが「総括的評価」である。

　近年の動向としては，「真正の評価（authentic assessment）」が提唱・導入されている。これは，従来の客観テストなどの「数値による評価」に対して，「子どもたちの本当の姿を正しく評価することができない」との批判があったからである＊17。「子どもの本当の姿」を捉えるためには，子どもが行っている表現（パフォーマンス）をできるかぎり総合的に対象として，複数の要素あるいは段階から成る定量的な基準や定性的な観点を用いる尺度（ポートフォリオ）が採用されている。そのため，「真正の評価」は，その目的や内容から「パフォーマンス評価」と呼ばれる場合も，その基準や観点から「ポートフォリオ評価」と呼ばれる場合もあり，特に就学後教育では広く用いられている。

　なお，障害の種別や程度については「判別基準」，就学に際しての基準となる「就学基準」，就学前後や学年段階によって「要録」がある。これらは，就

学や学籍に関係するため,「子どもたちの生活や人生の一部を決める」といっても過言ではなく,公平・公正であり,誠実で丁寧な記述が求められる。

　就学前保育の「遊び」であっても,就学後教育の「学習」であっても,子どもたちの姿・様子を適切に評価するならば,指導の計画の時点で,活動の内容が十分に練られていなければならない。例えば,就学前保育での「恐竜の折り紙」の場合,事前の注意事項,折り紙の大きさ,折っていく手順,作品の複雑さなどが,子どもの発達過程に応じていなければならない。また,就学後教育での「動詞の用法」の場合,授業や試験の内容に,動詞の原形（不定詞）,to 不定詞,動名詞,時制（現在・過去・未来・完了）,人称の違い等が,適切に配置されていなければならない。内容が不適切であれば,評価ができなくなる。

「運用・遂行」という軸,もう一方では,③「数値・定量」と④「記述・定性」という軸があり得る。典型的には,客観テストは①と③,ルーブリックは①と④,パフォーマンスは②と③（または④）,プロジェクトは②と④（または③）,と考えられる。目標・評価は,対立軸そのものではなく,構成する要素（観点）の設定が重要である。

ワーク2　下図の「折り紙活動」を指導する際に,クラスの幼児に対して,事前に伝える「留意事項」と,途中で伝える「声かけ」を考えてみよう。

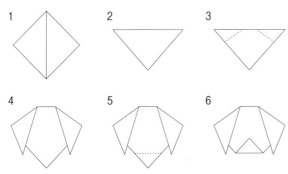

注) 対象となる幼児は,「手と目の協応」「手指の巧緻性」の発達は十分だが,「三項関係の成立」が十分ではない,と想定して下さい。

ワーク3　どちらのテスト問題が,学習の成果を評価するために,より適切な内容か,個人あるいはグループで選択して,その理由を考えてみよう。

　問題A　We went to bed, with the door （　　　　）.

　　　　　a.　to unlocked　　　　b.　unlocked　　　c.　unlocking

　問題B　I found his new novel quite （　　　　）.

　　　　　a.　being bored　　　　b.　to bored　　　c.　be boring

注) 対象となる生徒は,「動詞の用法」として,不定詞,動名詞,分詞の用法をすでに学習している,と仮定して下さい。

5. 子ども理解を始める・深める・広げる

　さて，ここまでの話には，実は，ある前提がある。私たちが何かを理解する際には，しばしば，その活動にとって，自分が主体で，相手が客体になっている。そのため，相手を「理解の対象」としてだけみなしており，「相手の立場」にはなかなか立つことができない。このとき，ここまで述べてきたような，ある程度の「客観性」があるとされる基準や指標に基づくと，その理解も客観的であると思える[*18]。この場合，その基準や指標はあまり意識されることがなくなり，あたかも，「この理解は世界を写す鏡（写像）」だと思うようになる。こうした「客観性」について，心理学者のガーゲンは[*19]，つぎのように批判している。「客観性とは，何よりもまず，個人としての人間の状態を指していることである。〔中略〕さらに，客観的であるとは，特定の心理状態についての記述であるということである。〔中略〕客観的な人は，『物事をあるがままに見』，『あるがままの現実と接触し』，『物事を正確に把握する』というわけだ[1]」と。しかし，実際には，「あるがままの現実」を理解することなど，できはしない。

　教育や保育は，人を相手にする「対人援助職（ヒューマン・サービス）」の1つなので，人間についての広い視野と深い洞察をもっていたい。本書をお読みの方々は，教育や保育の養成課程で学んでいるはずだが，法学，倫理学，心理学，社会学などを学ぶと，人間への理解が広く深くなっていく。これら社会科学の基礎となった学問の潮流「構造主義」の祖が，言語学者ソシュール[*20]である。私たちが，普段，使っている言葉には特定の意味があると思っているところがあるが，彼の「発見」はそれが当たり前ではないということだった。意味をもつ言葉を記号と呼ぶが，例えば，「木」と「馬」は絵と字で表すことができ，感覚器官を通して伝えられる「聴覚映像」と，対象を思念することで生じる心的な作用である「概念」とから成る（図6-6）。ソシュールは，「指し示される対象（シニフィアン）」と「指し示す意味（シニフィエ）」との対応関係が，同じ言語の内部でも，時代や文化によっても，異なること（言語の恣意性）を明らかにした。カリキュラムに限らず，私たちが事物，人物，事象を理解することは，こうした恣意性を前提にしていることから，絶対的な理解などあり得ない。

　ところが，私たちが何かを理解しているとき，その恣意性をほとんど意識してはいない。事物や事象を対象として見なしているのは，その認識の主体である「わたし（自己）」であるにもかかわらず，しばしば，その認識の内容や原

*18　数学・物理学を専門とし，科学哲学でも著名なポアンカレ（Poincaré, Jules-Henri; 1854-1912）によれば，どれほど客観であろうとしても，人間の理解・解釈は主観である。たとえ，数値であっても対象・世界を表象する記号の1つであり，数値を操る学問・研究であっても必ず前提・条件（規約）がある。

*19　ガーゲン（Gergen, Kenneth J., 1935-）：アメリカの心理学者。キャリアの前半は実験心理学で著名な業績を残し，後半は心理学の前提を検討した。心理学が哲学から継承した経験論や合理論の限界を示し，社会科学の知見を参照して社会が構築されていく過程を「社会構成主義」として提唱した。

*20　ソシュール（Saussure, Ferdinand de; 1857-1913）：スイスの言語学者。言語を「構造」とみなす構造主義言語学の祖とされる。「構造」とは，「要素から成る全体」であり，通時的な構造（通時態）と共時的な構造（共時態）に分けられる。言語は，構造（ラング）と過程（パロール）とに分けられ，言語学の対象は，ラングであると考えた。

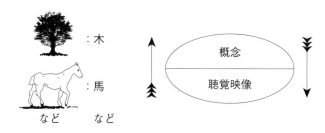

図6-6　概念と聴覚映像の関係
出典）F. ソシュール，町田 健訳：新訳一般言語学講義，研究
社，2016，pp. 100-101.

因を対象に帰属させている。例えば，近くにいる友人の言動が「気になる」場合，その言動に着目して，「気にする」のは「わたし（自己）」なのに，その言動の評価や原因を友人（対象）に帰属させる。ただし，この「気になる」という事象は，実は，こうした「対象のみを問題として自己を置き去りにする」というあり方を再考するチャンスでもある。

　ポランニー*[21]は，『暗黙知の次元』の中で，こんなことを言っている。「私たちは，認識において，遠位にある条件の様相を見て，その中に近位の条件を感知する。つまり，私たちは，A（＝近位項）からB（＝遠位項）に向かって注意を移し，Bの様相の中にAを感知するのだ[2]」と。私たちの認識にとって，「近位項」とは「意識が向いていない対象」，「遠位項」とは「意識が向いている対象」と理解しておくとよい。私たちの認識は，「遠近」の距離の中にあって，「近いところ」の事物はあまり意識されず，「遠いところ」の事物に意識が向きやすい。この現象に当てはまるのが，身体である。

　ポランニーは，こうした「意識されていない知」のことを「暗黙知」と呼び，「意識されている知」のことを「形式知」と呼んだ。私たちが何かを学び始めるとき，それは，新しいことであり，意識が向いているが，学びを繰り返すと，それは，もう新しくなくなり，意識が向かなくなる。例えば，足し算や引き算のような単純な計算でも，学び始めは，意識が向きすぎて苦労するが，計算の練習を繰り返すうちに，計算そのものにあまり意識が向かなくなり，あたかも「自然に」解けるようになる。このような現象への理解は，暗黙知と形式知を往復するものとして，教育実践を行う過程でも非常に重要である。

　こうした往復を行いながら，子どもたちの学習がどのように積み重なるのか，あるいは教師たちの子ども理解をどのように修正するのか，再考できる。この再考は，「新たな知を創出する過程」であり，教師のモデルとして望まれている（ショーン*[22]，1983＝2007）。ショーンのいう「技術的熟達者モデル」では，問題は所与であり，科学的な理論と技術を厳密に適用する道具的な問題解

＊21　ポランニー（Polanyi, Michael, 1891-1976）：ハンガリーのブダペスト生まれ。医学と化学の博士号を取得後，ナチスの迫害を受けてイギリスに亡命。マンチェスター大学で，物理学化学教授，社会科学教授を務めた。『暗黙知の次元』（1980＝2003）では，知を「形式知／暗黙知」から説明し，知が歴史的文脈に位置付く文化的営みであることを強調した。

＊22　ショーン（Schon, Donald Alan; 1930-1997）：アメリカの哲学者。「行為と思考の関連性」を探究するプラグマティズムの流れを汲み，「省察的実践論」や「組織的学習論」を提唱。『省察的実践とは』（1983＝2007）では，建築や都市工学などの職務従事者を対象に，インタビュー調査を行うことで，「実践知」を分析している。

決を目指す。一方,「省察的実践家モデル」では,不確かで独自の状況の中で葛藤を抱え,眼前の現象や暗黙の理解について省察を重ねる。人は,生活の中で問題を抱えているが,問題の解決を繰り返すことで,暗黙知（行為の中の知）を得ていく。ところが,それが通用しないと葛藤を抱える。そこで,新たな状況を読み取り,状況に応じた「わざ」を繰り出す。この解決の過程での吟味（行為の中の省察）や事後の振り返り（行為についての省察）により新たな知が創出される。

■引用文献

1）K.ガーゲン，永田素彦・深尾 誠訳：社会構成主義の理論と実践，ナカニシヤ出版，2004，p.221.
2）M.ポランニー，高橋勇夫訳：暗黙知の次元，筑摩学芸文庫，2003，p.30.

■参考文献

D.ショーン，柳沢昌一・三輪建二訳：省察的実践とは何か－プロフェッショナルの行為と思考，鳳書房，2007，p.21，p.41.

第7章 就学前保育の目標と内容・方法

　本章では，就学前保育の根拠となる法令や施策（第1節），就学前保育の「計画されたカリキュラム」の根拠や規定内容（第2節），これらに基づく指導計画の作成やそのコンテンツとなる内容・方法の捉え方（第3節），指導案の作成の準備のコツや告示や研究における「遊び」の重要性（第4節），要録作成のコツや就学先決定の手続との関連性（第5節），と学んでいく。就学前保育は，対象が乳幼児であるだけに，「発達の初期」という性質を十分に理解することが起点となるため，本章での学びから就学前保育のカリキュラムによる「遊びを通しての学び」の基底がわかる。

1. 就学前保育の根拠の概要

（1）就学前保育の根拠法令の階梯

　0歳から18歳までの「子ども」を対象にした成長・発達の保障は，2つの軸（区分）から理解する必要がある。1つ目の軸は「根拠法令」で，学校教育法に根拠を置く「学校教育」と児童福祉法に根拠を置く「児童福祉」に区分できる。2つ目の軸は「実施時期」で，幼稚園・保育所・認定こども園における「就学前保育」と小学校・中学校・高等学校・大学などにおける「就学後教育」に区分できる。本章で扱う内容は，幼稚園・保育所・認定こども園における「就学前保育」であり，「学校教育」と「児童福祉」にまたがる。

　保育者が職務を行う場合，免許・資格の範囲（権限と義務・責任）があり，関連する法令に根拠をもつ[*1]。最高法規である日本国憲法，基本法となる法律である教育基本法や社会福祉法，当該分野の役割や原則を定めた法律の学校教育法や児童福祉法，これらの法律を施行するための政令である施行令，これらの法律を施行するために行政事務を規定する省令である施行規則，そして，学校教育機関や児童福祉施設での職務の義務や裁量を定めた告示がある[*2]。就学前保育の場合，告示は，幼稚園の「幼稚園教育要領」（以下，要領），保育所の「保育所保育指針」（以下，指針），認定こども園の「幼保連携型認定こども園教育・保育要領」（以下，教育・保育要領）がある（表7-1）。

[*1] 法律・告示（指針・要領）の基準については，その文言の表現によって，法的な拘束力が異なる（① 遵守義務，② 努力義務，③ 裁量）ことに留意する必要がある。

[*2] 政令は，日本国憲法第73条「内閣の事務」の6項に「憲法及び法律の規定を実施するために，政令を制定する」と規定されている。また，省令は，国家行政組織法第12条に，各省大臣が「法律若しくは政令を施行するため」に発するものと規定されている。さらに，告示は，同法第14条1項に各省大臣，各委員会及び各庁の長官が「公示を必要とする場合に」発するものと規定されている。

表 7 - 1　要領，指針，教育・保育要領の構成〔改訂（定）前後の比較〕

	2008（平成20）年	2017（平成29）年
幼稚園教育要領	第 1 章　総則 　第 1　幼稚園教育の基本 　第 2　教育課程の編成 　第 3　教育課程に係る教育時間の終了後等に行う教育活動など 第 2 章　ねらい及び内容 　　　健康・人間関係・環境・言葉・表現 第 3 章　指導計画及び教育課程に係る教育時間の終了後等に行う教育活動などの留意事項 　第 1　指導計画の作成に当たっての留意事項 　第 2　教育課程に係る教育時間の終了後等に行う教育活動などの留意事項	前文 第 1 章　総則 　第 1　幼稚園教育の基本 　第 2　幼稚園教育において育みたい資質・能力及び「幼児期の終わりまでに育ってほしい姿」 　第 3　教育課程の役割と編成等 　第 4　指導計画の作成と幼児理解に基づいた評価 　第 5　特別な配慮を必要とする幼児への指導 　第 6　幼稚園運営上の留意事項 　第 7　教育課程に係る教育時間終了後等に行う教育活動など 第 2 章　ねらい及び内容 　　　健康・人間関係・環境・言葉・表現 第 3 章　教育課程に係る教育時間の終了後等に行う教育活動などの留意事項
保育所保育指針	第 1 章　総則 第 2 章　子どもの発達 第 3 章　保育の内容 第 4 章　保育の計画及び評価 第 5 章　健康及び安全 第 6 章　保護者に対する支援 第 7 章　職員の資質向上	第 1 章　総則 第 2 章　保育の内容 第 3 章　健康及び安全 第 4 章　子育て支援 第 5 章　職員の資質向上

	2014（平成26）年	2017（平成29）年
幼保連携型認定こども園教育・保育要領	第 1 章　総則 　第 1　幼保連携型認定こども園における教育及び保育の基本及び目標 　第 2　教育及び保育の内容に関する全体的な計画の作成 　第 3　幼保連携型認定こども園として特に配慮すべき事項 第 2 章　ねらい及び内容並びに配慮事項 　第 1　ねらい及び内容 　　　健康・人間関係・環境・言葉・表現 　第 2　保育の実施上の配慮事項 第 3 章　指導計画作成に当たって配慮すべき事項 　第 1　一般的な配慮事項 　第 2　特に配慮すべき事項	第 1 章　総則 　第 1　幼保連携型認定こども園における教育及び保育の基本及び目標等 　第 2　教育及び保育の内容並びに子育ての支援等に関する全体的な計画等 　第 3　幼保連携型認定こども園として特に配慮すべき事項 第 2 章　ねらい及び内容並びに配慮事項 　第 1　乳児期の園児の保育に関するねらい及び内容 　　　健やかに伸び伸びと育つ 　　　身近な人と気持ちが通じ合う 　　　身近なものと関わり感性が育つ 　第 2　満 1 歳以上満 3 歳未満の園児の保育に関するねらい及び内容 　　　健康・人間関係・環境・言葉・表現 　第 3　満 3 歳以上の園児の教育及び保育に関するねらい及び内容 　　　健康・人間関係・環境・言葉・表現 　第 4　教育及び保育の実施に関する配慮事項 第 3 章　健康及び安全 　第 1　健康支援 　第 2　食育の推進 　第 3　環境及び衛生管理並びに安全管理 　第 4　災害への備え 第 4 章　子育て支援 　第 1　子育ての支援全般に関わる事項 　第 2　幼保連携型認定こども園の園児の保護者に対する子育ての支援 　第 3　地域における子育て家庭の保護者等の対する支援

（2）就学前保育における「養護と教育の一体性」

　保育は，養護と教育が一体的に行われる（図7-1）。養護は「生命の保持」と「情緒の安定」，教育は保育内容「5領域」から成る。養護とは，「子どもの生命の保持及び情緒の安定を図るために保育士等が行う援助や関わり」であり，教育とは「子どもが健やかに成長し，その活動がより豊かに展開されるための発達の援助」であるとされる（指針，第2章 保育の内容）。また，教育は「教育基本法」第1条に定めるとおり，「人格の完成を目指し，平和で民主的な国家及び社会の形成者として必要な資質を備えた心身ともに健康な国民の育成を期すという目的のもと，同法第2条に掲げる次の目標を達成するよう行われなければならない」とされる（要領「前文」）。ただし，養護と教育は不可分であり，漸次的に移行していくと考えられる（図7-2）*³。

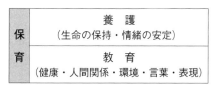
図7-1　保育の構造

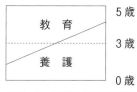
図7-2　養護と教育の関係

（3）就学前の「教育」についての答申の見解

　保育者の職務は，施策にも根拠をもち，指導に直接的に関連するのは答申である。昨今の教育・保育に関連する中央教育審議会（中教審）答申に「幼稚園，小学校，中学校，高等学校及び特別支援学校の学習指導要領等の改善及び必要な方策等について」〔2016（平成28）年〕がある。第1部・第4章で言及されている，① 社会に開かれた教育課程，② 学びの地図と創意工夫の活性化，③ カリキュラム・マネジメント（学びの地図），といったコンセプトはカリキュラムの編成や実施の際に参照すべきである*⁴。

　また，第2部には「各学校段階，各教科等における改訂の具体的な方向性」が設けられ，その第1章には「各学校段階の教育課程の基本的な枠組みと，学校段階間の接続」の事項が記載され，「1.幼児教育」の（3）には「幼児教育において育みたい資質・能力と幼児期にふさわしい評価の在り方について*⁵」として，「幼児期の終わりまでに育ってほしい姿*⁶」が説明されている。なお，同じ（3）には，① 幼児教育における「見方・考え方」，② 幼児教育において育みたい資質・能力の整理と，小学校の各教科等との接続の在り方，③ 資質・能力を育む学びの過程の考え方，④ 幼児期にふさわしい評価の在り

＊3　「養護と教育の一体性」については，厚生労働省による参考資料が公開されている（「養護」と「教育」の一体的提供について）。なお，この見解は，1963（昭和38）年に文部省（当時）・厚生省（当時）連名での通知「幼稚園と保育所との関係について」以降，現在も引き継がれている。

＊4　本答申第5章以降では，「学びの地図」を構成する要素に沿って，各章において，それぞれの内容が概説されている。

＊5　（4）以降の項目は以下である。
（4）資質・能力の育成に向けた教育内容の改善・充実
（5）学びや指導の充実と教材の充実
（6）幼保連携型認定こども園における幼児教育の実施に当たって特に配慮すべき事項
（7）必要な条件整備等について

＊6　ア 健康な心と体，イ 自立心，ウ 協同性，エ 道徳性・規範意識の芽生え，オ 社会生活との関わり，カ 思考力の芽生え，キ 自然との関わり・生命尊重，ク 数量・図形，文字等への関心・感覚，ケ 言葉による伝え合い，コ 豊かな感性と表現

方，といった就学後教育との接続を見据えた項目が並んでいる。

2. 就学前保育の計画されたカリキュラム

　教育・保育の法令は，日本国憲法を最も上位の法令（最高法規）として，「国レベル」「園レベル」「保育者レベル」に分類することができる。以下，それぞれに沿って要点を確認・概説していく。

（1）「国レベル」の法的根拠

　「国レベル」として，目的・目標・内容が規定されている[7]。幼稚園は，目的が「学校教育法」第22条に，目標が「学校教育法」第23条に，内容が要領によることが「学校教育法施行規則」第38条に，それぞれ規定されている（「学校教育法」施行規則第38条「幼稚園の教育課程その他の保育内容については，この章に定めるもののほか，教育課程その他の保育内容の基準として文部科学大臣が別に公示する幼稚園教育要領によるものとする」）。一方，保育所は，目的が「児童福祉法」第39条に，目標が指針 第1章「総則」に，内容が指針に根拠をもつことが「児童福祉施設の設備及び運営に関する基準」第35条に，それぞれ規定されている（児童福祉施設の設備及び運営に関する基準第35条「保育所における保育は，養護及び教育を一体的に行うことをその特性とし，その内容については，内閣総理大臣が定める指針に従う」）。

（2）「園レベル」の法的根拠

　「園レベル」の根拠法令として，幼稚園は要領，保育所は指針があり，それぞれに方針・目標・課程・計画が規定されている[8]。園が設置される際，各園の裁量として，幼稚園では「教育方針」「教育目標」，保育所では「保育方針」「保育目標」が定められている。教育方針・保育方針は「どのような方針で教育・保育を行うのか」を表し，教育目標・保育目標は「（その方針に沿って）ど

＊7　認定こども園の根拠法令は「就学前の子どもに関する教育，保育等の総合的な提供の推進に関する法律」（略称「認定こども園法」）である。対象となる「子ども」とは「小学校就学の始期に達するまでの者」（第2条）であり，教育標準時間での認定（1号認定）と保育認定（2号認定と3号認定）に分けられる。なお，この法令での「幼稚園」「教育」は学校教育法に，「保育所」「保育」は児童福祉法に，それぞれ根拠をもっている。

＊8　それぞれの園の設立の経緯，理念，方針，目標，課程，計画などについて，個々の保育者が理解・把握していることが前提だが，保育者等全員で「PDCA」に沿って職務を行うものである。

表7-2　「園レベル」の計画されたカリキュラム

幼稚園	保育所
教育方針	保育方針
教育目標	保育目標
教育課程	全体的な計画
指導計画	指導計画

教育課程・全体的な計画

【要領・第1章第3「教育課程の役割と編成等」1】

「各幼稚園においては，教育基本法及び学校教育法その他の法令並びにこの幼稚園教育要領の示すところに従い，創意工夫を生かし，幼児の心身の発達と幼稚園及び地域の実態に即応した適切な教育課程を編成するものとする」

【指針・第1章3「保育の計画および評価」（1）ア】

「各保育所の保育の方針や目標に基づき，子どもの発達過程を踏まえて，保育の内容が組織的・計画的に構成され，保育所の生活の全体を通して，総合的に展開されるよう，全体的な計画を作成しなければならない」

指導計画[*9]（長期＋短期）

【要領・第1章第4「指導計画の作成と幼児理解に基づいた評価」1】

「幼児期にふさわしい生活が展開され，適切な指導が行われるよう，それぞれの幼稚園の教育課程に基づき，調和のとれた組織的，発展的な指導計画を作成し，幼児の活動に沿った柔軟な指導を行わなければならない」

【指針・第1章3（2）ア】

「全体的な計画に基づき，具体的な保育が適切に展開されるよう，子どもの生活や発達を見通した長期的な指導計画と，それに関連しながら，より具体的な子どもの日々の生活に即した短期的な指導計画を作成しなければならない」

のような子どもに育てたいのか」を表している。これらの方針・目標に基づき，幼稚園では「教育課程」「指導計画」，保育所では「全体的な計画」「指導計画」が設けられている。教育課程・全体的な計画は「すべての年齢・学年において，どのような保育を行うのか」を表しており，指導計画は「担任・担当の子どもに対して，どのような指導を行うのか」を表している（表7-2）。

（3）「保育者レベル」の法的根拠

指導は，① 対象理解，② 目標，③ 内容，④ 方法，⑤ 評価，という5つの要素[*10]から成り，対象理解を行った後に，方向目標を設定し，これらに基づいて内容や方法を決定し，事後に指導の評価を行う，という構造になっている[*11]それぞれの事項に関連する規定は表7-3に示した項目に示されており，これらの事項とそれに基づく指導の実施については第11・第12章で概説する。

*9　指導計画は，長期指導計画と短期指導計画に分類される。長期指導計画は，年間・期間・月間に，短期指導計画は，週・日・部分に，それぞれ分類される。なお，教育課程や全体的な計画と指導計画を合わせて「保育の計画」と呼ばれる。

*10　これらの要素は，免許・資格を取得させる養成機関（大学・短大・専門学校など）の教育課程でも，共通して設けられているものである。「① 対象理解」は，養成課程の「対象理解（主に心理学系）の科目」の中で知識を得ていること，になっている。また，「③ 内容・④ 方法」は，具体的な指導案の立案では，養成課程の「内容総論」「指導法」の科目の中で知識・技能を得ていること，になっている。

*11　指針・要領において，「① 対象理解」の具体的な中身は記載されておらず，「③ 内容・④ 方法」の「方法」はほとんど記載されているわけではない。しかし，国の制度でも，学問の領域でも，「内容」「方法」が十分には整理されておらず，しかも具体的な対象理解を行う前に，「内容」が記載されている。

表 7-3　要領・指針における規定

	幼稚園教育要領	保育所保育指針
①対象理解	（心理学系の科目）	第 2 章各節の「基本的事項」
②目標	第 1 章・総則 第 1「幼稚園教育の基本」	第 1 章・総則 1「保育所保育に関する基本原則」
③内容	第 2 章・ねらい及び内容	第 2 章・保育の内容
④方法	第 1 章・総則 第 1「幼稚園教育の基本」	第 1 章・総則 1（3）保育の方法
⑤評価	第 1 章・総則 第 4「指導計画の作成と幼児理解 に基づいた評価」	第 1 章・総則 3「保育の計画及び評価」

　ただし，ここでの①～⑤を示した表 7-3 は，あくまでも「根拠法令」の記載内容であって，各園・各保育者が行う指導では，これらを参考にしながら，より具体的な中身を計画する必要がある[*12]。

3. 指導案作成のコンテンツ

（1）指導案を構成する様式・要素・展開

　指導案の様式は，日本全国で統一されたものはないが，自治体や法人で統一されている場合が多い。図 7-3 のような項目から構成されており，記載する内容は，原則，子どもを「主体」として，子どもの立場に立って書かれる[*13]。

○○月○○日（○）	天気（　　　　　）	担当（　　　　　　　）
（　　　）組	（　　　）歳	（　　　）名：男児○名，女児○名
乳幼児の姿		ねらい
時刻	環境構成	乳幼児の活動　　　配慮・援助
○○：○○		

図 7-3　指導案の様式（例）

　指導案作成に当たり，指導に直結するのは 6 つの項目である（表 7-4）。これらを分類する名称がないため，ここでは「前提の要素」と「過程の要素」とする。指導の前提となる「前提の要素」は「乳幼児の姿」「ねらい」「内容」，指導の過程にある「過程の要素」は，「環境構成」「乳幼児の活動」「配慮・援助」である[*14]。

　十分に練られた指導を行うには，指導案作成に先立って，全体の流れを想定

*12　実際には，保育を振り返る際，ここであげている①～⑤を参照して，子どもの姿を理解することが，指導の改善につながるだけでなく，要録の記載内容に反映されていく。なお，⑤の「評価」は，要領や指針の規定において，就学後教育における学習評価のような「子どもを対象にした評価」ではなく，各園・保育者による指導の評価を指す。

*13　保育現場の慣例として，乳児では「～させる」，幼児では「～する」という表現が使われる。「乳児は自らの主体性を十分に形成していない」との前提がある。なお，上下関係を想定した「～してもらう」「～してあげる」，価値判断を含む「～してしまう」といった表現は使うことを控える。

表7-4　指導案を構成する事項

分類	名　称	意　味
前提の要素	①乳幼児の姿 ②ねらい ③内容	ねらいや内容と関連している乳幼児の姿 本時の活動を通して子どもたちに期待すること 乳幼児の姿やねらいと関連した本時・本日の活動内容
過程の要素	④環境構成 ⑤乳幼児の活動 ⑥配慮・援助	本時・本日の活動に必要となる物的・人的環境 活動の手順（行動）だけでなく内的過程（内面） 乳幼児が活動に充足できるような保育者の関わり

したプロット（素案）を考えておくとよい。「導入」では，見本や手本などを示して，活動が楽しいと思えるように工夫する。また，「展開」では，具体的な場面ごとに，関心や興味を喚起・維持できるようにする。そして「終末」では，必ず「片づけ」などの節目を作り，その後，まとめを行う（図7-4）。

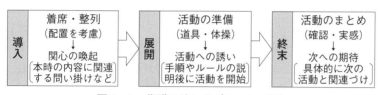

図7-4　指導の流れのプロット（例）

（2）「保育内容」と「保育方法」の捉え方

1）「保育内容」の捉え方：「5領域」の総合性

　就学前保育の内容は，「領域」であり，総合的に関連している（図7-5）。ある1つの活動（遊び）にも「5領域」すべてが関連している[15]。就学前の乳幼児は，発達の初期の段階にあるため，独立した内容を学ぶことは難しい。むしろ，総合的な活動を通して学ぶことで，興味や関心を深めるとともに，その活動に充足することができる。なお，「5領域」は，誕生からの「健康」，育ちの「人間関係」，周囲にある「環境」，事物や事象の「言葉」，思いや考えの「表現」，と人間が生きている過程の大事な事項が想定されている。

2）「保育方法」の捉え方：「環境構成」の間接性

　人間には行動の側面と内面の側面があり，行動に向かう際の内面は「動機」と呼ばれる。安心や幸福などの充足を感じるには，「外発的動機づけ」ではなく「内発的動機づけ」がふさわしい[16]。乳幼児が自発的・主体的に活動を行うには，「遊びたい」との思いや考えをもてる「事前の工夫」と，「遊びこむ」ことができる「過程の工夫」が必要となる。前者が「環境構成」，後者が「配慮・援助」である。「環境構成」は興味や関心などの内面に対する働き掛け，

*14　指導案作成の基本的な「手順」

① 発達過程，発達段階，発達課題，個人特性から「子どもの姿」を捉える。

②「子どもの姿」を出発点として，子どもへの期待＝「ねらい」を定める。

③「ねらい」を達成できるように，遊びのバリエーションから種類を選び出す。

④ 行われる内容（遊び）に含まれている「遊びの要素」を分析する。

⑤ 内容（遊び）を展開するための物的環境（配置物等）・人的環境（配置等）を工夫し，主体的な活動となるようにする。

⑥ 遊んでいる子どもの姿を想定して，内容（遊び）を通して「ねらい」が達成されるための配慮・援助を考える。

*15　就学後教育の内容は「教科」であり，相対的に独立している。学問・研究の知見や体系に基づき，特定の時間に特定の教科を学ぶことができる。就学後の子どもたちは，ある程度，認知が発達して言語を媒介にやりとりできるからである。

*16　動機づけとは，ある行動をもたらす心理的な過程を指す。また，「内発的／外発的」とは，内面／外面から発することを指す。内発的動機づけは自己が自らもつ興味や関心など，外発的動機づけは他者が求める報

酬や罰則などを想定す
るとよい。

*17　ここでの説明
は，発話行為を分析し
たオースティン（Austin,
John, Langshaw, 1911-
1960）やサール（Searle,
John,Rogers, 1932-）
など，分析哲学の議論
に基づいており，広義
のプラグマティズムの
流れを汲んでいる。

*18　社会言語学や認
知心理学では，「内
容」や「方法」に加
え，「形式」という分
析概念が使われる。例
えば，「声掛け」は，
伝えられる意味（内
容）と伝える際の言語
（方法）だけでなく，
そこには文法や所作な
ど（形式）が含まれる。

*19　① 擬音・擬
態・直接話法は使わな
い，② ひらがなとカ
タカナを使い分ける，
③ 句点や読点を適切
な位置に打つ，④
「！」や「？」など記
号を用いない，⑤ 体
言や助詞などで止めな
い，⑥ 話し言葉では
なく書き言葉を使う，
などに注意する。

*20　日常用語と専門
用語との対比は，次の
ようになる。お昼寝⇒
午睡　ごはん⇒食事
園庭で遊ぶ⇒戸外遊び
教室⇒保育室　親⇒保
護者　先生⇒保育者
（保育士，教諭）　前掛
け⇒エプロン　寝かせ
る⇒寝かしつける
ダッコする⇒抱く　直
す⇒片づける　お布
団・お花⇒布団・花

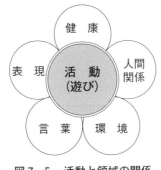

図7-5　活動と領域の関係

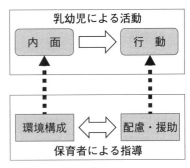

図7-6　活動と指導の関係

「配慮・援助」はその場面で行っている行動に対する働き掛けである（図7-6）。

3）「内容」と「方法」の不可分性

　内容と方法という概念（区分）は，それほど明確ではない。気温が低い冬，窓が開いている部屋でのこと。Aさんは震えながら「寒いね」と言う。これを聞いたBさんが窓を閉める。Aさんの意図やBさんの配慮が一致したら，Aさんの言葉は「示唆」という。こうした「言葉を発する行為」を発話行為といい，その場でしか通じないあり方を「行為遂行性」という*17。言葉を始めとする人々の行為は，「内容でありかつ方法である」という性質（意味）をもつ*18。

4.　指導案作成のための準備

（1）「活動＝内面＋行動」と「観点としての5領域」

　指導案は，職務として作成するものであり，「他の人が読んでもわかる」くらいに，具体的，丁寧に記入するものである。そのため，「適切な日本語の表現*19」「専門家としての用語*20」といった点にも留意する必要がある。

　「どの子も参加できる保育」を目指すには，「子どもの姿」と「ねらい」を分析的に理解し，相互に関連づける。しかし，「子どもの姿」がそのまま「ねらい」となるわけではなく，これらを媒介するのが「内容（遊び）」である。ここでも，活動が行動と内面から成ることを想定する。表7-5は，「草木染め」を例に，内容を①〜⑤の段階で行動と内面に分析したものである。「指導を進めること」だけを優先すると①〜⑤の行動を単なる手順と捉えがちだが，それぞれの行動には子どもたちの内面が伴う。保育者は，指導案作成の時点で，ある程度，子どもたちの内面までを想定する。

　活動には，保育内容「5領域」が共時的に関連する「複合性」や活動が通時的に関連する「系統性」を想定しておく*21。「草木染め」の場合，領域の「複

表7-5　内容における「行動」と「内面」の分析例（草木染めの例）

「行動」を想定した観点	「内面」を想定した観点
①草花を集める。 季節ごとに様々な草花がある。	草花には，色，形，部位，名称，場所，温度，季節などが関連する。
②色水を抽出する。 熱を加えると色が出る。	色素は細胞膜の内部にあり，それを壊すために熱を加える。
③布を洗って絞る。 絞った部分が後で模様になる。	水よりも粘性が強い液体が染み込んだ部分には水が浸透しない。
④布を色水で染める。 色水につけておくと布が染まる。	草木の種類，布の素材，抽出の温度，染色の時間などで変化する。
⑤布を干して乾かす。 布を乾燥させて色を定着させる。	草木の色，色水の色，染色後の色，乾燥後の色，と色が変化する。

合性」としては，「園庭や園外の戸外遊びで身体を動かす「健康」，準備・製作・鑑賞・片づけを一緒にする「人間関係」，季節・草花・生き物などに親しむ「環境」，草花の名称や染色の現象などに触れる「言葉」，色水を抽出したり布を染色したりする「表現」と，焦点・重点を変えて展開させることができる。遊びの「系統性」としては，ごまや香草をすり潰し調味料と油に混ぜる「ドレッシング」，家族にあげるお守りやコースターを作る「プレゼント」，園の畑でいくつかの野菜や草花を育てる「園での菜園」，模造紙に草花の絵や押し花を貼りつける「草花の図鑑」，みんなで染めた布をつないで全体を構成する「パッチワーク」と，「草木染め」を発展させることができる

> **ワーク**　「草木染め」を終えた後，次回の保育の活動において，どのような遊びを取り入れるのか，「系統性」を想定して，各自で考えてみよう。

（2）要領・指針と研究における「遊び」

　「幼児の自発的な活動としての遊び」と表現され，「心身の調和のとれた発達の基礎を培う重要な学習である」とされている[22]。これは，幼稚園教育要領「第1章　第1幼稚園教育の基本」の2における記述であり，保育所保育指針ではこうした位置づけは明記されていない。しかし，いずれにしても，「遊び」に関連する記述内容から，子どもが自発的に関われる環境を構成することで，子どもが主体的な活動を行うことを大切にしている，という点は変わらない。

　実は，「遊びとは何か」という問いに答えるのは難しい。研究や辞書では代表的な定義が流布されているが，実際には「よくわかっていない」からである。そのため，本来，遊びと呼ばれているものという意味で「遊びなるもの」

*21　どんな指導も，以下の事項が前提となる。① 安全で安心した環境の中で子どもが活動を行うことができる，② すべての子どもが参加できるような内容（遊び）を選択する，③「うまくできない子」「困ることが多い子」を中心に据える，④ 個別の対応に追われないように「集団への投げかけ」をする。

*22　「自発的な活動としての遊び」は，『保育要領』〔1948（昭和23）年刊行〕や『幼稚園教育要領』〔1956（昭和31）年刊行〕には記述がなく，『幼稚園教育要領』〔1964（昭和39）年告示〕以降の記述であり，少なくとも要領のレベルでは自覚的・意識的な理解は，後述の研究上の知見からかなり遅れていたことがわかる。

＊23　ホイジンガ
(Huizinga, Johan,
1872-1945)：オランダ
の研究者で，比較言語
学における文献研究
（東洋の言語・宗教）
から歴史研究（西欧の
文化史）に転じた経歴
をもつ。ライデン大学
教授（歴史学）となっ
た後，王立アカデミー
の歴史・文学部門の主
席となり，ライデン大
学学長にまでなった。
中世のネーデルランド
の文化の衰退を描いた
『中世の秋』と，「遊ぶ
人」という意味の造語
をタイトルにした『ホ
モ・ルーデンス』は，
言語・宗教に精通する
学識に裏づけられた文
化論である。

＊24　カイヨワ(Caillois,
Roger, 1913-1978)：フ
ランスの研究者だが，
文学，哲学，社会学，
人類学にまたがる研究
活動を行っただけでな
く，批評家，翻訳家，
編集者などの経歴をも
つ。『遊びと人間』によ
れば，「遊び」の特徴は
2つの軸から考えられ
る。遊びを支配する基
本的態度は，「競争（ア
ゴン），運（アレア），
模擬（ミミクリ），眩暈
（イリンクス）」という4
つに分類できる。また，
これらの遊びは，自由
度の高い「遊戯（パイ
ディア）」から，制約度
の強い競技（ルドゥス）
まで，「自由／制約」の
幅があるとされる。

＊25　「遊び」に対し
て「児童文化」あるい
は「子ども文化」とい
う名称が与えられる場

「遊びというもの」と表記すべきである。就学前保育におけるオーソドックスな説明（定義，類別，機能）は，遊びについて論じている「遊び論」に基づく。

　ホイジンガ[*23]は，さまざまな言語における「遊び」の意味や類別を参照し，当時の心理学での「遊びの機能（役に立つもの）」という位置づけを批判し，「遊びの意味（当人の意味づけ）」を明らかにしようと試みた。「遊び」とは「自発的な行為・業務」であり，「仮構の世界である」「時間・場所が限られる」「義務的な規則に従う」「それ自体に目的がある」「ありきたりな生活とは違う」という。こうした性質をもつ「遊び」には，裁判，戦争，詩，哲学，芸術が含まれ，「遊び」こそ人間（人類）の文化（文明）を築いてきたとされる。

　また，カイヨワ[*24]は，ホイジンガの論を高く評価しつつ批判的に検討し，「遊び」を「規則の体系」であり「自発的制約の総体を意味する」とし，自由・自発と制約・規則とが含まれていることを洞察した。「遊び」には，「自由な活動」「（時間・空間に）隔離された制限」「未確定の活動」「非生産的活動」「規則のある活動」「虚構の活動」，という6つの特徴がある（丸括弧内は筆者）。ホイジンガはさまざまな文化の原形を「遊び」に求めたが，カイヨワはホイジンガが対象から除外した物質的利害（賭博や競馬など）も対象とした。

　「遊び論」では，遊びの特徴が，概ね，「自発的であること」と「目的がないこと」とされてきた。前者は「当人が自らの意志で始める」という意味で，後者は「当人の内的な充足がある」という意味である。しかし，実際の指導には一定の目的や目標があり，保育者は必ず「ねらい」をもつため，自発性が削がれたり，目的が求められたりする[*25]。そのため，保育者は，こうした実情を自覚・意識して，自発性や充足感が担保される指導を心掛ける必要がある。

　なお，「遊び」といってもさまざまな遊びがあり，保育者の好き嫌いではなく，子どもの育ちを支える意味で，レパートリーを増やす必要があり，また，世界にはさまざまな保育の内容や方法があることも，参照する必要がある[*26]。

5. 要録の記入と就学先の決定

（1）要録の記入―記入のポイントとパターン―

　幼稚園幼児指導要録・保育所児童保育要録・幼保連携型認定こども園園児指導要録（以下，要録）は，法令に基づいて作成することが義務づけられた文書である。誰が読んでもわかるように，要点を絞り簡潔に記入することが求められる。そのためには，一定の期間や特定の行事ごとに，日常の保育における対象児の様子を記録に残すことが大切である。実際の要録に記入する際には，図

7-7に示すポイントとパターンを踏まえて記入するとよい。なお，当該年度の状況を記入するだけでなく次年度・就学後の課題や展望を記入することを心掛け，個人情報の保護に留意しつつ国籍，文化，宗教などへ配慮する。

A．記入のポイント

① 保育者主体ではなく子ども主体　② 主観的な解釈ではなく客観的な記述
③ 価値的な理解ではなく分析的な理解　④ 否定的な表現ではなく肯定的な表現
⑤ 抽象的な表現ではなく具体的な表現　⑥ 個体的な描写ではなく関係的な描写

例1　③ 価値的な理解から分析的な理解への書きかえ

他児の思いや考えを気にせず，乱暴な言葉や態度が目立つ。 他児の思いや考えを意識せず，家庭で使う言葉や態度が多い。

例2　④ 否定的な表現から肯定的な表現への書きかえ

遊びでもデイリー*27でも他児と比べて早く動くことができない。 遊びでもデイリーでも，自分のペースで取り組んでいる。

B．記入のパターン

① 生活と遊びの全体的な特徴　② 具体的なエピソードの様子
③ 保育内容「5領域」の様子　④ 環境構成や配慮・援助と関連した様子
⑤「発達の領域」に焦点化した様子　⑥「人間の位相」に焦点化した様子

例1　④ 環境構成や配慮・援助と関連した様子

友だちの輪の中に入ることが少なく，一人で遊ぶことが多い。また，友だちと遊ぶ際は，遊び方がわからず戸惑うことが多い。 「遊ぼう」との誘い方や「どうやるの」との問い方を伝えると，友だちの輪の中に入り，戸惑うことなく遊ぶ姿が見られる。

例2　⑤「発達の領域」に焦点化した様子

先生や友だちが言っていることを十分に聞くことなく，自分の思いや考えを優先する言動がしばしば見られる。 自分の思いや考えに意識が向いているときは，先生や友だちの言っていることが意識されず，すれ違いになる。

図7-7　要録記入のポイントとパターン

（2）子どもの理解と援助の「フレームワーク」

　筆者らは，従来の先行研究の知見や養成課程の科目を参考に，「理解と援助のフレームワーク」を提唱している。人間の活動は，生体，行為，意識，状況，という位相（人間の位相）から成り立つ，と理解できる。生体は「生きている体」，行為は「意味ある行動」，意識は「対象への意識」，状況は「その場

合がある。これは，字義的には「児童あるいは子どもが担う文化」という意味である。しかし，その文化を「誰が生み出したものか」と考えると，「児童あるいは子どもが自ら生み出したもの」といえるのか疑問が残る。文化は，「何もないところから生み出せない」という意味では「大人が与えたもの」であるが，「それを状況に合わせて作り変える」という意味では「子どもが創り出すもの」である。

＊26 「遊び」のレパートリーとしては，運動遊び，戸外遊び，製作遊び，造形遊び，自然遊び，観察遊び，手・指遊び，わらべ歌，唱歌，絵描き歌，素話，絵本，紙芝居，ペープサート，シアター，玩具遊び，遊具遊び，象徴遊び（みたて・役割）などが考えられる。また，海外の保育の内容・方法としては，フレーベル，モンテッソーリ，シュタイナー，レッジョ・エミリア，テ・ファーリキなどがあり，論文や著書によって，その根拠となる思想や研究の知見を参考にすることができる。

＊27 日常生活の習慣形成のために，毎日，ほぼ同じ時刻に同じ活動を行うものを「デイリー・プログラム」といい，保育現場では「デイリー」と略称で呼ぶ。

の状況」を指す。例えば「箸をもつこと」は，手指の動く神経や組織（生体），「つまむ」と「つかむ」（行為），身体や箸への注意（意識），食事の場面や周囲の人々（状況）からなる。「箸を正しく使うこと」を単なる動作とみなすのではなく，これらの位相から理解すると，保育者の関わりや子どもの発達に役立つ。保育者の関わりには環境構成や配慮・援助の「観点」となり，子どもの発達には「つまむ」と「つかむ」の発達を促す活動の「方向性」を示してくれる。

（3）就学指導の手続と責任

　就学が困難でない児童生徒は，「障害の有無」や「障害の種類・程度等」によって在籍が決められる（就学先の決定）。在籍は，いわゆる「通常の学級」，特別支援学級（文部科学省：特別支援学級及び通級指導に関する規定を参照），そして特別支援学校であり，就学先の決定は，就学前後の接続の契機であるばかりか，「人生の岐路」と考えてよい。家庭での養育，就学前の保育，医療や福祉の専門機関などで，何らかの「指導の困難」「障害の疑い」「判定や診断」がある場合，「就学指導委員会」に情報が上げられる[28]。この委員会では，「本人・保護者の意見」「専門家の意見」を参考に，教育支援に必要な内容や体制を整え，最終的な就学先が決定され，市町村・都道府県の教育委員会に通知を行う。この就学先の決定において，要録は 1 つの根拠を与える。

*28　就学指導委員会の手続きは，学校教育法施行令の一部改正によって，手続きの弾力化〔2002（平成14）年3月〕や就学先の柔軟な決定〔2013（平成25）年9月〕を経て，専門家の意見だけでなく，保護者の意見なども踏まえて，総合的に行われるよう，着実に改善されている。

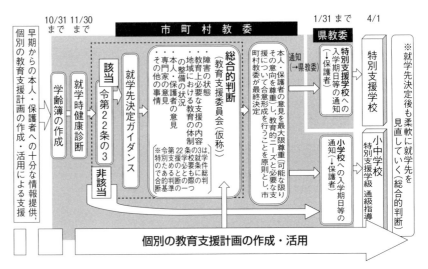

図 7 - 8　障害のある児童生徒の就学先決定の手続きの流れ
出典）文部科学省：障害のある子供の教育支援の手引，2021，p.374.

第8章 就学後教育の目標と内容・方法

　本章では，なぜ就学後教育が教科を通した学習を中心に展開するのか，その理由を就学後教育の目標，内容・方法に関する① 法的根拠，② 歴史的な過程，③ 現行学習指導要領の考察を通して明らかにしていく。

　就学後教育は，それぞれの時代の教育目標を達成するために「社会」「学問」「子ども」の各要素を配慮しつつ，文化内容を再編成した教科を中心に展開されてきた。

　就学後の教育課程が「何を教えたか」というコンテンツ重視から，「何ができるようになったか」というコンピテンシー重視に変化していることを踏まえながら上記の問題を考えていく。

1. 就学後教育の目的と目標

　学校教育法*¹では，満6歳になってから初めて迎える4月1日から，子どもを就学させる義務を保護者に課している。現在の就学後教育は「社会に開かれた教育課程」の理念のもと，学校教育法に基づく学校をはじめ，家庭，地域，地方公共団体，公民館，図書館，博物館，青年の家*²など，さまざまな担い手が連携し，教育を推進している。本節では，学校教育法に基づく小学校・中学校・高等学校・特別支援学校を主な対象として，公教育*³における就学教育の目標，内容，方法について概説する。

（1）法令に基づく目的と目標

　就学後教育には，最終的に達成したい教育の「目的」と，その目的を達成するために段階的に設定する「目標」がある。表8−1に現行の法律に規定されている教育の目的と目標を一覧に示した。教育の目的と目標は，教育基本法にみられるように「個人の完成」を目指す側面と「国家および社会の形成者」を育成していく側面の大きく2つの方向性がある。

　最高法規である日本国憲法では「個人の尊重」という公教育の理念を示すとともに，具体的な方策として「教育を受ける権利」を規定している。日本国憲法は第13条において「個人の尊重」を謳い，国民の生命，自由および幸福追求に関する権利を最大限に尊重することを宣言している。第13条は人権保障の総

*1　**学校教育法第17条**：保護者は，子の満六歳に達した日の翌日以後における最初の学年の初めから，満十二歳に達した日の属する学年の終わりまで，これを小学校，義務教育学校の前期課程又は特別支援学校の小学部に就学させる義務を負う。

*2　**社会教育法弟2条（社会教育の定義）**：この法律において「社会教育」とは，学校教育法（昭和二十二年法律第二十六号）又は就学前の子どもに関する教育，保育等の総合的な提供の推進に関する法律（平成十八年法律第七十七号）に基づき，学校の教育課程として行われる教育活動を除き，主として青少年及び成人に対して行われる組織的な教育活動（体育及びレクリエーションの活動を含む。）をいう。

＊3　本章では学校教育法をはじめとする法令に基づき公的な税金が投入される教育を公教育とし，それ以外を私教育とする。私教育には，学習塾，スポーツクラブ，ピアノや絵画といった習い事，インターネットを活用した教育など，さまざまな形態がある。就学後の子どもの人間形成は公教育だけでなく，私教育が大きく影響する場合もある。本章で論じる教育課程の目標，内容，方法は，就学後の子どもが展開するさまざまな学習の中の公教育の部分に限定される。

論としての役割を果たし，第14条以下に具体的な人権が列挙される。

この具体的な人権の一つが第26条の「教育を受ける権利」である。第26条1項は，個人がそれぞれ異なる能力に応じて教育を受ける権利を有することを規定している。第26条2項では，保護者に保護する子どもに義務教育を受けさせる義務を課すとともに，国および地方公共団体に義務教育を無償で行う環境を整備する責任を課している。

表8-1　教育理念・目的・目標の一覧

日本国憲法	
第13条 （個人の尊重）	すべて国民は，個人として尊重される。生命，自由及び幸福追求に対する国民の権利については，公共の福祉に反しない限り，立法その他の国政の上で，最大の尊重を必要とする。
第26条 （教育を受ける権利）	1　すべて国民は，法律の定めるところにより，その能力に応じて，ひとしく教育を受ける権利を有する。 2　すべて国民は，法律の定めるところにより，その保護する子女に普通教育を受けさせる義務を負ふ。義務教育は，これを無償とする。
教育基本法	
第1条 （教育の目的）	教育は，人格の完成を目指し，平和で民主的な国家及び社会の形成者として必要な資質を備えた心身ともに健康な国民の育成を期して行われなければならない。
第2条 （教育の目標）	教育は，その目的を実現するため，学問の自由を尊重しつつ，次に掲げる目標を達成するよう行われるものとする。 一　幅広い知識と教養を身に付け，真理を求める態度を養い，豊かな情操と道徳心を培うとともに，健やかな身体を養うこと。 二　個人の価値を尊重して，その能力を伸ばし，創造性を培い，自主及び自律の精神を養うとともに，職業及び生活との関連を重視し，勤労を重んずる態度を養うこと。 三　正義と責任，男女の平等，自他の敬愛と協力を重んずるとともに，公共の精神に基づき，主体的に社会の形成に参画し，その発展に寄与する態度を養うこと。 四　生命を尊び，自然を大切にし，環境の保全に寄与する態度を養うこと。 五　伝統と文化を尊重し，それらをはぐくんできた我が国と郷土を愛するとともに，他国を尊重し，国際社会の平和と発展に寄与する態度を養うこと。
第5条の2 （義務教育の目的）	義務教育として行われる普通教育は，各個人の有する能力を伸ばしつつ社会において自立的に生きる基礎を培い，また，国家及び社会の形成者として必要とされる基本的な資質を養うことを目的として行われるものとする。
学校教育法	
第21条 （義務教育の目標）	義務教育として行われる普通教育は，教育基本法（平成十八年法律第百二十号）第五条第二項に規定する目的を実現するため，次に掲げる目標を達成するよう行われるものとする。

	一　学校内外における社会的活動を促進し，自主，自律及び協同の精神，規範意識，公正な判断力並びに公共の精神に基づき主体的に社会の形成に参画し，その発展に寄与する態度を養うこと。 二　学校内外における自然体験活動を促進し，生命及び自然を尊重する精神並びに環境の保全に寄与する態度を養うこと。 三　我が国と郷土の現状と歴史について，正しい理解に導き，伝統と文化を尊重し，それらをはぐくんできた我が国と郷土を愛する態度を養うとともに，進んで外国の文化の理解を通じて，他を尊重し，国際社会の平和と発展に寄与する態度を養うこと。 四　家族と家庭の役割，生活に必要な衣，食，住，情報，産業その他の事項について基礎的な理解と技能を養うこと。 五　読書に親しませ，生活に必要な国語を正しく理解し，使用する基礎的な能力を養うこと。 六　生活に必要な数量的な関係を正しく理解し，処理する基礎的な能力を養うこと。 七　生活にかかわる自然現象について，観察及び実験を通じて，科学的に理解し，処理する基礎的な能力を養うこと。 八　健康，安全で幸福な生活のために必要な習慣を養うとともに，運動を通じて体力を養い，心身の調和的発達を図ること。 九　生活を明るく豊かにする音楽，美術，文芸その他の芸術について基礎的な理解と技能を養うこと。 十　職業についての基礎的な知識と技能，勤労を重んずる態度及び個性に応じて将来の進路を選択する能力を養うこと。
第29条 （小学校の目的）	小学校は，心身の発達に応じて，義務教育として行われる普通教育のうち基礎的なものを施すことを目的とする。
第45条 （中学校の目的）	中学校は，小学校における教育の基礎の上に，心身の発達に応じて，義務教育として行われる普通教育を施すことを目的とする。
第50条 （高等学校の目的）	高等学校は，中学校における教育の基礎の上に，心身の発達及び進路に応じて，高度な普通教育及び専門教育を施すことを目的とする。
第72条 （特別支援学校の目的）	特別支援学校は，視覚障害者，聴覚障害者，知的障害者，肢体不自由者又は病弱者（身体虚弱者を含む。以下同じ。）に対して，幼稚園，小学校，中学校又は高等学校に準ずる教育を施すとともに，障害による学習上又は生活上の困難を克服し自立を図るために必要な知識技能を授けることを目的とする。
学校教育法施行規則	
第50条の1 （小学校の教育課程）	小学校の教育課程は，国語，社会，算数，理科，生活，音楽，図画工作，家庭，体育及び外国語の各教科（以下この節において「各教科」という。），特別の教科である道徳，外国語活動，総合的な学習の時間並びに特別活動によつて編成するものとする。
第72条 （中学校の教育課程）	中学校の教育課程は，国語，社会，数学，理科，音楽，美術，保健体育，技術・家庭及び外国語の各教科（以下本章及び第七章中「各教科」という。），特別の教科である道徳，総合的な学習の時間並びに特別活動によつて編成するものとする。
第126条 （特別支援学校小学部の教育課程）	1　特別支援学校の小学部の教育課程は，国語，社会，算数，理科，生活，音楽，図画工作，家庭，体育及び外国語の各教科，特別の教科である道徳，外国語活動，総合的な学習の時間，特別活動並びに自立活動によつて編成するものとする。

　2　前項の規定にかかわらず，知的障害者である児童を教育する場合は，生活，国語，算数，音楽，図画工作及び体育の各教科，特別の教科である道徳，特別活動並びに自立活動によって教育課程を編成するものとする。ただし，必要がある場合には，外国語活動を加えて教育課程を編成することができる。

　教育基本法は日本国憲法の理念に従い，教育の目的・目標などを定めている。第1条では教育の目的として「人格の完成」「国家・社会の形成者」の育成が示されている。第2条では「豊かな情操と道徳心」「健やかな身体」「自律の精神」「職業・生活との関連の重視」「公共の精神」「生命や自然の尊重」「伝統文化の尊重」など，知・徳・体の調和[*4]を重視した目標を設定している。第5条の2では，これらの目的・目標を達成するための義務教育段階の目的が規定されている。

　学校教育法では教育基本法における包括的な目的・目標をさらに具体的に示している。第21条では義務教育の目標が，小学校・中学校における教科教育や教科外活動を展開していく法的根拠となるように示されている。1項と2項は，学校内外における社会体験・自然体験を推進していく規定であり，総合的な学習の時間や特別活動などにおける社会体験・自然体験を展開する法的根拠となる。3項から9項までは，各教科の教育を展開していく法的根拠となる。例えば，3項が「我が国と郷土の現状と歴史」をはじめとする社会科教育，6項が「生活に必要な数量的な関係」をはじめとする算数・数学教育，9項が「生活を明るく豊かにする音楽，美術」といった音楽教育，図画工作・美術教育の法的根拠となる。10項は，「職業についての基礎的な知識と技能」といったいわゆるキャリア教育を展開していく法的根拠となる。このように第21条は，義務教育の教育課程を編成していく内容選択の基準を示している。さらに学校教育法は第29条「小学校の目的」，第45条「中学校の目的」，第50条「高等学校の目的」，第72条「特別支援学校の目的」のように各学校における教育の目的を段階的に示している。さらに学校教育法施行規則では，教育課程を編成する構成要素となる教科教育および教科外活動を示している。なお，高等学校および特別支援学校の教科等については後述する。

　以上のように，日本の就学後教育における教育課程編成の拠り所となる教育目的・教育目標は，すべて法律によって規定されていることが分かる。

＊4　文部科学省HP「1.徳育の意義・普遍性」では，「第二条においては，教育の目標を，知・徳・体の調和のとれた発達を基本に」と説明している。

2. 教科教育の成り立ちと背景

(1) 教科教育の成立—社会・学問・子ども—

　教科とは学問，技術，芸術など人間の文化*⁵の中から，教育の目標に応じて学習者が学習すべき知識や能力を体系的に選択し，それらを教育的配慮によって再組織化し，段階的に配列した教育内容の区分である。教科は「社会的必要性」，「学問的背景」，「子どもの発達」といった諸要素を背景に成立していく。

1) 社会的必要性と教科

　教科は社会的な必要性に応じて歴史的な段階を経て成立していく。例えば国語は，明治政府が国民に共通言語を使用することを奨励し，国民国家としての統一性を図ることを目指して成立した。そもそも明治初期は，標準的な日本語自体が成立しておらず，各地域によって話し言葉である方言が異なるとともに，漢文を中心とする書き言葉と日常の話し言葉との乖離（かいり）も激しかった。そのため教科としての国語を作り上げる過程が標準的な日本語の成立過程と重なった[1]。

　初等段階の国語的な教育内容の変遷をみると，1872（明治5）年の学制ではアメリカ合衆国における英語教育*⁶をモデルに「綴字（ていじ），習字，単語，会話，読本，書牘（しょとく），文法」という7つの学習活動をそのまま学科*⁷にしていた。それが1886（明治19）年の「小学校ノ学科及其程度」では国語を生活上使用するために必要な「読書，習字，作文」という3つの学科に精選される。そして1900（明治33）年の小学校令において初めて「国語」という教科目が登場し，教科としての国語が成立している。

2) 学問と教科

　教科は何らかの基礎となる学問，いわゆる親学問を背景に学習内容・方法を再組織化する。人間の文化の一つである学問は，研究対象や方法の違いから自然科学（数学，生物学，地学，物理学，化学，医学，保健学など），社会科学（法学，政治学，経済学，社会学，心理学など），人文科学（文学，語学，論理学，哲学，倫理学，美学，歴史学，人文地理学，宗教学など）の3つに分類される場合がある。教科はこれらの科学や学問を基礎に，教育目標に応じて教科の学習内容・方法を編成する。

　例えば，子どもたちの自然認識形成を目標とした場合，それに応じて生物学，地学，物理学，化学などの自然科学の基礎的な内容が選択される。そして，各学問の基礎的な内容を再組織化し「理科」という一つの教科に統合して

*5　広辞苑（第七版）では文化を「人間が自然に手を加えて形成してきた物心両面の成果。衣食住をはじめ科学・技術・学問・芸術・道徳・宗教・政治など生活形成の様式と内容とを含む」と定義している。

*6　この点について水原克敏は「綴字，習字，単語，会話，読本，修身等，これらを英語に直すと，Spelling, writing, word などです。いかにも翻訳による直輸入のカリキュラムで，実は米国のそれを受けいれたものでした。（中略）まさに当時の明治政府が企図した近代的な国民形成の方向性を示していると言えます」と述べている。

　水原克敏：学習指導要領は国民形成の設計書 その能力観と人間像の歴史的変遷，東北大学出版会，2012，pp.11-12.

*7　1890（明治23）年の小学校令から，従来「学科」と呼んでいた教育内容の区分を「教科目」とした。また当時は学科課程の全体を「教科」と呼んだ。「教科」および「教科目」の呼称はそれ以降，使用される。

＊8　このような見方は心理学的な発達の捉え方というよりも教育行政的な子ども観である。例えば1986（昭和61）年の臨時教育審議会，教育に関する第2次答申の中で「小学校低学年の児童は，発達段階的には思考や感情が未分化の段階にある（中略）児童の具体的な活動・体験を通じて総合的に指導することができるように検討する必要がある。」と示されている。

＊9　1947（昭和22）年版および1951（昭和26）年版の学習指導要領（試案）では，社会科は経験主義的な問題解決学習を行うコア教科として，現在の社会科，道徳科，特別活動などを包括する形で成立した。これは当時のアメリカ合衆国バージニア州における学習指導要領「バージニア・プラン」を手本としたものである。

＊10　この点について，戦後に中等社会科の成立の関わった勝田守一は「社会科は，社会諸科学（Social Sciences）を教科として組織したシヴィック・エデュケーション」であると定義している。勝田守一：勝田守一著作集　第一巻　戦後教育と社会科，国土社，1972，p.151.

＊11　同心円拡大：アメリカ合衆国の小学校社会科研究者ハンナ（Hanna, Paul Robert,

いく。さらに小・中・高の各学年順に段階的に内容を配列することによって教科としての「理科」が成立する。理科は他教科に比較すると科学の類型に近い内容編成となっている。理科は現存する教科の中では最も古く1886（明治19）年の「小学校ノ学科及其程度」において高等小学校の教科として成立している。

3）子どもの発達と教科

　子どもの思考や感情は未分化であるとされ＊8，低学年ほど子どもの発達段階に配慮した教科の編成と学習方法の工夫が必要となる。例えば生活科は，子どもの発達段階に配慮する教科として1989（平成元）年の学習指導要領改訂において小学校低学年の理科と社会科を廃止し，新教科として成立している。この背景には，小学校低学年の子どもに生活に関する学習を展開する場合，自然事象や社会事象に分化させるよりも，生活を総合的に学習するほうが発達段階に合致するとの配慮がある。さらに生活科は，乳幼児教育において遊びや体験的活動を通した学習を行ってきたことに配慮し，乳幼児教育と同様の学習方法を導入することで保幼小の連携を図った。

4）「社会的必要性」「学問的背景」「子どもの発達」の統合

　以上のように教科は，各教科によって重視する要素に違いがあるものの「社会」「学問」「子ども」の各要素を考慮し，内容・方法，配列が決まっていく。この3つの要素を総合的に考慮した事例として社会科の成立をみていく。

　社会科は，戦時中の国家主義を民主主義に転換していく「社会的必要性」から太平洋戦争終戦後の1947（昭和22）年に成立した教科である。日本における社会科は，民主主義社会を担う市民性を育成するという米国の社会科（Social Studies）を範として，社会生活における問題解決を展開する経験主義的な広領域教科＊9として誕生した。

　さらに社会科は，子どもたちの市民性育成のために関連するさまざまな「学問」における内容や方法を教科として再組織化した＊10。特に中等段階では現代社会を研究する政治学，経済学，社会学，心理学といった社会科学に加え，過去の社会を研究する歴史学，社会の空間的広がりを研究する人文地理学といった人文科学の内容や方法も導入し，複数の「学問」を教育向けに再組織化した。

　そして，1955（昭和30）年版学習指導要領の社会科では，教育内容を低学年から高学年に配列する原理として，同心円拡大＊11を採用した。同心円拡大は，子どもたちの社会認識が自分を中心に家庭→地域→市町村→都道府県→日本国→世界というように同心円的に発達するとする当時の「子ども」の発達論に基づく教育内容の配列原理である。

　このように教科は，「社会」「学問」「子ども」の各要素を考慮しつつ内容，方法，配列を決定していく。

（2）現在の各教科と教科外活動の目標

1）教育課程の全体構造と相対性

　就学後教育における教育課程を編成するためには，その構成要素となる各教科と教科外活動の目標から教育課程の全体構造をつかむことが必要である。表8-2に各学校における教育課程の構成を示した。

　各学校において教育課程の構成要素[*12]となる各教科と教科外活動は，第1節で考察したように日本国憲法，教育基本法，学校教育法，学校教育法施行規則の規定に基づき学習指導要領によって示される。各教科や教科外活動は明治初期から現在までの変遷を振り返れば明らかなように，永遠に変化しない絶対的なものではなく，時代，状況，目標によって変化する相対的な教育内容である[*13]。

2）各教科と教科外活動の目標

　表8-3に現行学習指導要領〔2017（平成29）年版〕における中学校の各教科と教科外活動の目標を一覧で示した。表8-3を概観すると，各教科と教科外

表8-2　学校教育法施行規則における各学校の教育課程の構成

小学校	○教科：国語，社会，算数，理科，生活，音楽，図画工作，家庭，体育，外国語，特別の教科である道徳 ○教科外活動：外国語活動，総合的な学習の時間，特別活動
中学校	○教科：国語，社会，数学，理科，音楽，美術，保健体育，技術・家庭，外国語，特別の教科である道徳 ○教科外活動：総合的な学習の時間，特別活動
高等学校 （共通教科）	○教科：国語，地理歴史，公民，数学，理科，保健体育，芸術，外国語，家庭，情報，理数 ○教科外活動：総合的な探究の時間，特別活動
高等学校 （専門教科）	○教科：農業，工業，商業，水産，家庭，看護，情報，福祉，理数，体育，音楽，美術，英語
特別支援学校 （知的障害小学部）	○教科：生活，国語，算数，音楽，図画工作，体育，特別の教科である道徳 ○教科外活動：特別活動並びに自立活動
特別支援学校 （知的障害中学部）	○必修教科：国語，社会，数学，理科，音楽，美術，保健体育，職業・家庭，特別の教科である道徳 ○選択教科：外国語（学校の判断で設置）その他特に必要な教科を各学校の判断によって設置可能 ○教科外活動：総合的な学習の時間，特別活動並びに自立活動
特別支援学校 （知的障害高等部）	［普通教科］ ○必修教科：国語，社会，数学，理科，音楽，美術，保健体育，職業，家庭，特別の教科である道徳，これら以外の教科も設定可能 ○選択教科：外国語，情報（学校の判断で設置） ［専門教科］ 家政，農業，工業，流通・サービス及び福祉 ○教科外活動：総合的な探究の時間，特別活動並びに自立活動

1902-1988）が1950年代に理論的根拠を与えたカリキュラム配列（シーケンス）の理論とされる。日本では1955（昭和30）年版学習指導要領の小学校社会科の学年配列を批判する意味で同心円拡大という用語が使用され始めた。小林信郎は1955（昭和30）年版学習指導要領小学校社会科の編纂に直接携わった立場から，同心円拡大を擁護する主張を展開している。同心円拡大は，例えば社会機能法のような内容選択の基準（スコープ）と関連で精緻な分析が必要な概念である。さらに環境拡大などの類似概念との比較検討も必要である。詳しくは安藤輝次：同心円的の拡大論の成立と批判的展開—アメリカ小学校社会科カリキュラム構成原理の研究，風間書房，1993を参照。

[*12]　教育課程の構成要素の違いによってカリキュラムにはいくつかの類型がある。代表的な類型に① 教科カリキュラム，② 経験カリキュラム，③ コア・カリキュラムがある。① 教科カリキュラムは，教科を中心に教育課程を編成するもので体系的な系統学習を重視する。② 経験カリキュラムは，子どもたちが問題解決を展開する活動を中心に教育課程を編成するもので経験主義的な問題解決学習を重視する。③ コア・カリキュラ

ムは，教育課程の中心
に問題解決を展開する
活動を置き，周辺に活
動に必要な教科を配置
する経験カリキュラム
と教科カリキュラムの
中間形態である。

*13　そもそも子ども
たちが生活の中で行っ
ている思考は総合的で
あり，社会，理科，道
徳のように教科別に分
化しているわけではな
い。したがって，各教

活動は，それぞれに固有の目標が設定され，他の領域区分と重ならないように
独自の見方・考え方が設定されている。各教科と教科外活動のバランスを見る
と，教科が10であるのに対して，教科外活動は2である。

　教科は分類法のひとつに，国語，数学，外国語のように他教科を学ぶ際の基
礎となる基礎的教科，社会，理科，技術・家庭のように他教科と重ならない固
有の内容を重視する内容教科，音楽，美術，保健体育のように芸術的表現や心
身の調和的発達を目指す表現・技能教科という3つに区分する場合[2]がある。

　しかし，これらの区分も時代や状況によって変化する。現在は教科の固有性
よりも，教育の目標に応じて，教科間の学習を連携*14していくことや，教科を
統合する教科外活動が重視されている。例えば特別の教科「道徳」は，道徳の

表8-3　現行学習指導要領（中学校）各教科と教科外活動の目標の一覧*15

教科教育（10教科）	
1　国語	言葉による見方・考え方を働かせ，言語活動を通して，国語で正確に理解し適切に表現する資質・能力を次のとおり育成することを目指す。
2　社会	社会的な見方・考え方を働かせ，課題を追究したり解決したりする活動を通して，広い視野に立ち，グローバル化する国際社会に主体的に生きる平和で民主的な国家及び社会の形成者に必要な公民としての資質・能力の基礎を次のとおり育成することを目指す。
3　数学	数学的な見方・考え方を働かせ，数学的活動を通して，数学的に考える資質・能力を次のとおり育成することを目指す。
4　理科	自然の事物・現象に関わり，理科の見方・考え方を働かせ，見通しをもって観察，実験を行うことなどを通して，自然の事物・現象を科学的に探究するために必要な資質・能力を次のとおり育成することを目指す。
5　音楽	表現及び鑑賞の幅広い活動を通して，音楽的な見方・考え方を働かせ，生活や社会の中の音や音楽，音楽文化と豊かに関わる資質・能力を次のとおり育成することを目指す。
6　美術	表現及び鑑賞の幅広い活動を通して，造形的な見方・考え方を働かせ，生活や社会の中の美術や美術文化と豊かに関わる資質・能力を次のとおり育成することを目指す。
7　保健体育	体育や保健の見方・考え方を働かせ，課題を発見し，合理的な解決に向けた学習過程を通して，心と体を一体として捉え，生涯にわたって心身の健康を保持増進し豊かなスポーツライフを実現するための資質・能力を次のとおり育成することを目指す。
8　技術・家庭	生活の営みに係る見方・考え方や技術の見方・考え方を働かせ，生活や技術に関する実践的・体験的な活動を通して，よりよい生活の実現や持続可能な社会の構築に向けて，生活を工夫し創造する資質・能力を次のとおり育成することを目指す。
9　外国語	外国語によるコミュニケーションにおける見方・考え方を働かせ，外国語による聞くこと，読むこと，話すこと，書くことの言語活動を通して，簡単な情報や考えなどを理解したり表現したり伝え合ったりするコミュニケーションを図る資質・能力を次のとおり育成することを目指す。
10　特別の教科　道徳	第1章総則の第1の2の（2）に示す道徳教育の目標に基づき，よりよく生きるための基盤となる道徳性を養うため，道徳的諸価値についての理解を基に，自己を見つめ，物事を広い視野から多面的・多角的に考え，人間としての生き方についての考えを深める学習を通して，道徳的な判断力，心情，実践意欲と態度を育てる。

教科外活動（2活動）	
11　総合的な学習の時間	探究的な見方・考え方を働かせ，横断的・総合的な学習を行うことを通して，よりよく課題を解決し，自己の生き方を考えていくための資質・能力を次のとおり育成することを目指す。
12　特別活動[*16]	集団や社会の形成者としての見方・考え方を働かせ，様々な集団活動に自主的，実践的に取り組み，互いのよさや可能性を発揮しながら集団や自己の生活上の課題を解決することを通して，次のとおり資質・能力を育成することを目指す。

出典）文部科学省：中学校学習指導要領（平成29年告示），2017.

時間をコアに全ての教科，教科外活動において道徳的な判断力，心情，実践意欲と態度の育成を目指す。現行の教科外活動には，総合的な学習の時間，特別活動がある。総合的な学習の時間は，探究的な見方・考え方によって，各教科に横断的・総合的な学習を展開する。特別活動では，学級活動，生徒会活動，学校行事を中心に集団や社会の形成者としての資質を育成する。

3）時間数の取り扱いと時間割

　表8-4に学校教育法施行規則（別表第二）に基づく中学校における各教科と教科外活動の時間数を示した。各学校では，この時間数を根拠に各教科と教科外活動の年間指導計画や時間割などを作成していく。中学校の各学年の総授業時間数は1015時間である。中学校1年生の場合，各教科の総時間が930時間（総時間の91.6％），教科外活動の総時間が85時間（総時間の8.4％）であり，教科教育が教育課程の中心であることが分かる。

表8-4　中学校における各教科と教科外活動の時間数

区分		第一学年	第二学年	第三学年
各教科の授業時数	国語	140	140	105
	社会	105	105	140
	数学	140	105	140
	理科	105	140	140
	音楽	45	35	35
	美術	45	35	35
	保健体育	105	105	105
	技術・家庭	70	70	35
	外国語	140	140	140
特別の教科である道徳の授業時数		35	35	35
総合的な学習の時間の授業時数		50	70	70
特別活動の授業時数		35	35	35
総授業時数		1015	1015	1015

科や教科外活動を設定することは，教育目標を達成するための現時点における教育行政的な価値判断の結果である。

*14　教科間の連携については① 相関カリキュラム，② 融合カリキュラム，③ 広領域カリキュラムといった類型がある。① 相関カリキュラムは教科の区分を堅持しつつ，関連性の強い教科が連携する。例えば公民科と地理歴史科が連携して世界平和に関する学習を展開する。② 融合カリキュラムは関連性の強い教科を単一の教科に融合する。例えば生物，化学，物理を融合して単一の理科にする。③ 広領域カリキュラムは，融合カリキュラムよりさらに広範囲に教科を融合する。例えば道徳，国語，社会を融合して市民科をつくる。

*15　各目標は，本表で示した概要に続き，「知識・技能」「思考力・判断力・表現力等」「学びに向かう力・人間性等」の3つの柱に即した3つの下位の目標が示される。

*16　中学校の特別活

動は「学級活動」「生徒
会活動」「学校行事」か
ら構成される。なお，
部活動は教育課程外の
教育活動であり，特別
活動には含まれない。

*17　**注入主義**：教師
が固定化された教授内
容や価値観を一方的に
子どもたちに教え込む
教育方法である。例え
ば，注入主義による歴
史教育では，多様に存
在するはずの歴史事象
を一つの歴史観から教
育内容を選択し，一方
的に教授することで，
子どもたちの価値観や
態度までもコントロー
ルしようする。このよ
うな価値観や態度の教
え込みをインドクトリ
ネーションと呼ぶこと
もある。

*18　**経験主義**：アメ
リカの哲学者デューイ
が主張した教育理論で
ある。デューイは教育
を経験の再構成として
捉え，子どもたちが社
会生活の中でぶつかる
問題を解決する過程を
学習と考えた。経験主
義は，注入主義のよう
に固定化された教育内
容でなく，問題解決の
過程で子どもたちの経
験が更新され，つくり
かえられると考える。

*19　**系統主義**：アメ
リカの心理学者ブルー
ナーが主張した教育理
論である。経験主義を
批判し，科学や学問の
体系に基づき，子ども
たちの教育内容を教科
として区分する。さら
に科学や学問の内容や
方法によって学習を系

　中学校学習指導要領総則では，各教科等の授業は，年間35週以上にわたって
行うよう計画することを定めている。この35週という数字は一週間の時間割作
成の根拠となる。例えば表8-4における中学校2年生の年間授業時間数をみ
ると35時間（音楽，美術，道徳，特活），70時間（技術・家庭，総合），105時間
（社会，数学，保健体育），140時間（国語，理科，外国語）となっており，すべて
35で割り切れる時間数となっている。つまり，基準通り年間35週間の授業を展
開する学校の場合，各教科と教科外活動は年間授業時間数の規定に応じて35時
間（週1時間），70時間（週2時間），105時間（週3時間），140時間（週4時間）
となる。現在の学校は子どもへの負担軽減や教師の働き方改革の一環として，
授業時間数をこの規定ぴったりにあわせて，できるだけ時間増を行わない方向
となっている。そのため，各学校の教育目標や特色のある教育を実践していく
ためには，時間増ではなく，この限られた時間数内における教育課程の工夫，
いわゆるカリキュラム・マネジメントが必要となる。

3. 教育方法の変遷

（1）コンテンツからコンピテンシーへ

　カリキュラムを編成する際，教育内容とともに重要な要素となるのが教育方
法である。日本の就学後の教育方法の変遷を概括すると，戦前とりわけ昭和に
入ってからの太平洋戦争までの時期は，国家によって固定化された知識・技能
や価値観を子どもたちに徹底的に教え込む注入主義*17が一般的であった。

　太平洋戦争終了後，アメリカ合衆国における問題解決学習の影響を受けた時
代〔1947（昭和22）年版・1951（昭和26）年版〕は，子どもたちが社会生活の中
でぶつかる社会・生活上の問題を解決することを通して，学習を成立させる経
験主義*18が主流となる。

　しかし，日本が独立を回復し高度経済成長を目指した時代〔1958（昭和33）・
1968（昭和43）・1977（昭和52）年版〕には，国民育成に必要な知識・技能や価
値観を文化の体系に従って教師が主導的に教授する系統主義*19が主流となる。
その結果，教育内容は増加し子どもたちの負担は増加することとなる。

　平成に入るとこれまでの知識・技能を中心とする系統主義から思考力，判断
力，表現力の育成を重視する新しい学力観の時代〔1989（平成元）・1998（平成
10）・2008（平成20）年版〕となる。さらに現行の学習指導要領〔2017（平成29）
年版〕は，平成時代の新しい学力観を踏まえつつ，「資質・能力の3つの柱」，
「主体的・対話的で深い学び」，「カリキュラム・マネジメント」といった新基

軸を打ち出し，資質・能力主義を推進している。

（2）現行学習指導要領〔2017（平成29）年版〕における教育方法の方向性

　現行の学習指導要領は，AI台頭や予測困難な社会状況の中で，子どもたちに社会の中で生きて働く資質・能力の育成を目指し，従来よりも大幅な改訂が行われた。基本的な方向性は，「何を学んだか」ではなく「何ができるようになったか」を重視[3]するコンピテンシー・ベース[*20]となっている。

　まず幼児教育から初等教育さらに中等教育を貫く資質・能力として3つの柱を打ち出した。この3つの柱を学習指導要領の歴史から時代順に考察すると，「知識及び技能」が昭和時代，「思考力，判断力，表現力」が平成のはじめ，「学びに向かう力・人間性」が平成の終わりから令和にかけて登場した，となるだろう。現在は3つの柱すべてが社会の中で生きて働く資質・能力の育成を目指しており，その意味でプラグマティックな目標設定となっている。

　3つの柱を総合的に育成する教育方法が，主体的・対話的で深い学びを展開するアクティブ・ラーニング[*21]である。アクティブ・ラーニングは，子どもたちがグループで問題解決やプロジェクトに主体的に取り組み，子どもや教師との対話を通して，深い学習を成立させつつ3つの柱で示された資質・能力を育成していく。

　このような社会の中で生きて働く資質・能力の育成を目指すアクティブ・ラーニングは，カリキュラム・マネジメント[*22]よる「社会に開かれた教育課程」の実現によってより充実した学習が展開できる。

（3）目標に準拠した教科間連携

　「社会に開かれた教育課程」は，各教科や教科外活動が教育目標に準拠して相互に連携することで実現する。例えば世界で初めて原子爆弾が実戦において投下された広島市では「世界恒久平和の実現に貢献する意欲や態度を育成する」という教育目標に準拠し，市教育委員会が中心となり独自の平和学習プログラムを展開している[*23]。

　本プログラムは，社会における体験的学習を重視しつつ，国語科，社会科，特別活動，道徳の時間など複数の教科と教科外活動が連携することで各学年において3時間の小単元によって展開する。典型的なカリキュラム・マネジメントによる「社会に開かれた教育課程」となっている。

　以上のように就学後教育は，歴史的な変遷をたどりつつ，それぞれの時代の教育目標を達成するために「社会」「学問」「子ども」の各要素を配慮し，文化

統的に展開する。そのため，科学や学問をベースに各学年に段階的に系統学習を展開できる教科書を作り込み，教科書に基づいて教育を展開する。J. S. ブルーナー，鈴木祥蔵・佐藤三郎訳：教育の過程，岩波書店，1963.

[*20]　現行版中学校学習指導要領英語版（仮訳）では，「資質・能力」が「the competencies」と訳され，「生きる力」が「Competencies for Living」と訳されている。

[*21]　**アクティブ・ラーニング**：大学教育改革のスローガンとして登場した概念である。中央教育審議会はアクティブ・ラーニングを「教員による一方向的な講義形式の教育とは異なり，学修者の能動的な学修への参加を取り入れた教授・学習法の総称。学修者が能動的に学修することによって，認知的，倫理的，社会的能力，教養，知識，経験を含めた汎用的能力の育成を図る。発見学習，問題解決学習，体験学習，調査学習等が含まれるが，教室内でのグループ・ディスカッション，ディベート，グループ・ワーク等も有効なアクティブ・ラーニングの方法である」と定義している。
中央教育審議会「新たな未来を築くための大学教育の質的転換に向けて─生涯学び続け，

主体的に考える力を育成する大学へ―（答申）」（用語集），2012.

*22　文部科学省は，カリキュラム・マネジメントには「学校教育の効果を常に検証して改善する」，「教師が連携し，複数の教科等の連携を図りながら授業をつくる」，「地域と連携し，よりよい学校教育を目指す」の三つの取り組みが必要であるとしている。
　文部科学省HP：平成29・30・31年改訂学習指導要領の趣旨・内容を分かりやすく紹介.

*23　学年段階別のプログラムは以下の通りである。
・**プログラム1**　小学校第1学年から第3学年：被爆の実相に触れ，生命の尊さや人間愛に気付く。
・**プログラム2**　小学校第4学年から第6学年：被爆の実相や復興の過程を理解する。
・**プログラム3**　中学校：世界平和にかかわる問題について考察する。
・**プログラム4**　高等学校：平和で持続可能な社会の実現について展望する。

内容を再編成することによって成立した教科を中心に展開される。就学後教育が教科を通して行われる理由は，公教育として教育目標を法律によって公的に共通化し，教育目標に応じた共通の教育内容の体系が必要となるからである。さらに教育的な効率性も重視し，各教科はそれぞれに固有の目標が設定され，他の区分と重ならないように設定される。かつては，各教科の独自性を踏まえ，各教科が「何を教えるか」というコンテンツが重視された時代があった。しかし現在は，学習活動を通して「何ができるようになったか」というコンピテンシーの育成が教育目標となり，目標に準拠した教科間の連携[4]が重視される時代となっている。

> **ワーク　教科教育シンポジウム**　クラスを12チームに分け，表8–3〔現行学習指導要領（中学校）各教科と教科外活動の目標の一覧〕に対応し，1チームが1つの教科または教科外活動を担当し，担当する教科または教科外活動の「目的」「独自性」「自分たちが思い出のある学習活動」をプレゼンテーションしよう。その後，各教科または各教科外活動に共通する学習活動について議論を展開してみよう。

■引用文献
1）水原克敏：学習指導要領は国民形成の設計書　その能力観と人間像の歴史的変遷，東北大学出版会，2012，pp.62-63.
2）広島大学教科教育学研究会：教科教育学I―原理と方法―，建帛社，1986，pp.27-28.
3）文部科学省：中学校学習指導要領解説総則編，2017，pp.2-3.
4）日本教科教育学会編：教科とその本質―各教科は何を目指し，どのように構成するのか―，教育出版，2020，pp.38-43.

■参考文献
倉沢 剛：米国カリキュラム研究史，風間書房，1985.
木村博一：日本社会科の成立理念とカリキュラム構造，風間書房，2006.
大杉昭英：アクティブラーニング 授業改革のマスターキー，明治図書，2017.

第**9**章 教育課程の根拠法令

　学校では，各教科の授業や行事，あるいは給食や掃除など，様々な活動が行われる。それらの活動は何を根拠に，どのように編成され，どういった体制で実施されているのか。本章では，小学校の運動会と，保育所の給食という具体的な活動を例にあげながら，学校や児童福祉施設における諸活動の編成と実施の根拠となる法令とその内容を示す。

1. 学校教育活動の根拠となる法令

表9-1　本節で扱う法令とその条文*1

法令名	条文	規定している事項
日本国憲法	26条	教育を受ける権利
教育基本法	5条	義務教育
学校教育法	8条	校長・教員の資格
	16条	義務教育年限
	17条	就学させる義務
	21条	義務教育の目標
	30条	小学校教育の目標
	33条	小学校の教育課程
	37条	職員
	42条	学校運営評価
	43条	学校運営情報提供義務
同施行令（政令）*2	1条	学齢簿の編製
	5条	入学期日等の通知
	6条	学校指定の変更
	7条	就学児童生徒の通知
	9条	区域外就学等
同施行規則（文部科学省令）	24条	指導要録
	25条	出席簿
	43条	校務分掌
	44条	教務主任・学年主任
	48条	職員会議の設置

*1　学校教育・保育に関する法律は，本章及び第10章で扱う以外にも以下のようなものがある（おおよそ，以下の3つに分類）。

■教職員
教育公務員特例法，義務教育諸学校における教育の政治的中立の確保に関する臨時措置法，労働基準法，労働組合法，労働関係調整法，雇用の分野における男女の均等な機会及び待遇の確保等に関する法律，男女共同参画社会基本法，労働安全衛生法

■教育内容等教育活動
へき地教育振興法，学校教育の情報化の推進に関する法律，障害者基本法，発達障害者支援法，在外教育施設における教育の振興に関する法律，人権教育及び人権啓発の推進に関する法律，消費者教育の推進に関する法律，科学技術・イノベーション基本法，デジタル社会形成基本法，日本語教育の推進に関する法律，少子化社会対策基本法

■医療・保健・安全
学校給食法，交通安全対策基本法，道路交通法，感染症の予防及び感染症の患者に対する医療に関する法律，災害対策基本法，大規模地震対策特別措置法，公立学校施設災害復旧費国庫負担法

＊2　政令は，日本国憲法第73条第6号で「この憲法及び法律の規定を実施するために，政令を制定すること」とされている。府令は，内閣府設置法第7条第3項で「内閣総理大臣は，内閣府に係る主任の行政事務について，法律若しくは政令を施行するため，又は法律若しくは政令の特別の委任に基づいて，内閣府の命令として内閣府令を発することができる」とされている。省令は，国家行政組織法第12条第1項で「各省大臣は，主任の行政事務について，法律若しくは政令を施行するため，又は法律若しくは政令の特別の委任に基づいて，それぞれその機関の命令として省令を発することができる」とされている。さらに，告示は，同法第14条第1項で「各省大臣，各委員会及び各庁の長官は，その機関の所掌事務について，公示を必要とする場合においては，告示を発することができる」とされている。

＊3　同法の2006（平成18）年改正時に新設された第17条には，「政府は，（中略）教育の振興に関する施策についての基本的な方針及び講ずべき施策その他必要な事項について，基本的な計画」を定めなければならないとある。2023（令和5）年度に第4期の教育振興基本計画が策定された。

	49条	学校評議員の設置
	50条	小学校の教育課程の編成
	52条	小学校の教育課程の基準
小学校設置基準（文部科学省令）	4条	一学級の児童数
	5条	学級の編制
	6条	教諭の数等
小学校学習指導要領（文部科学省告示）	―	―
教育職員免許法	3条	免許
学校保健安全法	11条	就学時の健康診断
	12条	健診に基づく措置等
スポーツ基本法	17条	学校における体育の充実
地方教育行政の組織及び運営に関する法律	21条	教育委員会の役割
	33条	教育委員会規則
	47条の5	学校運営協議会

（1）小学校教育の根拠

　小学校で行われる運動会に関連するルールについて考えてみよう。運動会とは，教科外活動である特別活動の一領域，学校行事の内容である「健康安全・体育的行事」として行われる活動である（第8章，p.87参照）。

　小学校教育が行われる根拠の源泉は，日本国憲法にある。「すべて国民は（中略）教育を受ける権利を有する」（第26条第1項）のであり，その権利を保障するために「すべて国民は（中略）保護する子女に普通教育を受けさせる義務を負ふ」（第26条第2項）とする。「普通教育」とは，「義務教育として行われる普通教育は，各個人の有する能力を伸ばしつつ社会において自立的に生きる基礎を培い，また，国家及び社会の形成者として必要とされる基本的な資質を養うことを目的として行われる[＊3]」（教育基本法第5条第2項）教育とされている。

　義務教育の目標は，学校教育法第21条において「学校内外における社会的活動を促進し，自主，自律及び協同の精神，規範意識，公正な判断力並びに公共の精神に基づき主体的に社会の形成に参画し，その発展に寄与する態度を養うこと」など，10項目が示されている。同条を踏まえて小学校教育においては，「基礎的な知識及び技能を習得させるとともに，これらを活用して課題を解決するために必要な思考力，判断力，表現力その他の能力をはぐくみ，主体的に学習に取り組む態度を養うことに，特に意を用いなければならない」（第30条第2項）とし，「資質・能力の3つの柱」が示されている。

　「義務教育として行われる普通教育」の年数，対象年齢及び機関について

は，学校教育法において以下のように定められている。

> ・**年数**：9年　「保護者は（中略）子に九年の普通教育を受けさせる義務を負う」（第16条）
> ・**対象年齢**：満6歳の学年の初めから満15歳の学年の終わりまで（以下「学齢児童生徒」という）
> ・**機関**：小学校，中学校，義務教育学校，中等教育学校（前期課程），特別支援学校（小学部，中学部）（以下「義務教育諸学校」という*⁴）
> 「保護者は，子の満6歳に達した日の翌日以後における最初の学年の初めから，満12歳に達した日の属する学年の終わりまで，これを小学校，義務教育学校の前期課程又は特別支援学校の小学部に就学させる義務を負う」（第17条第1項）
> 「保護者は，子が小学校の課程，義務教育学校の前期課程又は特別支援学校の小学部の課程を修了した日の翌日以降における最初の学年の初めから，満15歳に達した日の属する学年の終わりまで，これを中学校，義務教育学校の後期課程，中等教育学校の前期課程又は特別支援学校の中学部に就学させる義務を負う」（第17条第2項）

　市区町村の教育委員会*⁵は，その区域に住む学齢児童生徒について，学齢簿を編製しなければならない（学校教育法施行令第1条第1項）。そして，その学齢簿を根拠に，就学予定者の保護者に対して就学すべき学校と入学期日を通知しなければならない（同令第5条）。就学すべき学校の決定にあたり，教育委員会は学校保健安全法第11条で規定されている「就学時の健康診断」を行い，「（就学…引用者注）義務の猶予若しくは免除又は特別支援学校への就学に関し指導を行う等適切な措置をとらなければならない」（同法第12条）。就学に際して，保護者の申立てよる学校指定の変更，保護者の届出による区域外就学という方法もある（学校教育法施行令第6条及び第9条*⁶）。さらに，学齢児童生徒が就学する義務教育諸学校の校長にその氏名と入学期日を通知し（同令第7条），校長はそれに基づいて指導要録*⁷を作成するとともに（学校教育法施行規則第24条），出席簿を作成しなければならない（同規則第25条）。

　なお，学校における「各学年の課程の修了又は卒業を認めるに当たつては，児童の平素の成績を評価して」校長が定めなければならない（学校教育法施行規則第57，58条）。認定に当たって，課程の修了が認められない場合，原級留置（いわゆる留年）となる*⁸。

（2）小学校教育の内容

　先の小学校教育の目標を達成するための教育内容について学校教育法は，「小学校の教育課程に関する事項は（中略）文部科学大臣が定める」（第33条）

＊4　義務教育諸学校：公立義務教育諸学校の学級編制及び教職員定数の標準に関する法律で用いられており，同法第2条で定義されている。

＊5　ここで用いている「市区町村」の「区」とは，東京都の「特別区」を指し，政令指定都市における行政区画の1つとして示される「区」は含まない。

＊6　文部省通知「いじめ問題に関する総合的な取組について」〔1996（平成8）年〕において，「いじめられる児童生徒には，保護者の希望により，関係学校の校長などの関係者の意見等も十分に踏まえて，就学すべき学校の指定の変更や区域外就学を認める措置について配慮する必要があること」とあり，いじめによる学校指定の変更や区域外就学が可能である。

＊7　指導要録：学校教育法施行令第31条で定められている「児童等の学習及び健康の状況を記録した書類の原本」のこと。なお，要録中の「学籍に関する記録」は20年間，「指導に関する記録」は5年間保存しなければならない（学校教育法施行規則第28条）。また，保育所については，保育所保育指針において「子どもの育ちを支えるための資料」として示されており〔第2章4（2）〕，厚

とする。また，その教育を担う職員として，「小学校には，校長，教頭，教諭，養護教諭及び事務職員を置かなければならない」(同法第37条第1項)とする＊9。それらの職員のうち，事務職員を除くものを「教育職員」と呼び，教育職員免許法第3条の定めによる教育職員免許取得者がその職を担える(学校教育法第8条)。

「小学校の教育課程」の編成については，学校教育法施行規則において「国語，社会，算数，理科，生活，音楽，図画工作，家庭，体育及び外国語の各教科(括弧内略)，特別の教科である道徳，外国語活動，総合的な学習の時間並びに特別活動によつて編成するものとする」(第50条第1項)。また，「教育課程の基準」として，「文部科学大臣が別に公示する小学校学習指導要領」(第52条)が示されている。

現行の小学校学習指導要領を見ると，教科外活動である「特別活動」には，「学級活動」「児童会活動」「クラブ活動」「学校行事」の4つの領域があるとされる。学校行事の内容としてあげられている5つのうちの1つが「健康安全・体育的行事」であり，小学校学習指導要領解説特別活動編の中で，「運動会や球技大会等の体育的な行事1)」と例示されているのが「運動会」である。

学校における体育については，スポーツ基本法〔2011(平成23)年成立〕において，体育に関する指導の充実，施設の整備，体育に関する教師の資質の向上に向けて努力することが求められている(第17条)。

(3) 小学校教育の実施

1) 校長による学校の管理運営

各小学校の教育課程編成に関わる組織として，先ほど触れた市区町村の教育委員会をあげることができる。地方教育行政の組織及び運営に関する法律第21条において，教育委員会の職務権限として，「学齢生徒及び学齢児童の就学並びに生徒，児童及び幼児の入学，転学及び退学に関すること」，「教育委員会の所管に属する学校の組織編制，教育課程，学習指導，生徒指導及び職業指導に関すること」を管理し，執行することとされている＊10。さらに，学校を管理するために，「管理運営の基本的事項について，必要な教育委員会規則を定める」(同法第33条第1項)とする。

広島市を例にとると，広島市立学校の管理及び学校教育法の実施に関する規則が定められている。同規則には，「小学校及び中学校においては，学習指導要領及び教育委員会が別に定める基準により，校長が教育課程を編成する」(第27条)とあり，教育課程編成の権限は教育委員会から校長に委任されているといえる。

学校教育法は,「校長は校務をつかさどり,所属職員を監督する」(第37条第4項)と定める。同法施行規則において校務を分担して受け持つことを校務分掌と呼び(第43条),校長は「教務主任及び学年主任を置く」(同規則第44条第1項)。教務主任は「校長の監督を受け,教育計画の立案その他の教務に関する事項について連絡調整及び指導,助言に当たる」(同条第4項)。さらに校長は,職員会議を主宰して教職員の意見を聴いて(同規則第48条),運動会などを含む当該学校の教育課程を編成し,実施する責任をもつ。決定された教育課程上の計画に従って,命令系統を意味するライン系列と,助言系統を意味するスタッフ系列による校務分掌の下,教育課程が運営されていく。

2）学校運営の実施

小学校における基礎的集団が学級である。学級の編制については,小学校設置基準(文部科学省令)において以下のように示されている[11]。

> 第4条　1学級の児童数は(略)40人以下とする。
> 第5条　小学校の学級は,同学年の児童で編制するものとする。
> 第6条　小学校に置く主幹教諭,指導教諭及び教諭の数は,1学級当たり1人以上とする。

学級担任となる教師の運動会実施に関係する職務について,「教諭等の標準的な職務の明確化に係る学校管理規則参考例等の送付について」〔文部科学省通知,2020(令和2)年〕[12]で示されている「教諭等の標準的な職務の内容及びその例」を参照する。運動会の準備や実施は,「教育活動」の「教育課程の編成及び実施並びにその準備(学校行事等の準備・運営を含む)」に当たるとともに,「管理運営」の「学級運営」「学校の保健計画に基づく児童生徒の指導」などに含まれるものである。さらに,「学校評価[13]に関すること」もその職務に含まれる。小学校には,「学校運営の状況について評価を行」うとともに(学校教育法第42条),そういった情報を公開することが求められる(同法第43条)。学校評価実施の参考資料として,文部科学省が「学校評価ガイドライン」〔2016(平成28)年改訂〕を策定している。

最後に,学校運営における地域の位置づけについて,学校教育法施行規則は「校長の求めに応じ,学校運営に関し意見を述べることができる」学校評議員について定めている(第49条)。また,地方教育行政の組織及び運営に関する法律には,学校運営協議会の規定がある。学校運営協議会の機能として「対象学校の校長は,当該対象学校の運営に関して,教育課程の編成その他教育委員会規則で定める事項について基本的な方針を作成し,当該対象学校の学校運営協議会の承認を得なければならない」(第47条の5第4項)と定める。

教諭」をあげている。

*10　同条では,教育委員会が学校教育に関する以下の事項を管理・執行するとしている。「(前略)学校その他の教育機関の職員の任免その他の人事に関すること」「教科書その他の教材の取扱いに関すること」「校舎その他の施設及び教具その他の設備の整備に関すること」「校長,教員その他の教育関係職員の研修に関すること」「校長,教員その他の教育関係職員並びに生徒,児童及び幼児の保健,安全,厚生及び福利に関すること」「教育委員会の所管に属する学校その他の教育機関の環境衛生に関すること」「学校給食に関すること」。

*11　公立義務教育諸学校の学級編制及び教職員定数の標準に関する法律において,小学校の一学級の児童数の標準を35人とする(第3条第2項)。ただし,この数字は「同学年の児童で編制する学級」(単式学級)についてであり,「二の学年の児童で編制する学級」(複式学級)は16人を標準とする(1年生を含む場合は8人)。

*12　これは,「学校及び教師が担う業務の明確化・適正化」の実施に向けた通知である。「標準的な職務の内容」は,「主として学校の教育活動に関すること」と「主として学校の管理運営活動に

関すること」に大別されている。前者には，本文であげたほかに「児童生徒への指導援助」「個別の指導計画の作成及び活用」などが含まれる。後者には，「校内研修の企画，実施及び受講」「学校の環境衛生点検」などが含まれており，教師が多様な職務を担っていることがわかる。

＊13　評価とは「計画・実践・評価・改善」の一部であり，前提となるのが「学校経営計画」である。この学校経営計画について，文部科学省作成の資料から，各学校の学習指導要領解説で扱っている「教育計画」とほぼ同一のものを指していると推測できる〔「学校において作成する計画等（一覧）」学校における働き方改革特別部会，2017（平成29）年10月3日，資料6－2〕。「教育計画」について小学校学習指導要領解説総則編では，「学校において編成する教育課程については，学校教育の目的や目標を達成するために，教育の内容を児童の心身の発達に応じ，授業時数との関連において総合的に組織した各学校の教育計画である」（p.11）とされている。

2. 保育所における保育活動の根拠となる法令

表9－2　本節で扱う法令とその条文

法令名	条文	規定している事項
日本国憲法	25条	生存権
児童福祉法	4条	児童の定義
	6条の3	事業
	7条	児童福祉施設等
	18条の4	保育士の業務
	18条の6	保育士の資格
	39条	保育所の目的
	45条	児童福祉施設の基準の制定等
	59条の4	大都市の特例
児童福祉施設の設備及び運営に関する基準（厚生労働省令）	1条	設備運営基準
	32条	保育所の設備の基準
	33条	保育所の職員
	34条	保育所の保育時間
	35条	保育所における保育の内容
	63条	福祉型児童発達支援センターの職員
保育所保育指針（厚生労働省告示）	―	―
子ども・子育て支援法	19条	教育・保育給付の支給要件
同施行規則（内閣府令）	1条の5	保育を必要とする事由
食育基本法	20条	学校，保育所等における食育の推進
就学前の子どもに関する教育，保育等の総合的な提供の推進に関する法律	10条	教育及び保育の内容
	13条	設備及び運営の基準
	14条	職員
	15条	職員の資格
幼保連携型認定こども園の学級の編制，職員，設備及び運営に関する基準（3府省令）	―	―
幼保連携型認定こども園教育・保育要領（3府省告示）	―	―

（1）保育所保育の根拠

　保育所において提供される給食に関するルールについて考えてみよう。給食とは，「学校・工場などで，児童・生徒・従業員に食事を支給すること」（『広辞苑』第7版）であり，小学校就学前の子どもの生活を支援する保育所に欠か

せない機能の１つである。

　そもそも保育所において保育を行う根拠は，日本国憲法第25条「すべて国民は，健康で文化的な最低限度の生活を営む権利を有する」という生存権の保障にある。児童福祉法で規定されている保育所は，「保育を必要とする乳児・幼児を日々保護者の下から通わせて保育を行うことを目的とする施設」（第39条）である。保育所は，「保育を必要とする乳児・幼児」を対象として適切な保育を行うことによって，対象児の「健康で文化的な最低限度の生活を営む権利」を保障しているのである。以下，保育所の目的を確認する。

　まず，「保育を必要とする乳児・幼児」とは，児童福祉法第６条の３第９項にあるように，2015（平成27）年に施行された子ども・子育て支援新制度において，「保護者の労働又は疾病その他の内閣府令で定める事由により家庭において必要な保育を受けることが困難であるもの」（子ども・子育て支援法第19条）を指す*14。同条文中の内閣府令である子ども・子育て支援法施行規則第１条の５に，保育を必要とする事由に該当する以下の10項目が示されている。

①就労*15　②妊娠，出産　③疾病，障害　④同居または長期入院等している親族の介護・看護　⑤災害復旧　⑥求職活動　⑦就学　⑧虐待や DV のおそれがあること*16　⑨育児休業取得中に，既に保育を利用している子どもがいて継続利用が必要であること*17　⑩その他，上記に類する状態として市町村が認める場合

　保育所が対象とするのは，児童の保護者が以上のいずれかの事由に当たることで「保育を受けることが困難である」乳児または幼児であることがわかる。

　次に，「日々保護者の下から通わせて」とは，保育所が通所型の施設であることを示している。さらに，保育所の目的として「保育を行うこと」としている。この「保育」が何を指すのかについて見てみる。児童福祉法第45条において，都道府県に対して，厚生労働省令で定める基準に従って保育所の管理及び運営についての条例を定めることが求められている*18。その基準について，「児童の身体的，精神的及び社会的な発達のために必要な生活水準を確保するものでなければならない」とする。生活水準の確保について具体的には，児童福祉施設の設備及び運営に関する基準（以下「児童福祉施設に関する基準」という）第１条第２項に，「明るくて，衛生的な環境において，素養があり，かつ，適切な訓練を受けた職員（括弧内略）の指導により，心身ともに健やかにして，社会に適応するように育成される」とあり，児童の「心身の健康」と「社会への適応」を目指して育成することを「保育」としているとわかる。

（２）保育所保育の内容

　児童福祉施設における保育を担うのが保育士である。保育所は保育士，嘱託

*14　児童福祉法第４条において，「乳児」とは「満１歳に満たない者」で，「幼児」とは「満１歳から，小学校就学の始期に達するまでの者」であり，子ども・子育て支援法においては「小学校就学前子ども」と総称されている。

*15　「１月において，48時間から64時間までの範囲内で月を単位に市町村が定める時間以上労働することを常態とすること。」

*16　「児童虐待を行っている又は再び行われるおそれがあると認められること。」あるいは，「配偶者からの暴力により小学校就学前子どもの保育を行うことが困難であると認められること。」

*17　「当該保護者の当該育児休業に係る子ども以外の小学校就学前子どもが特定教育・保育施設，特定地域型保育事業又は特定子ども・子育て支援施設等を利用しており，当該育児休業の間に当該特定教育・保育施設等を引き続き利用することが必要であると認められること。」

*18　児童福祉法第59条の４において，「この法律中都道府県が処理することとされている事務で政令で定めるものは，指定都市及び中核市並びに児童相談所を設置する市（特別区を含む。）として政

令で定める市において
は，（略）指定都市若し
くは中核市又は児童相
談所設置市（以下「指
定都市等」という。）
が処理するものとす
る」とされており，同
条文で示されている市
区は基準を定めること
ができる。

＊19　保育所のほか，
児童養護施設，障害児
入所施設，児童発達支
援センター，児童心理
治療施設は保育士を置
かなければならない。

＊20　2023（令和５）
年４月，こども基本法
の施行とともに，内閣
府の外局としてこども
家庭庁が発足した。以
後の保育所と認定こど
も園の保育内容の策定
などは，同庁の所掌と
なった。そのため従前
は「厚生労働大臣の定
める指針」であった条
文が改正された。現行
〔2017（平成29）年告
示〕の保育所保育指針
は「厚生労働大臣の定
める指針」であり，厚
生労働省告示である。

＊21　指針において，
保育のねらい及び内容
は，「乳児」「１歳以上
３歳未満」「３歳以
上」の別で示されてお
り，５つの領域別に示
されているのは１歳以
上児についてである。
乳児については，以下
の３つの視点，身体的
発達に関する視点「健
やかに伸び伸びと育
つ」，社会的発達に関
する視点「身近な人と
気持ちが通じ合う」及
び精神的発達に関する

医及び調理員を置かなければならない（児童福祉施設に関する基準第33条）[19]。
保育士とは「専門的知識及び技術をもつて，児童の保育及び児童の保護者に対
する保育に関する指導を行うことを業とする者」（児童福祉法第18条の４）であ
り，「都道府県知事の指定する保育士を養成する学校その他の施設を卒業した
者」もしくは「保育士試験に合格した者」（同法第18条の６）がもつ資格である。

　また，児童福祉施設に関する基準第34条では，１日の保育時間は原則８時間
とされている。保育が長時間にわたることは，入所児の心身の健康を保つため
に食事が提供されなければならないことを意味している。そうであるから，保
育所には保育士とともに上述のとおり調理員も必置であり，調理室も設置され
なければならない（同基準第32条）。

　保育の内容について，同基準第35条は，「保育所における保育は，養護及び
教育を一体的に行うことをその特性とし，その内容については，内閣総理大臣
が定める指針[20]に従う」と定めている。「内閣総理大臣が定める指針」が保育
所保育指針（以下「指針」という）であり，保育所保育が養護（生命の保持，情
緒の安定）と教育（健康，人間関係，環境，言葉，表現の領域）のねらいの達成を
目指して行われることを示している[21]。

　2005（平成17）年には食育基本法が制定された。その第20条において「国及
び地方公共団体は，学校，保育所等において魅力ある食育の推進に関する活動
を効果的に促進することにより子どもの健全な食生活の実現及び健全な心身の
成長が図られる」ことを目的として，「食育の指導にふさわしい教職員の設
置」，「指導的立場にある者の食育の推進において果たすべき役割についての意
識の啓発」などの施策を講ずることが求められている。これを受けて，指針の
2008（平成20）年改定の際に，「第５章健康及び安全　３　食育の推進」が新設
され，現在に至っている。ただし，指針に「給食」という語は用いられていない。

（３）保育所保育の実施

　保育所保育を実施する際の基準は，先述のように児童福祉施設に関する基準
に基づいて都道府県もしくは指定都市などが定める条例によって示される。広
島県を例にとると，児童福祉法に基づく児童福祉施設の設備及び運営に関する
基準を定める条例（広島県条例第３号，平成24年３月23日）において，児童福祉
施設に関する基準とほぼ同様のことが規定されている。保育所の長（以下，指
針に倣い「施設長」という）について，その職務として保育時間を定めること，
「常に入所している乳幼児の保護者と密接な連絡をとり，保育の内容その他の
事項につき，その保護者の理解及び協力を得る」（第30条）よう努力すること
が定められている[22]。先に見た小学校とは違い，条例において保育所運営の責

任の所在は明確にされていない。

　保育の内容については，同条例施行規則に，「保育所保育指針に従うものとする」とある。現行指針には，施設長の責務として，「施設長としての専門性等の向上に努め，当該保育所における保育の質及び職員の専門性向上のために必要な環境の確保に努めなければならない[2]」こと，「体系的・計画的な研修機会を確保するとともに，職員の勤務体制の工夫等により，職員が計画的に研修等に参加し，その専門性の向上が図られるよう努めなければならない[2]」ことといったように，施設長及び職員の研修機会の確保など，専門性向上のための環境整備にのみ言及されている。なお，「『大量調理施設衛生管理マニュアル』の改正について」〔厚生労働省通知，2017（平成29）年6月〕において，食中毒への対応に関して，「高齢者や乳幼児が利用する施設等においては，平常時から施設長を責任者とする危機管理体制を整備し，感染拡大防止のための組織対応を文書化するとともに，具体的な対応訓練を行っておくことが望ましい[3]」とある。

　児童福祉施設の設備及び運営に関する基準では，保育士の配置について，担当できるおおむねの子どもの数が年齢別に示されており，乳児が3人まで，1，2歳児が6人まで，3歳児が15人まで，4歳以上児が25人までとなっている（第33条第2項）[*23]。食事の援助は，担当保育士が中心となって行われる。

　指針は，保育所における自己評価の実施を求めている。それを受けて，厚生労働省は保育所における自己評価ガイドライン〔2020（令和2）年改訂〕を作成し，評価の観点を例示するなどしており[4]，保育士はそれを参考にしながら評価の証拠として保育活動の記録を作成する必要がある。

（4）保育所以外の児童福祉施設及び認定こども園の法的根拠

1）児童福祉施設

　児童福祉法が定める児童福祉施設は保育所を含めて12種あり[*24]，それらの目的は児童福祉法の第36条から第44条の2に示されている。さらに，児童福祉施設に関する基準第2章から第11章に，各施設の設備の基準や配置されるべき職員が示されている。12種の施設のうち，社会的養護関係施設5種については，厚生労働省が種別に運営ハンドブックを示している。

　児童福祉施設における食事の提供に関して，設備である調理室と職員である調理員の取扱いが児童福祉施設に関する基準において規定されている。先述のように，保育所はいずれも必置が原則となっている。また，通所型の施設として福祉型児童発達支援センターにおいて（第63条），さらにすべての入所型の施設で必置となっている[*25]。入所型施設は，一般家庭での養育が困難な児童を

視点「身近なものと関わり感性が育つ」によって示されている。

*22　保育所の長の資格について，児童福祉施設に関する基準には明記されていない。乳児院や児童養護施設，医療型障害児入所施設など，保育所以外の児童福祉施設では，同基準において長の資格が明示されている。なお，保育所の施設長の資格について，特定教育・保育等に要する費用の額の算定に関する基準等の実施上の留意事項について〔2016（平成28）年8月内閣府通知〕では，「施設長は児童福祉事業等に2年以上従事した者又はこれと同等以上の能力を有すると認められる者で，常時実際にその施設の運営管理の業務に専従」する者とされている。

*23　幼稚園については，年齢に関係なく1学級に35人以下とされている（幼稚園設置基準第3条）。

*24　助産施設，乳児院，母子生活支援施設，保育所，幼保連携型認定こども園，児童厚生施設，児童養護施設，障害児入所施設，児童発達支援センター，児童心理治療施設，児童自立支援施設及び児童家庭支援センターの12種。そのうち，障害児入所施設及び児童発達支援センターは，「福祉型」と「医療型」に分けられるので

入所させて, その生活を支援する機能をもつので, 朝食や夕食も含めた栄養管理が求められるとともに, 自立支援計画のもとに「基本的な調理法をマスターする」など, 「食生活の自立」を目指した支援が求められる[26]。

2）認定こども園

2006（平成18）年10月に施行された就学前の子どもに関する教育, 保育等の総合的な提供の推進に関する法律（以下「認定こども園法」という）によって, 第3の就学前教育・保育施設が誕生した。認定こども園の4区分のうち, 幼保連携型認定こども園（以下「幼保園」という）について, 同法は「園長及び保育教諭」を必置とする（第14条第1項）。保育教諭は, 「園児の教育及び保育をつかさどる」（第14条第10項）者であり, 「幼稚園の教諭の普通免許状（括弧内略）を有し, かつ, 児童福祉法第18条の18第1項の登録（括弧内略）を受けた者でなければならない」（第15条第1項）とし, 幼稚園教諭免許と保育士資格の取得を求めている[27]。また, 幼保園の設備や運営の基準は認定こども園法第13条の規定に従い, 幼保連携型認定こども園の学級の編制, 職員, 設備及び運営に関する基準（内閣府・文部科学省・厚生労働省令）で示されている。それによると, 幼稚園に準じて行われる部分は幼稚園設置基準（文部科学省令）の規定が, 保育所に準じて行われる部分は児童福祉施設に関する基準の規定が適用されている。

幼保園における教育及び保育の内容は, 認定こども園法第10条の規定に従い, 幼保連携型認定こども園教育・保育要領〔内閣府・文部科学省・厚生労働省告示, 2017（平成29）年改訂・告示〕によって示されている。その中で食事の提供については, 利用児の呼称の相違以外は指針とほぼ同様となっている。

> **ワーク**　表9-1と表9-2からそれぞれ1つの法律を取りあげ, Web等を利用して, その概要を書き出しましょう。
> 表9-1 ＿＿＿＿＿＿＿＿＿＿＿＿＿＿＿＿＿＿＿＿＿
> 【概要】
> 表9-2 ＿＿＿＿＿＿＿＿＿＿＿＿＿＿＿＿＿＿＿＿＿
> 【概要】

■引用文献

1）文部科学省：小学校学習指導要領解説　特別活動編, 2017, p. 123.
2）厚生労働省：保育所保育指針（第5章2）, 2017, pp. 59-60.
3）厚生労働省：「大量調理施設衛生管理マニュアル」の改正について〔Ⅲ衛生管理体制, 1(17)〕, 2017.
4）厚生労働省：保育所における自己評価ガイドライン, 2020, pp. 37-39.

第10章　教育課程の管理運営

　前章において，小学校の運動会と保育所の給食を例にとって，その実施の法的根拠を確認した。本章では，引き続き運動会と給食を実施する際に参観すべき法令や参考となるガイドラインなどを示しながら，教育・保育活動の実際について見ていく。

1. 小学校における管理の実際

　前章の説明によって，運動会は法令などに基づいて小学校などで行われる教育活動であることがわかった。本節では，それを実施するために必要な計画と準備，物的環境，安全管理，児童の参加などに関連するルールを見ていく。

（1）運動会の計画と準備

　運動会を実施するためには，事前の計画と準備が必要である。前章で説明したように，各学校で編成される教育課程に基づいて，運動会などの教育活動が計画される。校務分掌において運動会の担当となった教師らは，定められた開催日に向けて競技種目を設定し，その練習などの準備のプログラムを組み，各学級担任教師と連携して準備を進めていく。

　運動会の準備は，教師による準備と児童による準備の両面があり，児童の準備は教師の指導によって進められる。教師の活動としては，体育科や学級活動における練習などの準備に関するスケジュールの設定・管理，後述するような用具等，設備・備品のチェック，保護者・地域との連絡調整など，多岐にわたる。競技種目の決定やスケジュール管理などは，低学年（1，2年），中学年（3，4年），高学年（5，6年）の別に計画・実践されることが多い。

　児童は，特別活動の一分野である児童会活動を通して運動会と関わる。運動会実行委員会などが組織され，各学級から委員が招集される。同委員会において，運動会のプログラムについて協議したり，運動会に向けての盛り上げ方を考えて実践したりする。また学級単位では，体育科などにおいて練習を進めるとともに，個々の児童が運動会に向けて練習などに取り組む。

＊1　同基準において「校舎に備えるべき施設」として，教室，図書室，保健室，職員室があげられていることから（第9条），校舎内の各部屋を施設と呼ぶと理解できる。ただ，続く条文で「その他の施設」として「校舎及び運動場のほか，体育館を備えるものとする」とあるので，校舎自体も施設であるほか，運動場と体育館もそれぞれ施設と呼ぶことがわかる。同基準に「設備」という語は用

図10-1　運動会風景

（2）運動会に必要な物的環境

1）施設・設備

　運動会の記憶をたどると，かけっこ，テント，玉入れ，赤白帽子，組体操，保護者の応援など，様々な場面や場所，物や人の顔が思い浮かぶだろう（図10-1）。多くの場合，運動会は校庭で行われる。小学校において設置が求められる施設や設備は，小学校設置基準（文部科学省令）で規定されている[*1]。その第 8 条に「校舎及び運動場の面積」が定められており，校庭とは通称であって法令上は「運動場」という呼称であることがわかる。また，詳細は省くが，小学校の運動場には2400㎡以上の面積が必要とされている（同基準別表）。

　さらに，同基準は学校の設備について，「指導上，保健衛生上及び安全上必要な種類及び数の校具及び教具を備えなければならない」（第11条）とする。「校具及び教具」の具体を示しているのが，文部科学省作成の小学校教材整備指針[*2]である。同指針には，「体育」の項目に「大玉」「長なわ」「パイロン」「バトン」などの品名が例示されている[*3]。施設や校具・教具といった物的環境の整備によって，運動会を行うことができるのである。

2）学用品等

　運動会に参加している児童は，多くの場合，体操服と帽子を着用している。そして，それらは有償である。第 9 章で参照した日本国憲法第26条は，「義務教育は，これを無償とする」と定めている。無償となるのは，授業料及び教科用図書に関する費用である。学校教育法第 6 条は，「学校においては，授業料を徴収することができる。ただし，国立又は公立の小学校及び中学校，義務教育学校，中等教育学校の前期課程又は特別支援学校の小学部及び中学部における義務教育については，これを徴収することができない」と定める[*4]。教科用図書の無償制については，義務教育諸学校の教科用図書の無償措置に関する法

律によって定められている。先の授業料と違い，私立義務教育諸学校でも教科用図書は無償である（第3条）。

　そもそも日本における教育の機会は，すべての国民に均等に与えられなければならないのであり，「能力があるにもかかわらず，経済的理由によって修学が困難な者に対して，奨学の措置を講じなければならない」（教育基本法第4条）。それを受けて学校教育法は，「経済的理由によつて，就学困難と認められる学齢児童又は学齢生徒の保護者に対しては，市町村は，必要な援助を与えなければならない」（第19条）とする。具体的には，就学困難な児童及び生徒に係る就学奨励についての国の援助に関する法律によって，生活保護法が規定する要保護者に対して「学用品又はその購入費，通学に要する交通費，修学旅行費」の補助が求められている（第2条）[*5]。

　具体的な費用として広島市を例にとると，2023（令和5）年度小学校入学予定児童の要保護者及び準要保護者に対して「新入学学用品費」として54,060円が支給される[1][*6]。同制度によって，体操服その他の学用品の支弁が困難な保護者の児童が，運動会などの小学校の教育活動に参加できるようになっている。

（3）運動会における安全管理

　運動会を実施するうえで重要なことに，安全の確保がある。運動会では，徒競走やリレーなどの陸上競技，大玉転がしや綱引きなどの団体競技，ダンスなどの表現活動などが行われる[2]。なかには，組体操のように重大事故が問題となる競技もある[3]。

　もとより学校及び教職員には，「安全配慮義務」が課せられている[*7]。安全配慮義務（注意義務ともいう）は，「予見義務」と「結果回避義務」で構成される[4]。教職員による児童の安全への配慮の具体について規定しているのが，前章でも扱った学校保健安全法である。同法は，健康診断や感染症予防などの学校保健と，学校安全計画や危険等発生時の対処[*8]などの学校安全について定めており（第27・29条），養護教諭その他の職員に保健指導を行うことを求めている（第9条）。養護教諭は小学校を含む義務教育諸学校において必置であり，「児童の養護をつかさどる」者である（学校教育法第37条第12項）。運動会において児童などが負傷した場合，養護教諭が中心となって救急処置活動を行う。また，養護に必要な施設として保健室があり，小学校設置基準において設置が求められている（第9条）[*9]。なお，独立行政法人日本スポーツ振興センター法が学校の「管理下における児童生徒等の災害」（第15条第7項）に際して，その保護者に給付を行うことなどを目的として定められている。

これに密接に関連する生活関係における生徒の安全の確保に配慮すべき義務」がある〔1994（平成6）年5月20日東京高裁判決〕。

[*8]　『学校の危機管理マニュアル作成の手引き』〔2018（平成30）年2月〕として示されている対処要領では，その2つをまとめて「危機管理マニュアル」と呼んでいる（p.1）。同マニュアルは不断の見直しが必要であり，そのガイドラインとなるのが各省庁によって発せられる通知や事務連絡である。例えば，送迎バスへの子どもの置き去り事件を受けて，「バス送迎に当たっての安全管理の徹底に関する緊急対策『こどものバス送迎・安全徹底プラン』について」〔事務連絡，2022（令和4）年10月〕が，厚生労働省・文部科学省・内閣府連名で発出されるなどである。なお，まず，学校安全とは，学校保健，学校給食とともに学校健康教育の領域の1つであり，生活安全・交通安全・災害安全（防災）の3領域があるとされている〔文部科学省：学校安全資料「生きる力」をはぐくむ学校での安全教育，2019（平成31）年3月〕。

[*9]　保健室の設置に際して，「特に屋内外の運動施設との連絡がよく，児童の出入りに便利な位置に計画する

ことが重要である」
（小学校設備整備指針
〔2019（令和元）年3
月〕，p.32）とされて
いることから，運動場
に面した1階部分に設
置されることになる。
また，「保健室の備品
等について」〔文部科
学省通知，2021（令和
3）年2月〕が備える
べき物品を示してい
る。

*10　学校において同
基準による管理を行う
ために，文部科学省が
『学校環境衛生管理マ
ニュアル「学校環境衛
生基準」の理論と実
践』〔2018（平成30）
年〕を作成している。

*11　学校における避
難訓練の実施につい
て，消防法が「学校
（中略）その他多数の
者が出入し，勤務し，
又は居住する防火対象
物で（中略）防火管理
者を定め，（中略）通
報及び避難の訓練の実
施（中略）その他防火
管理上必要な業務を行
わせなければならな
い」（第8条）と定め
ている。また，水防法
には，「要配慮者利用
施設の利用者の洪水時
等の円滑かつ迅速な避
難の確保を図るために
必要な訓練その他の措
置に関する計画を作成
しなければならない」
（第15条の3）との規
定があり，要配慮者利
用施設として，社会福
祉施設や学校があげら
れている（同法第15条
第1項第4号ロ）。

*12　小学校学習指導

学校における衛生管理については，学校環境衛生基準（文部科学省告示，2022年改訂）が定められている[*10]。例えば，ウォーターサーバーなどで提供される飲料水について，その水質や設備を年1回以上点検しなければならないとする。

通学時を含む日頃の安全管理には，地元警察署との連携が欠かせない。運動会と同じく「健康安全・体育的行事」の1つである交通安全教室や防犯教室の実施などの際にも，警察機関に協力を仰ぐことになるだろう。また，防災教室や避難訓練などにおいては，消防署との連携が求められる[5][*11]。

運動会には，保護者をはじめ地域の人々が観覧に訪れ，一部の競技に参加する場合もある[*12]。「社会に開かれた教育課程」（第8章，p.89を参照）を目指す学校において，教師などには外部との連携が求められる。

（4）児童の参加

1）障害や疾病のある児童

他の児童と同じように運動会に参加することが難しい児童もいる。学校教育法は，小学校就学予定の児童が「知的障害者」「肢体不自由者」「身体虚弱者」や「弱視者」「難聴者」であったり，「その他教育上特別の支援を必要」としたりする場合，「障害による学習上又は生活上の困難を克服するための教育を行う」必要があるとして，特別支援学級の設置を求めている（第81条）。特別支援学級の教育課程について，「特別の教育課程によることができる」（学校教育法施行規則第138条）とされているが，できるだけ通常の学級と共通の課程で学び合うことが求められる。

障害を理由とする差別の解消の推進に関する法律（障害者差別解消法）では，行政機関などが「社会的障壁[*13]の除去の実施について必要かつ合理的な配慮をしなければならない」（第7条）とする。運動会の実施における合理的配慮の例をあげる。内閣府作成の「障害者差別解消法【合理的配慮の提供等事例集】」〔2023（令和5）年4月改訂〕には，「聴覚に過敏さがあり，運動会のピストル音が聞こえると，パニックを起こしてしまうかもしれない」というケースについて，「ピストルは使用せず，代わりに笛・ブザー音・手旗などによってスタートの合図をした」という事例を示している[*14]。

2021（令和3）年6月に医療的ケア児及びその家族に対する支援に関する法律が成立した。同法において，「『医療的ケア』とは，人工呼吸器による呼吸管理，喀痰吸引その他の医療行為」であり，そういったケアが欠かせない児童を「医療的ケア児」という（第2条）。「医療的ケア児が医療的ケア児でない児童と共に教育を受けられるよう最大限に配慮しつつ適切に教育に係る支援が行わ

れ」（第3条）なければならないとして，学校の設置者に対して，「その設置する学校に在籍する医療的ケア児に対し，適切な支援を行う責務を有する」（第7条）とする。学校における支援の具体について，文部科学省が「小学校等における医療的ケア実施支援資料[*15]」〔2021（令和3）年6月〕を作成している。教師は，研修を受けて認定された場合を除いて医療的ケアを行うことはできないが，衣服の着脱や姿勢保持の補助など，看護師などと連携して支援することが求められている。

2）不登校

　何らかの理由で小学校に登校していない児童を不登校児童という。不登校児童は，欠席期間における授業や学校行事に参加する権利を行使できないことになる。その状態の改善に向けて2016（平成28）年に成立した義務教育の段階における普通教育に相当する教育の機会の確保等に関する法律（教育機会確保法）において，不登校児童生徒とは「相当の期間学校を欠席する児童生徒であって，学校における集団の生活に関する心理的な負担その他の事由のために就学が困難である状況として文部科学大臣が定める状況にあると認められるものをいう[*16]」（第2条）。不登校児童に対しては，その理由の如何にかかわらず，安心して教育を受けられるような支援が行われなければならない。

　もし，不登校の原因がいじめであったならば，いじめ防止対策推進法[*17]に基づいて，学校は「いじめがあったことが確認された場合には（中略），いじめを受けた児童等又はその保護者に対する支援及びいじめを行った児童等に対する指導又はその保護者に対する助言を継続的に行う」必要がある（第23条）[*18]。具体的な措置として，「いじめを行った児童等の保護者に対して（中略）当該児童等の出席停止を命ずる」ことができる（第26条）。さらに，そのいじめが「重大事態[*19]」に該当する場合，公立学校はその発生について「当該地方公共団体の長に報告しなければならない」（第30条）。

　不登校やいじめは，生徒指導上の課題として捉えられる。生徒指導提要[*20]によると，生徒指導とは「学習指導と並んで学校教育において重要な意義を持つもの[6]」であり，児童生徒の自己指導能力の育成を目指して行われる。小学校学習指導要領解説では，学級活動において中心的に行われるとされている。

　家庭における不適切な養育による不登校の可能性があるのであれば，児童虐待の防止等に関する法律（児童虐待防止法）に基づいて，学校は適切な対応をとらなければならない。もとより同法は，「児童虐待を受けたと思われる児童を発見した者」に対して通告義務を課している（第6条）。さらに，同法第5条において，「児童の福祉に職務上関係のある者」として「学校の教職員，児童福祉施設の職員」をあげ，「児童虐待の早期発見に努めなければならない」

要領解説 特別活動編に，「（様々な人との交流について…引用者註）例えば，近隣の幼稚園，認定こども園，保育所などの幼児や，老人介護施設の高齢者や障害者福祉施設の人々を学校行事の運動会に招待したり，一緒に競技して交流したりすることが考えられる」とある（文部科学省：小学校学習指導要領解説 特別活動編，2017，pp.157-158.）。

[*13] 社会的障壁：「障害がある者にとって日常生活又は社会生活を営む上で障壁となるような社会における事物，制度，慣行，観念その他一切のものをいう」（第2条）。

[*14] 「文部科学省所管事業分野における障害を理由とする差別の解消の推進に関する対応指針」〔2015（平成27）年11月〕も参照されたい。

[*15] 同資料によると，医療的ケアに該当することとして，「喀痰吸引」，「人工呼吸器による呼吸管理」，「気管切開部の管理」，「経管栄養」，「導尿」，「人工肛門（ストーマ）の管理」，「血糖値測定・インスリン注射」の7つがあげられている（pp.327-328）。

[*16] 「文部科学大臣が定める状況」とは，「何らかの心理的，情緒的，身体的若しくは社会的要因又は背景に

よって，児童生徒が出席しない又は出席できない状況」とされる（義務教育の段階における普通教育に相当する教育の機会の確保等に関する法律第2条第3号の就学が困難である状況を定める省令〔2017（平成29）年〕）。

*17　同法においていじめは，「児童等に対して，当該児童等が在籍する学校に在籍している等当該児童等と一定の人的関係にある他の児童等が行う心理的又は物理的な影響を与える行為（インターネットを通じて行われるものを含む。）であって，当該行為の対象となった児童等が心身の苦痛を感じているもの」（第2条）と定義される。

*18　同法は学校におけるいじめについて規定した法律であり，対象となるのは「小学校，中学校，義務教育学校，高等学校，中等教育学校及び特別支援学校（幼稚部を除く。）」（第2条）とされる。つまり，幼稚園は同法の適用範囲外である。しかし，2021（令和3）年度における小学1年生のいじめ認知件数が96,142件（この件数は，小学2年生に次いで多い）であることから（文部科学省：令和3年度児童生徒の問題行動・不登校等生徒指導上の諸課題に関する調査結果の概要，2022，p.5），就学前教育・保育施設におけ

とする。

　いじめや虐待は重大な人権侵害[21]であり，学校や社会は子どもが安心して学ぶ権利を保障しなければならない。教師などには，その最前線に立つものとして，根拠をもった指導を行うことが求められる。

2. 保育所における管理の実際

　第9章において，保育所は，子どもの生活水準を確保するための食事の提供，そしてそれに必要な施設を設置し，職員を配置することが求められていると説明した（pp.98-99参照）。本節では，食事の提供に関わる計画の立案，配膳を含む物的環境構成，食事の援助などの実際について，「養護及び教育を一体的に行う」保育所保育の特性を考慮しながらみていく。

（1）食事計画の策定

　保育所を含む児童福祉施設における食事の提供については，児童福祉施設の設備及び運営に関する基準において以下のように定められている。

> **第11条**　児童福祉施設（括弧内略）において，入所している者に食事を提供するときは，当該児童福祉施設内で調理する方法（括弧内略）により行わなければならない。
> **2**　児童福祉施設において，入所している者に食事を提供するときは，その献立は，できる限り，変化に富み，入所している者の健全な発育に必要な栄養量を含有するものでなければならない。
> **3**　食事は，前項の規定によるほか，食品の種類及び調理方法について栄養並びに入所している者の身体的状況及び嗜好を考慮したものでなければならない。
> **4**　調理は，あらかじめ作成された献立に従つて行わなければならない。（以下略）
> **5**　児童福祉施設は，児童の健康な生活の基本としての食を営む力の育成に努めなければならない。

　施設内調理，献立のバラエティと栄養量の確保，利用者の嗜好への配慮，献立の作成，食を営む力の育成などが求められている。

　児童福祉施設における食事の提供に関する援助及び指導について（厚生労働省通知，2020年）[22]は，食事の提供に際しての留意事項を示している。そのなかで，保育所などの通所施設が「昼食など1日のうち特定の食事を提供する場合には，対象となる子どもの生活状況や栄養摂取状況を把握，評価した上で，1日全体の食事に占める特定の食事から摂取されることが適当とされる給与栄養量の割合を勘案し，その目標を設定するよう努める[7]」とともに，「提供する

食事の量と質についての計画（以下「食事計画」という）[7]」を立てることを求めている。そして，食事計画の実施に当たり，「子どもの発育・発達状況，栄養状態，生活状況等について把握・評価するとともに，計画どおりに調理及び提供が行われたか評価を行うこと[7]」が必要とされている。保育士は子どもの発達や生活状況を把握し，その情報を調理員と共有して計画を立てなければならない。なお，「障害や疾患を有するなど身体状況や生活状況等が個人によって著しく異なる場合[7]」は，個々人の食事計画を立てる必要がある。

　保育所における食事の提供機会としては，昼食及び午前と午後の「おやつ」が一般的である[*23]。保育所保育指針（以下，指針）はおやつに言及していない。厚生労働省が2012（平成24）年に策定した保育所における食事の提供ガイドラインにおける食事の重要性に関する説明の中で，「幼児も1日3回の食事に加えて間食（おやつ）をとる等，低年齢であるほど，生活に占める食事の割合が大きい[8]」とおやつの必要性について述べている。なお，その栄養量について，「おやつでは食事摂取基準の10%程度[9]」との記述がある。

　食事の提供の際に配慮が必要な事柄に食物アレルギーがある。厚生労働省は保育所におけるアレルギー対応ガイドライン（2019年改訂版）を策定している[*24]。同ガイドラインによると，保育所における食物アレルギー対応の基本原則は「完全除去対応（提供するか，しないか）」「家庭で食べたことのない食物は，基本的に保育所では提供しない[10]」である。後者を徹底するために，保育士は「保護者と事前に連携し，全入所児のこれまでの家庭における代表的な個々の食物の摂食状況を調査把握することが前提[11]」となる[*25]。

　また，乳児の発達課題として離乳[*26]がある。指針では，乳児の保育に関する記述に「離乳食が完了期へと徐々に移行する中で，様々な食品に慣れるようにする[12]」とある。厚生労働省のHPに掲載されている授乳・離乳の支援ガイドには，離乳の進め方の目安などが示されている。

　保育士は，以上の厚生労働省の通知やガイドラインを参考にしながら，調理

図10-2　アレルギー除去食（卵除去）例：3歳児用

注）　基本食からアレルゲン除去の展開食
　基本食：三色ご飯（鶏ひき肉・全卵・人参）
　　　　　さやいんげんとコーンの天ぷら（さやいんげん・ホールコーン・小麦粉・全卵）ミニトマト
　　　　　豆乳入り味噌汁（豆乳・出し汁・玉ねぎ・じゃがいも・小葱）
　　　　　プレーンヨーグルト
　卵アレルギー（卵除去）
　　　　　三色ご飯の卵→かぼちゃのペーストにホールコーンを混ぜたものに代える。
　　　　　さやいんげんの天ぷらの衣の卵→少量のかぼちゃのペーストに代える。
提供）藤澤和子・布川かおる（宇都宮短期大学）

るいじめへの対応に関する法制度の整備が望まれる。

＊19　重大事態：「児童等の生命，心身又は財産に重大な被害が生じた疑いがある」または「相当の期間学校を欠席することを余儀なくされている疑いがある」ことを指す（第28条）。

＊20　生徒指導提要：「小学校段階から高等学校段階までの生徒指導の理論・考え方や実際の指導方法等について，時代の変化に即して網羅的にまとめ，生徒指導の実践に際し教職員間や学校間で共通理解を図り，組織的・体系的な取組を進めることができるよう，生徒指導に関する学校・教職員向けの基本書」（改訂版，まえがき）である。2021（令和3）年7月に協力者会議が招集され，2022（令和4）年12月に改訂版が12年ぶりに公表された。

＊21　厳密にいえば，人権侵害に当たるかどうかは，裁判において事実の認定が行われ，それに基づいて判決が下ることによって確定する。どの人権が侵害されているのかといえば，各法律において示されている。

＊22　同通知は，食事による栄養摂取量の基準（厚生労働省告示，2020年1月）の改正によるものである。

＊23 延長保育を行っている保育所では，昼食に加えて夕食の提供も必要となる場合がある。

＊24 アレルギーとは「本来なら反応しなくてもよい無害なものに対する過剰な免疫反応」（p.4）である。アレルギーの原因となる抗原であるアレルゲンには，食物だけでなく花粉や動物の毛，ほこりやダニなどもあるので，屋外活動など，様々な生活場面で配慮を要する。

＊25 アレルギーに関する情報をまとめたものを「生活管理指導表」と呼ぶ。同表について指針では言及されていないが，その解説で「アレルギー疾患をもつ子どもについては，（中略）生活管理指導表により，保育所と保護者等の間で情報を共有することが必須である」とされている（厚生労働省：保育所保育指針解説，2018，p.315）。

＊26 「授乳・離乳の支援ガイド」によると「離乳とは，成長に伴い，母乳又は育児用ミルク等の乳汁だけでは不足してくるエネルギーや栄養素を補完するために，乳汁から幼児食に移行する過程をいい，その時に与えられる食事を離乳食という」（p.29）。なお，同ガイドは「保健医療従事者向け」に作成されており，保育所保育における離乳について述

員や保護者と連携して子どもの食事について計画，実践しなければならない。

（2）食事の物的環境構成

先述の通り，保育所における食事は施設内調理が原則とされており，調理室において調理員が調理する。ただし，児童福祉施設の設備及び運営に関する基準第32条の2において，満3歳以上の幼児に対する食事の提供について，保育所外で調理し搬入する方法により行うことができるとし*27，その要件として栄養士による必要な配慮が行われることなどを示している。調理室があることにより，「乳児の冷凍母乳に始まり，離乳食から幼児食，アレルギー対応食，間食，夕食，水分補給，災害時の非常食と飲料水保存」といった，臨機応変な対応が可能となるなど13)，自園調理のメリットが指摘されている14)。

食事は保育室でとる場合が多い。その際，テーブルやいす，食器やお盆など，様々な物が用いられる。それらの衛生管理がなされていることはもちろん，消毒薬や清潔な手拭きなど，衛生用品も必要である。これらの物品について，指針その他の法令には規定されておらず，前出の保育所における食事の提供ガイドラインにも言及がない。特定の自治体においてマニュアルが作成されている例はあるが，基本的には各保育所において検討して，必要な物品を備えなければならない。食事に関する物品は，子どもの発達状況に合った形や大きさのものが必要となる。例えばスプーンや箸を用いることは，子どもの微細運動*28の発達状況と関連しており，保育士は担当する子どもの観察と記録を根拠に，適切な食器を選択する必要がある。

さらに，食材を含めて提供されるメニューそのものも物的環境である。教育・保育施設等における事故防止及び事故発生時の対応のためのガイドライン−施設・事業者向け−〔内閣府，2016（平成28）年3月〕において，重大事故が発生しやすい場面として「誤嚥*29（食事中）」と「食物アレルギー」があげられている。前者について，「過去に，誤嚥，窒息などの事故が起きた食材（例：白玉風のだんご，丸のままのミニトマト等）は，誤嚥を引き起こす可能性について保護者に説明し，使用しないことが望ましい15)」などとして，提供しないほうがよいとされる食材が示されている。

食材については，「乳幼児期では，鶏卵，牛乳，小麦が主な3つのアレルゲンであり多くを占め，その他，ピーナッツ，果物類，魚卵，甲殻類，ナッツ類，ソバなど16)」，前項で触れた食物アレルギーを引き起こすアレルゲンとなるものもある。

保育士は，子どもの発達状況を踏まえて，調理員と連携して食事に関する物的環境を整備しなければならない。

（3）食事の援助

　食事は，子どもの養護に欠かせないものであるとともに，教育の領域健康において示されている内容「保育士等や友達と食べることを楽しみ，食べ物への興味や関心をもつ」（保育所保育指針解説）にも関わる*30。例えば，同解説では，「授乳や離乳食の時間に，子どもの欲求に応え，保育士等が優しく短い言葉でゆったりと関わること17)」で，子どもが保育士などに働き掛けるようになるとする。

　摂食時の安全確保について，先の教育・保育施設などにおける事故防止及び事故発生時の対応のためのガイドラインに，誤嚥を防ぐために「食事を介助する際に注意すべきポイント15)」が以下のように示されている。

> ・ゆっくり落ち着いて食べることができるよう子どもの意志に合ったタイミングで与える。
> ・子どもの口に合った量で与える（一回で多くの量を詰めすぎない）。
> ・食べ物を飲み込んだことを確認する（口の中に残っていないか注意する）。
> ・汁物などの水分を適切に与える。
> ・食事の提供中に驚かせない。
> ・食事中に眠くなっていないか注意する。
> ・正しく座っているか注意する。

　保育士は，食事を単なる栄養給与と捉えるのではなく，第1項で触れた「食を営む力*31」の育成にも大きく関わることを認識して，食事の援助を行う必要がある。例えば，食事の前の手洗い行動について，保育士の指導によって，保育士の援助による手洗いから保育士の促しによる手洗い行動に，そして，子ども自身が手洗い行動を起こすという姿が見られるようになる。しかし，こういった子ども自身の健康や安全に関する資質・能力の育成について，指針やその解説の「指導内容・方法に関する記述は具体性を欠いて」おり，「保育士が自ら安全教育の範囲やレベルを定めて実践18)」しなければならない。

べているわけではない。

＊27　「私立保育所の運営実態等に関する調査」〔みずほ情報総研，2019（平成31）年〕によると，2017（平成29）年度に認可保育所において「委託せずに自園調理を行っている」と回答したのは3,582箇所中3,107箇所（86.7％）であった。

＊28　子どもの運動発達は，歩く，走るなどの粗大運動と，指でつまむ，絵を描くなどの微細運動に分けて説明される。

＊29　**誤嚥**：食べ物または異物が気管に入ることである。例にあげられた，だんごやミニトマトは窒息の危険があるのに対して，ナッツ類のように，「小さなかけらが気管に入り込んで肺炎や気管支炎を起こしたりするリスク」がある食材もある（消費者庁：子ども安全メール from 消費者庁，vol.580, 2022（令和4）年1月.）。

＊30　この内容は「3歳以上」で示されている。「乳児」では「健やかに伸び伸びと育つ」視点で「個人差に応じて授乳を行い，離乳を進めていく中で，様々な食品に少しずつ慣れ，食べることを楽しむ」，「1歳以上3歳未満児」では「様々な食品や調理形態に慣れ，ゆったりとした雰囲気の中で食事や間食を楽しむ」となる（厚

生労働省：保育所保育
指針解説，2018, pp.105,
137, 196.）。

＊31　楽しく食べる子
どもに−保育所におけ
る食育に関する指針−
〔厚生労働省，2004（平
成16）年3月, p.2〕
によると，「お腹がすく
リズムのもてる子ど
も」,「食べたいもの，
好きなものが増える子
ども」,「一緒に食べた
い人がいる子ども」,
「食事づくり，準備にか
かわる子ども」,「食べ
ものを話題にする子ど
も」といった子ども像
を目指すとされている。

> **ワーク**：本章で扱った以下の法律について，本文で触れていた効力を書き出しましょう。余力があれば，制定年と最新改正された年を調べましょう。
>
> 1　学校教育法
> 2　義務教育諸学校の教科用図書の無償措置に関する法律
> 3　就学困難な児童及び生徒に係る就学奨励についての国の援助に関する法律
> 4　学校保健安全法
> 5　地方教育行政の組織及び運営に関する法律
> 6　障害を理由とする差別の解消の推進に関する法律
> 7　義務教育の段階における普通教育に相当する教育の機会の確保等に関する法律
> 8　いじめ防止対策推進法
> 9　児童虐待の防止等に関する法律

■引用文献

1）https://www.city.hiroshima.lg.jp/site/education/313197.html
2）赤田信一：小学校における運動会に関する調査研究：A市小学校の運動会の種目調査を中心に，静岡大学教育学部研究報告教科教育学篇，45, 2014, pp.201-213.
3）「組体操等による事故の防止について」（スポーツ庁事務連絡，2016年3月）.
4）学校管理運営法令研究会編：新学校管理読本，第一法規，2018, p.273.
5）国立教育政策研究所編：みんなで，よりよい学級・学校生活をつくる特別活動小学校編，2018.
6）文部科学省：生徒指導提要（改訂版），2022, p.12.
7）厚生労働省：児童福祉施設における食事の提供に関する援助及び指導について（厚生労働省通知），2020, p.2.
8）厚生労働省：保育所における食事の提供ガイドライン，2012, p.20.
9）前掲書8）と同じ，p.57.
10）厚生労働省：保育所におけるアレルギー対応ガイドライン（2019年改訂版），2020, p.6.
11）前掲書10）と同じ，p.41.
12）厚生労働省：保育所保育指針，2017, p.19.
13）前掲書8）と同じ，p.43.
14）川野香織・松尾嘉代子・岡本美紀：就学前教育・保育施設の自園調理給食が食育へもたらす影響，長崎国際大学論叢，22, 2022.
15）内閣府：教育・保育施設等における事故防止及び事故発生時の対応のためのガイドライン−施設・事業者向け−，2016, p.3.
16）前掲書10）と同じ，p.30.
17）厚生労働省：保育所保育指針解説，2018, p.125.
18）楠本恭之：保育所保育における「安全／危機」に関する言説の分析，比治山大学・比治山大学短期大学部教職課程研究，第7巻，2021, p.115.

■参考文献

芦川修貳編著：給食の運営管理論 計画と実務（改訂新版），同文書院，2022.

第11章　遊びによる学びの実際（理解と計画）

　就学前教育は，「遊びを通して行う指導」が中心である。子どもは園生活のすべてを通して，その後の教育の基礎や，生涯にわたる人格形成の基礎を培っている。本章では，子どもが遊びにどのように主体的に関わるか，その基本的な考え方と，指導計画の構成について説明する。

1. 対象理解の観点と発達過程

　子ども一人ひとりの発達の実情を理解することは，保育を行う上で最も重要なことである。しかし，保育者にとって最も難しいことでもある。なぜなら，子どもが表現することがすでに発達した大人にはわかりにくいので，保育者が子どもを観察し，さまざまな方法によって子ども理解を行う必要があるからである。

　保育者が子どもの発達を理解する際の観点は以下の5つである。

①　発達段階（月齢や年齢の特徴）を目安にした発達過程

②　認知・言語・情緒・運動・社会性という発達の機能

③　活動（生活や遊び）との関連性

④　年，月，週，日，時間帯，瞬間といった時間の長さ

⑤　施設や設備などの環境，保育者や他児などとの関係といった状況

　発達過程の理解には，発達段階を踏まえることが必要である。運動機能を例に取ると，「首すわり→寝返り→おすわり→はいはい→一人立ち→歩行」といった過程である。運動機能以外の例として，6カ月頃の子どもは，人見知りをするようになる。初めて見る人や知らない人に出会うと，泣いたり，母親に抱っこされているにも関わらず，その場に居ることを嫌がったりする。「すぐ，泣く子ども」などと捉えるのではなく，子どもの「自然な発達過程」と理解できる。また，2歳頃には自我が芽生え，「自分で」という思いが強くなり，思い通りにならないことで「いやだ！」「ダメ！」と癇癪を起こしたり，泣いたりする姿が多く見られるようになる。これは，「手のかかる子」などの理解ではなく，「自我の発達の現われ」と理解することができる。さらに4歳頃になると，わざと「うんこ」や「おしり」などと周りの人が嫌がることを言

うことがある。「汚い言葉」「いけない言葉」というよりも，言葉を使うことや周りの反応を楽しんだりしているからである。

　このように，子どもたちの発達過程の理解は，「～ではない」「～とは違う」などの価値的な評価ではなく，「今，こうした発達を辿っている最中である」と子どもの成長を踏まえることで，適切な援助ができる。

2. 対象理解と保育者の関わりとの相互関連性

　前節で対象理解について説明した。ここでは，関わりながら対象理解を深めていくプロセスについて，登園時を例にとって説明する。

表11-1　園の受け入れ時の保育者の関わりと対象理解の具体（乳児の場合）

保育者の関わり	子ども理解のための認識対象
朝の挨拶をする	表情，「ご機嫌」（ぐずっているなど），発声・発語
笑顔で目を合わせる	表情，視線
手を握る	表情，体調（体温，発汗），手指の運動機能
抱っこする	表情，視線，発声・発語（泣く，笑う），体の動き

　表11-1に示しているように，保育者は「おはよう」と挨拶し，子どもの「ご機嫌」を把握する。そして，顔を近づけたり，子どもの目線に合わせたりして，表情を詳しく見る。また，握手をして体調を把握する。さらに，抱っこをして，体の動きも観察する。このように，対象理解は，保護者と一緒に園に入ってきた時から始まっており，歩く速さや親子の距離感（手をつなぐ，前後で歩くなど），会話の有無などの様子を観察しているのである。さらに，保護者との会話や連絡帳から読み取れる情報や要望[*1]も，対象理解や保育者の関わりの参考となる。以上のように臨床的理解[*2]を積み重ね，子どもたちを援助していく必要がある。

　つぎに，1年間の流れを想定して，幼稚園の3歳児を例に，対象理解と保育者の関わりとの関連性について説明する。4月に入園した3歳児の多くは，初めて集団で生活する。入園式では子どもに緊張や不安はあるものの，保護者と一緒にいることで安心感もあるだろう。入園式の翌日以降数日から数週間は，園で保護者とともに過ごすことで，子どもが園に慣れるようにする。また，子どもが保護者と離れても遊べるようになると，子どもに伝えず保護者に帰宅してもらうなどの対応をする。そして，担任の保育者との関わりを楽しむようになり，やがては安心して園で過ごせるようになる。

　また，長い夏休み明けには，入園当初のように初めての集団生活を送る子ど

＊1　前日の食事（朝食の食材，量），睡眠時間，排便の量・回数などの情報や，活動への参加・不参加などの要望が示されることがある。また，保護者との会話から，本人や子どもの心身の状況を知ることもできる。

＊2　保育者の専門性として「臨床」を追究し続けた保育臨床の第一人者である大場は，保育者が，「子どもの傍らにいる保育者」「子どもの世界の痛みがわかる」「子どもの楽しさや喜びがわかる」ことが臨床の知であると述べている。このことが，ある種，臨床の語源になることであることに言及し，子どもと日々を「共に生きる」ことが保育者の専門的な知となると捉えている。
　大場幸夫：保育臨床特講　大場幸夫遺稿講義録，萌文書林，2012.

もの姿となることもある。こうした，多くの3歳児に共通する特徴を理解することで，適切な関わりができるのである。しかし，すべての子どもが共通の姿を見せるわけではない。なぜ夏休み明けに入園当初のような姿が見られるのか，そうでない場合はなぜなのか，一人一人の子どもの言動*3からその内面を理解しようとするとともに，その子の嗜好や家庭の状況，夏休み前と比較して見ることも必要となる。

*3　**言動**：発言と行動の意。一方で，心理学や言語学分野では，発言を「言語行動」と捉えるので，「行動」は子どもが表出することのすべてを含んでいるともいえる。

3. 対象理解に基づく指導計画の立案

（1）告示・「教育課程・全体的な計画」・指導計画

　図11-1に示すように，指導計画を立案する際，保育所保育指針，幼保連携型認定こども園教育・保育要領，幼稚園教育要領に基づき，各園での方針・目標を達成することを念頭に，教育課程・全体的な計画を参照する。また，指導計画は，子どもの姿（発達段階や発達過程，発達の課題，各児の性質・特性など）に基づいて作成されるもので，年・期・月ごとの長期指導計画と，週・日・部分ごとの短期指導計画に分かれる。計画の単位期間によって期案，月案，週案，日案などと呼ばれ，1日のうちのある活動についての「部分案」や，週案と日案を組み合わせた「週日案」も使われている。そして，1日の生活習慣を時間ごとに示したものを「日課表（デイリープログラム）」と呼ぶ。

　指導計画は，子どもたちのそれぞれの発達に沿ってふさわしい生活を展開するための実践の具体的な計画である。したがって，指導計画を立案する際は，各園における教育課程・全体的な計画に示された時期ごとのねらい・内容を具体化し，ねらいを達成するためにふさわしい生活が展開されるための環境の構成と保育者の援助が示されなくてはならない。

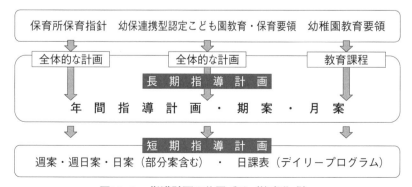

図11-1　指導計画の位置づけ（筆者作成）

　保育者は，子どもたちにこう育ってほしいという願い（ねらい）に基づき，目標を実現するために「どのような活動を展開するか」（内容の設定），「どのような環境を構成するか」（物的環境構成），「保育者はどのように関わるか」（人的環境構成）を見通すのである。

（2）長期指導計画

　表11-2は，期間指導計画の例である。保育所保育指針，幼保連携型認定こども園教育・保育要領，幼稚園教育要領に示された「ねらい」と「内容」から，期間ごとの「ねらい」と「内容」へと具体化する。そして，「ねらい」と「内容」にふさわしい生活が展開できる環境の構成と，環境に関わり子どもが主体的に遊びを生み出せるよう，保育者の援助を示していくことが指導計画には必要となる。

表11-2　A幼稚園の教育目標と期ごとのねらい（筆者作成）

教育目標 ・主体的に生活する子ども　　・最後までやり抜く子ども　　・思いやりのある子ども		
年齢	**期**	**期のねらい**
3歳	Ⅰ	幼稚園に行くことを楽しむ。
	Ⅱ	自分の好きな遊びをする楽しさを知る。
	Ⅲ	自分のしたい遊びをする中で，先生や友だちと関わって遊ぶ楽しさを知る。
4歳	Ⅳ	先生に親しみをもち，安定して生活する。
	Ⅴ	自分のしたい遊びをしたり，友だちと一緒に過ごしたりすることを楽しむ。
	Ⅵ	自分の思いを出しながら，友だちと関わって遊ぶことを楽しむ。
	Ⅶ	一人一人が自分の思いをもって遊ぶ中で，友だちと一緒に遊ぶ楽しさを感じる。
5歳	Ⅷ	進級したことを喜び，自分から進んで行動しようとする。
	Ⅸ	まわりの環境に自分から関わり，思いを実現しようとする。
	Ⅹ	友だちの良さを互いに認めたり，自分の力を思う存分発揮したりして生活する楽しさを味わう。
	Ⅺ	友だちと共通の目的に向かって取り組む中で，満足感や充実感を味わい，自信をもって行動する。

　次頁の期間指導計画例（図11-2）は，5歳児2学期に当たるものである。以下，各項目について説明する。

1）幼児の姿

　文部科学省の資料[1]をもとに，3つの視点で記されている。
　①　人・もの・ことなどの環境への関わりはどうか。
　②　何に興味・関心をもち，どのような遊びの課題をもっているか。

令和〇年度　Ⅹ期（9〜12月）指導計画　（2・3年保育　5歳児）　　担任　●●●●

幼児の姿	・久しぶりの再会を喜び，夏休みに経験したことやできるようになったことを教師や友だちに伝えようとする姿がある。また，生活リズムを取り戻しにくく，中には疲れやすかったり，体調を崩したりする幼児も見られる。 ・2学期の行事（運動会，遠足，生活発表会など）に興味をもち，意欲的に取り組む姿が見られる。 ・戸外で力いっぱい走ったり，友だちと競争したりして，体を動かすことを楽しんでいる。また，友だちと力を合わせてするバルーンやリレーなど，さまざまな運動遊びにも興味をもっている。 ・遊びの内容が豊かになり，友だちと一緒に考えたり，工夫したりすることを楽しんでいる。共通の目的に向かって，グループや友だちと一緒に力を合わせて取り組む姿が見られるようになる。 ・園庭にいるバッタやコオロギ，アカトンボなどに親しみ，興味をもって捕まえたり，調べて飼育したりしようとしている。		
ねらい	・戸外で体を十分に動かし，友だちと一緒に遊びや生活を進める楽しさを味わう。 ・友だちと一緒に考えを出し合ったり，協力したりして活動に取り組み，友だちのよさや考えを認めながら，共通の目的をもって進める楽しさを味わう。 ・身近な人や自然に興味や関心をもって進んで関わり，感じたことを伝え合う楽しさを味わう。 ・感じたこと，考えたことを遊びの中で実現したり様々な方法で表現したりしようとする。	内容	・健康な生活習慣を身に付け，進んで行う。 ・グループの友だちと役割を分担したり，力を合わせたりして，遊びや生活を進める。 ・遊びの進め方を友だちと話し合い，協力したり，決まりを守ったりして遊びを発展させていく。 ・身近な自然の美しさや季節の移り変わりに親しんだり，自然や場に触れたりして感じたことを伝え合う。 ・さまざまな素材や用具を使用してイメージを実現する。 ・絵本や物語に親しみ，想像を豊かに膨らませたり，表現したりする。 ・自分の力を発揮し，競い合ったり，協力したりして体を動かして遊ぶ。 ・友だちと積極的に体を動かす活動に取り組み，一緒に遊ぶ。 ・自然物を使ってさまざまな遊びを楽しみ，特性や形，質などに気付いたり，調べたりする。 ・友だちといろいろな歌を歌ったり，楽器を使ったりする。 ・体験したり，感じたりしたことを言葉で表現する。
環境構成	・いろいろな運動遊びに取り組めるように用具や遊具を準備しておく。 ・思い切り体を動かして遊ぶことができる時間や場を確保しておく。 ・友だちと一緒に遊びや生活を進めていくことができるように必要な物を取り出しやすい位置におく。 ・葉や木の実，虫などについて気になることを自分たちで調べることができるように図鑑や絵本を選別しておく。 ・秋ならではの自然に興味をもち，見たり，触れたりできるように環境を工夫しておく。 ・さまざまな自然に触れることができるように園外にも自然を探す機会をもつ。 ・イメージしたものを実現できるように様々な素材や用具を準備しておく。	教師の援助	・うがい・手洗い，着替えなど健康な生活に必要な習慣であることを知らせ，幼児が自ら気づき自分でできるようにする。 ・友だち同士で競い合ったり，励まし合ったりし，仲間意識をもって，競う楽しさを感じることができるようにする。 ・友だちと一緒に目的をもって取り組んでいる姿を大切にし，挑戦する喜びややり遂げた嬉しさを味わえるようにする。 ・一人ひとりの発見やアイディアを受け止め，友だち同士で考え合ったり，工夫したりして遊びを進めることができるようにする。 ・話し合いの場では，教師が橋渡しとなったり，代弁役となったりし，関わる幼児みんなが発言できるようにする。 ・自然物を使って作ったり，作ったもので遊んだりする中で，数や量，形に関心をもったり，工夫したり，考えたりできるように一人ひとりが感じていることに共感する。 ・季節の変化や美しさに触れ，感じたことを言葉で表現している姿を認め，周りに伝えたり，クラスで話題にしたりする。 ・一人ひとりが持ち味を十分に発揮し，自信をもって遊びを進めることができるように個々の良さや頑張りを他の幼児とも共有する。 ・日々，頑張ったことや協力してやり遂げている過程を認め，満足感を味わうことができるようにする。
予想される幼児の活動	・体を使った遊びをする（リレー，玉入れ，縄遊び，フープ遊び，ボール遊び，一輪車，積み木や巧技台など）。 ・ままごとやジュースづくりをする。 ・自然物と関わる（落ち葉や実，野菜の収穫，水栽培，虫や小動物）。 ・遊びに必要なものを描いたり，作ったりする。 ・歌を歌ったり，合奏したりする。 ・絵本を見たり，物語を聞いたりする。 ・園外保育にいく。 ・砂や土を使って遊ぶ。 ・劇遊びや表現遊びをする。	主な行事	2学期始業式　　　　就学時健康診断 参観日，PTA研修会　個人懇談 運動会　　　　　　　幼稚園開放デー 遠足　　　　　　　　探検デー 生活発表会　　　　　ひなんのけいこ からだの日　　　　　絵本大好きデー 2学期終業式　　　　おひさまデー 　　　　　　　　　　ふれあいデー
家庭連携	・運動会，生活発表会では日々の取り組みの様子を伝え，幼児の頑張りや成長したところを十分認めてもらうようにする。 ・保護者参加の行事では，保護者も楽しみながら参加し，幼児がたくましく成長している姿を共に実感し，喜び合えるようにする。 ・気温差のある時期であるため，幼児が自分で衣服の調節ができるように着替えの準備や，脱ぎ着しやすい衣服，自分の名前などを確認してもらい，健康管理に協力を仰ぐ。 ・親子で就学に向けて期待感や安心感がもてるように，保護者と幼児の実態から成長や課題について，共有したり，個人面談を活用したりする。		
評価の視点	・幼児が自分たちで園生活や遊びを進めていたか。 ・幼児同士の関わりが広がったり，深まったりしていたか。 ・幼児が自分に自信をもって園生活を送っていたか。 ・幼児同士が互いに自分の考えを伝え合ったり，互いの考えを認め合ったり，さらに新しい考えを話し合ったりする場面や時間があったか。		

図11-2　期間指導計画例：5歳児2学期（著者作成）

③ 生活への取り組み方はどうか。

2）ねらい

それぞれの時期の発達の姿や園生活の流れ，遊びの展開を見通し，子どもたちの興味関心，遊びや生活への取り組み，保育者や友だちとの人間関係，自然や季節の変化に応じて記載されている。例えば，「夏休み明けの基本的な生活習慣などに関する姿」に基づいて，意欲的に遊びに取り組んでほしいという保育者の願いがあり，「・戸外で体を十分動かし，友だちと一緒に遊びや生活を進める楽しさを味わう」というねらいが設定されている。

3）内　容

ねらいを達成するために必要な，子どもに経験させたい事柄が記載されている。例えば，「・戸外で体を十分動かし，友だちと一緒に遊びや生活を進める楽しさを味わう」ことを達成するために，夏休みに経験した遊びを子どもたちが主体的に取り組めるように「・グループの友だちと役割を分担したり，力を合わせたりして，遊びや生活を進める」という内容が設定されている。

4）環境構成

さまざまな環境に好奇心や探究心をもって関わり，それらを生活に取り入れていこうとする力がつくような，用具や遊具の数や配置，生活や遊びの場所や空間配置の工夫が記載されている。例えば，「・いろいろな運動遊びに取り組めるように用具や遊具を準備しておく」という環境構成の工夫により，子どもたちが自ら遊びを進めることができるようになる。

5）教師（保育者）の援助

幼児の主体的な活動が確保されるよう，幼児一人一人の行動の理解と予想に基づく関わりの具体的な内容や方法が記載されている。例えば，「・友だち同士で競い合ったり，励まし合ったりし，仲間意識をもって，競う楽しさを感じることができるようにする」といった援助により，友だちと一緒に考え合ったり，協力したりする経験ができるようになる。

（3）短期指導計画

ここでは，短期の指導計画の作成について説明する。期・月案の細部案として，週単位の「週案」を作成する。保育の流れ（生活や遊び）を考えるにあたって，子どもの興味・関心に沿って週単位で区切ることができるのか，行事などの準備として週単位で積み重ねていくべきなのかを判断する。その際に，月齢や年齢，発達過程を考慮して，保育者だけでなく子ども自身が，生活や遊びに見通しをもつことができることを意識する。

週案を作成するには，年間・期間の指導計画との兼ね合いを考慮しつつ，

日々の生活や遊びの内容を考えることになる。年間・期間の指導計画には，「運動会」「生活発表会」「高齢者との交流会」など，年度当初に決められた行事が記載されている[*4]。行事は，長期にわたっての準備が必要となるため，週案には，その準備に必要と考えられる内容について記載することになる。なお，園内の施設を使用する「保護者懇談会」「入園説明会」なども，週案作成において考慮する事項となる。

　図11-3は，2歳児の短期の指導計画（2月のある1週間の週案）の例である。この保育所では，次年度に向けて，一人一人の保育記録を参照して週案が立案されている。保育所保育指針〔第1章1（1）保育所の役割〕には，「…子どもの状況や発達過程を踏まえ，保育所における環境を通して，養護及び教育を一体的に行うことを特性としている」とある。乳児，1・2歳児の保育に関しては特に養護に関するねらいを重視し，この時期に経験することが望まれる教育の視点と合わせ，指導計画を考えていく必要がある。

1）ねらいの設定

　ねらいの項目には「◎養護的視点のねらい」と「○教育的視点のねらい」が合わせて3点記載されている。記載された内容から，前週の様子を踏まえた計画として，（ア）対象理解と（イ）ねらいが連動していることがわかる。

　養護的視点での（ア）対象理解と（イ）ねらいを参照すると，前週までで体

*4　「買い物ごっこ」や「郵便ごっこ」など，遊びのまとまりを行事と捉えるものもある。そういった行事の準備や実施に当たっては，同学年の複数のクラスや異学年のクラスが関係した計画を作成する必要がある。

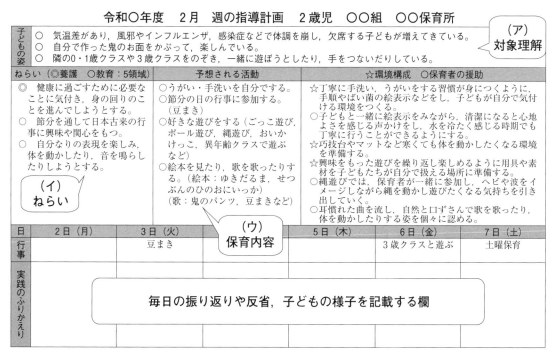

図11-3　短期の指導計画例：保育所2歳児　2月（筆者作成）

調を崩している子どもが見られることから，健康管理が必要であるため，保育者は，子ども自身が意欲をもって，寒さ対策や衣服の調節などを行うことを願って，ねらいを設定している。

（ア）対象理解
○気温の差があり，体調を崩し，欠席する子どもが増えている。
○鼻水に気付き，自分で拭いたり，かもうとしたりする。

（イ）ねらい（養護）
○健康に過ごすために必要なことに気付く。
○手洗いやうがいなどの生活習慣，衣類のこまめな脱ぎ着（調整）しようとする。

（ア）対象理解
○自分で作った鬼のお面をかぶって楽しんでいる。

（イ）ねらい（教育）
○節分を通して，日本古来の行事に興味や関心をもつ。

　教育的視点での（ア）対象理解と（イ）ねらいを参照すると，前週で製作した鬼のお面で遊ぶ姿をもとに，「日本古来の行事に興味や関心をもつ」というねらいを設定している。週案の行事の欄に，2月3日に行われる「豆まき」が予定されており，日本の伝統行事が子どもたちの日々の生活や遊びとつながることを踏まえたねらいであることが分かる[*5]。なお，保育者は，子どもの関心のつながりを想定して，お面の製作遊びから節分という行事への展開を設定している。

2）保育内容（生活や遊び）の選択

　「（ウ）予想される活動（保育内容）」には，1週間のおおまかな保育内容が記載されている。この欄には，前週までの子どもたちの姿をもとに設定したねらいを達成するために，保育者が選択した保育内容を記載する。

（イ）ねらい
◎健康に過ごすために必要なことに気付き，身の回りのことを進んでしようとする。

（ウ）予想される活動（保育内容）
○うがい・手洗いを自分でする。

（イ）ねらい
○節分を通して，日本古来の行事に興味や関心をもつ。

（ウ）予想される活動（保育内容）
○節分の日の行事に参加する。
○絵本を見たり，歌を歌ったりする。

3）環境構成と保育者の援助

　この欄には，子どもの活動を支え，より豊かなものになるよう，物的環境と人的環境の工夫[*6]を考えて記す。物的環境の工夫としては，「うがい・手洗いを自分でする」という活動を支えるために，手洗いの手順やばい菌を絵で表し

[*5] 保育所保育指針〔第2章2（2）ウ環境（ウ）〕には以下の記述がある。「③地域の生活や季節の行事などに触れる際には，社会とのつながりや地域社会の文化への気付きにつながるものとなることが望ましいこと。その際，保育所内外の行事や地域の人々との触れ合いなどを通して行うこと等も配慮すること」

[*6] なお，人的環境の工夫として，保育者による発問や説明といった援助の他にも，活動の際の集団構成の工夫なども考えられる。

て子どもの目に留まるようにすることが示されている。また，保育者の援助として，節分に関する歌を歌うという活動を支えるために，子どもが歌っている姿を認めることをあげている。ここでいう「認める」とは，歌っている子どもを笑顔で見守ったり，「うまいね」と声をかけたりすることを意味している。

　以上のように，指導計画には，① 子どもの姿を観察して理解し，② その理解に基づいてねらいを設定し，③ ねらいを達成するための保育内容を選択して，④ 子どもの主体的な活動を支えるための物的・人的環境構成を考えて記すことになる。実際の保育では，指導計画があることで指導の方向性をもちながら，子どもの姿に応じて常に見直していかなくてはならない。指導計画を作成し，計画に沿って実践し，子どもたちの姿と計画のズレが生じると，再度，指導計画を修正したり，保育所保育指針，幼稚園教育要領，幼保連携型認定こども園教育・保育要領に戻り，目指す保育の方向性の確認をしたりする。この繰り返しにより，子どもたちの確かな育ちを支える指導計画となる。

> **ワーク**　指導計画では，「幼児の姿・ねらい・内容」や「環境構成・活動・教師の配慮」が関連している。図11-2の中から，関連しあう事項に着目して，その説明をしてみよう。

■引用文献
1）文部科学省：幼児理解に基づいた評価，2019，p.64.

■参考文献
池田隆英・楠本恭之・中原朋生・上田敏丈編著：保育所・幼稚園実習-保育者になるための5ステップ，ミネルヴァ書房，2011，pp.70-89.
開 仁志編著：これで安心！保育指導案の書き方，北大路書房，2010，pp.12-31.
森元眞紀子・小野順子編著：詳説幼稚園教育実習-準備から振り返りまで-，ふくろう出版，2019，pp.49-93.
文部省：幼稚園教育指導資料第1集 指導計画の作成と保育の展開，1991.
文部科学省：幼児の思いをつなぐ指導計画の作成と保育の展開，2021.

コラム　保育所での生活

　第11章の図11-3に2歳児の2月の週の指導計画が示されています。この計画に基づいて，その週の2歳児クラスの様子を描いてみましょう。前年の4月に2歳だった子どもたちのクラスですから，大半の子どもは3歳になっています。2008年版の保育所保育指針で描かれている，「おおむね3歳」の発達の姿は以下の通りです。自立への歩みを進めている姿と理解できます。

> 　基本的な運動機能が伸び，それに伴い，食事，排泄，衣類の着脱などもほぼ自立できるようになる。話し言葉の基礎ができて，盛んに質問するなど知的興味や関心が高まる。自我がよりはっきりしてくるとともに，友達との関わりが多くなるが，実際には，同じ場所で同じような遊びをそれぞれが楽しんでいる平行遊びであることが多い。大人の行動や日常生活において経験したことをごっこ遊びに取り入れたり，象徴機能や観察力を発揮して，遊びの内容に発展性が見られるようになる。予想や意図，期待を持って行動できるようになる〔第2章2（5）〕。

　保護者とともに登園してきた子どもは，まず担当保育士と朝の挨拶を交わします。その時保育士は，子どもと目線を合わせたり，子どもの手を握ったりして，その子どもの体調や感情などを理解します（p.112）。そして，家庭での子どもの様子を保護者から聴くなどします。あまり体調のよくない子どもは，室内でゆったりと過ごすように配慮します。

　保育室に入る前には，手洗い・うがいをします。そして，自分の荷物をロッカーに入れたら，遊びを見つけようとします。節分の日に向けて製作した鬼の面をかぶって，他の子に「ガオーッ」などと言って遊ぶ様子が見られます。自分で靴を履き替えて，園庭で友だちと並んで縄跳びをしている子どももいます。9時過ぎには保育室に入るよう促します。園庭で遊んでいた子どもがうがいや手洗いをしているか見守り，忘れている子どもには保育士が優しく声を掛けます。

　朝の会では，保育士が一人ひとりの名前を呼び，呼ばれた子どもは元気よく返事をします。体調不良で欠席の子どもがいたら，欠席の理由を尋ねてくる場合があるので，欠席した子どもの回復を願うとともに，自分の健康に気を付けて生活するよう伝えます。そして，「まめまき」を歌います。まだ歌詞を覚えていないので，保育士が先導するようにします。その後は，遊戯室で巧技台を使ったサーキット遊びを楽しみます。移動の際には，必ず人数確認をします。

　給食の時間が近づくと，「○○ちゃん，おなかすかない？」などと発問することで，子どもの気持ちが給食に向くようにします。子どもがうがいと手洗いをしている間，保育士はテーブルを出して消毒液と布巾で天板を消毒します。鶏卵アレルギーのある子どもがいるので，他の子どもとは違う色のお盆で用意されているアレルギー除去食（p.107）を，間違えないように配膳します。

第12章　遊びによる学びの実際（実践と評価）

　就学前の教育では，同世代の多数の子どもたちがともにに関わりなが
ら，多様な経験をする。また，それぞれの物事の受け止め方や言動など，
さまざまな点で自分と他者が異なることに気付く場でもある。実際の保
育では，集団としての姿と一人ひとりの姿が互いに独立したものではな
く，全体を捉えることで一人ひとりの発達やその子らしさも見えてくる。
本章では，一人ひとりにふさわしい保育についてどのような実践と評価
をするかについて説明する。

1. 人的環境としての保育者

（1）保育者の役割

　子どもたちが成長するには，生命の保持と情緒の安定，庇護される安心感と
他者への信頼感が基盤となる*1。こうした基盤の上に，保育者が「かけがえの
ない存在」として子どもを受け止めることで，子どもたちは安心して身近な環
境に関わり，心揺さぶられる多くの体験をする。子どもたちがそうした体験で
の思いや考えを保育者に表わし，保育者がそれらを受け止め共感することで，
さらに子どもたちは意欲的に環境に関わるようになる*2。ただし，保育者の職
務の範囲は広く，多くの視点や側面を意識することになるため，その役割は多
様である。保育者の多様な役割は，次のように整理できる。

① 　拠り所となるような「思いや考えの受け止め」
② 　時に見守り時に励ますことができる「臨機応変の対応」
③ 　活動を通して充足感が得られる「豊かな環境構成」
④ 　子どもが憧れるような「魅力ある言葉や所作」
⑤ 　子どもとともに生活や遊びを創る「共同的な姿勢」

これらは，第11章（p.111～）で述べたように，すべて，子ども理解に基づく。

（2）保育者の援助

　0～5歳の事例（筆者作成）から，保育者の援助について考える。

*1 「保育所が，乳
幼児期の子どもにとっ
て安心して過ごせる生
活の場となるために
は，健康や安全が保障
され，快適な環境であ
るとともに，一人の主
体として尊重され，信
頼できる身近な他者の
存在によって情緒的な
安定が得られることが
必要である。保育士等
には，子どもと生活を
共にしながら，保育の
環境を整え，一人一人
の心身の状態などに応
じて適切に対応するこ
とが求められる。保育
における養護とは，こ
うした保育士等による
細やかな配慮の下での
援助や関わりの全体を
指すものである」
　厚生労働省：保育所
保育指針解説〔第1章
2（1）〕，2018.

*2 「一人一人の子
どもが，保育士等に受
け止められながら，安
定感を持って過ごし，
自分の気持ちを安心し
て表すことができるこ
とは，子どもの心の成
長の基盤になる。
　子どもは，保育士等
をはじめ周囲の人か
ら，かけがえのない存
在として受け止められ

認められることで，自己を十分に発揮することができる。そのことによって，周囲の人への信頼感とともに自己を肯定する気持ちが育まれる。特に，保育士等が，一人一人の子どもを独立した人格をもつ主体として尊重することが大切である。このように，乳幼児期において，他者への信頼感と自己肯定感が周囲の人との相互的な関わりを通して育まれていくことは，極めて重要である」

厚生労働省：保育所保育指針解説〔第1章2（2）イ（ア）〕，2018.

＊3　保育所保育指針〔第2章 1（1）〕，幼保連携型認定こども園教育・保育要領（第2章 第1 基本的事項）において，乳児保育は，「愛情豊かに，応答的に行われることが特に必要である」と，示されている。

＊4　保育所保育指針〔第2章 2（1）〕，幼保連携型認定こども園教育・保育要領（第2章 第2 基本的考え）では，1歳以上3歳未満児の保育について「自分でできることが増えてくる時期であることから，保育士（保育教諭）等は，子ども（園児）の生活の安定を図りながら，自分でしようとする気持ちを尊重し，温かく見守るとともに，愛情豊かに，応答的に関わることが必要である」と示されている。

1）0歳児[*3]：欲求に寄り添う

　保育者は，乳児が快適に暮らすことができる環境を整え，一人一人の気持ちに寄り添い，欲求を満たし，応答的に対応していく。

> **0歳児事例　眠くなったよ**
>
> 　A児の授乳は11時に終わり，最近，お気に入りのにぎにぎ人形を手に持ち，機嫌よく過ごしていた。しばらくして，甘えるような声を出して泣き出した。保育者は「Aちゃん，どうしたかな？　そろそろ眠くなったかな？　それともいっぱい遊んで疲れちゃったかな？」と声をかけながら，抱き上げた。保育者が，A児を両手で包むように，横抱きにしてゆっくりとゆらすと，泣き止んでウトウトし始めた。

　保育者は，A児の授乳のタイミングと飲んだ量を把握しつつ，機嫌よく遊ぶ様子を見守っている。そして，甘えるような声を出して泣き出した姿を睡眠欲の表現と受け止め，「眠くなったかな？　疲れちゃったかな？」と言葉をかけ，優しく抱き上げている。そして，A児の身体の様子（体温や表情など）から眠くなっていると推測し，ゆっくりとゆらす援助を行っている。

2）1歳児[*4]：やりたい気持ちを受け止める

　1歳頃になると，「自分でやりたい」という気持ちが強くなる。保育者は，そうした気持ちを受け止め，それが実現できるように環境を整える。

> **1歳児事例　あい！　あい！（ありさん！　ありさん！）**
>
> 　B児は一人で歩けるようになり，最近は歩行が安定し行動範囲も広がってきた。園庭のあちこちを探索活動するようになり，登園するとすぐ，戸外で遊びたいと靴をもって保育者に訴えるようになった。
>
> 　ある日，植木鉢の下からアリが出てきたのを見つけ「あぃ！」と言いながら保育者の顔を見る。保育者は「アリさん，いたね！」というと，B児は，アリに手を伸ばしながら捕まえようとするが，逃げてしまう。するとB児は立ち上がって歩き，アリを追いかけ，ふたたび座ってアリを捕まえようとしゃがんで手を伸ばした。しかし，やはりアリは逃げていく。保育者が「Bちゃん，がんばれ！」というと，B児はニコッと笑い，また立ち上がって歩き，しゃがんで手を伸ばした。その時，バランスを崩して尻もちをつくように転んだ。保育者が「あら，Bちゃんだいじょうぶ？」と声をかけるとBちゃんは保育者の方を見てニコッと笑い，また立ち上がり，アリを追いかけていく。

　一人で歩けるようになると，自分が行きたいところに行くことができる。歩くことそのものがうれしく楽しく探索するようになる。子どもたちの活動を活発にさせるという意味で，園庭は重要な環境である。

　B児は，「アリを捕まえたい」という気持ちで，歩いたりしゃがんだり，再度立ち上がったり手を伸ばしたりと心地よく体を動かしている。また，この時期の子どもは，アリを発見することはできるが，アリを捕まえる機能は十分に発達していないため，B児は捕まえることができないでいる。そこで，保育者が「Bちゃん　がんばれ！」と声をかけ，B児の思いを受け止め，興味が持続するように援助し，存分に活動できる環境を整えている。

3）2歳児：自己を十分に発揮できる援助

　2歳頃には，製作遊びで「絵を描く」という活動が多くなる。描画の様子から，事物の認識や手の巧緻性などの発達過程を読み取ることができる。

> **2歳児事例　これかっこいいんだよ！**
>
> 　保育者が机で絵を描いていると，C児が「Cも」とイスに座った。保育者がC児の前に新しい画用紙とクレヨンを置き，「はい，どうぞ」と言う。C児は，画用紙を自分の前に置き直してクレヨンをもち，ぐるぐると描き始めた。保育者が，「このみどり，いろがしっかりしていて，きれいでいいね！」というと，Cちゃんは「これ，みどりのくるま！はやいんだよ！」と説明した。保育者が「そうなんだ，かっこいいね！」というと，C児は「だって，パパのくるまだから，かっこいいんだよ！」と得意気に話を続けた。

　C児がクレヨンをもってなぐり描きをしている様子から，保育者は「思いのままに描いている」と理解している。そこで，保育者が「このみどり，いろがしっかりしていて，きれいでいいね」と声をかけたことで，さらに表現する意欲につながっている。「上手だね」「素敵だね」と抽象的に伝えるのではなく，力強さや色使いなど具体的に伝えることによって，C児は，保育者が自分の表現を受け止めていると感じ，自己をより発揮するようになる。

4）3歳児[5]：他児との関わりを支援

　3歳頃になると，共同的な活動が増えることで，「物の取り合い」なども増えてくる。そのため，「物をみんなで使う」という態度や姿勢を養う必要があり，子ども同士の具体的なやり取りを支える保育者の援助が重要になる。

＊5　保育所保育指針〔第2章3（1）〕では，3歳以上児の保育について「運動機能の発達により，基本的な動作が一通りできるようになるとともに，基本的な生活習慣もほぼ自立できるようになる。理解する語彙数が急激に増加し，知的興味や関心も高まってくる。仲間と遊び，仲間の中の一人という自覚が生じ，集団的な遊びや協同的な活動も見られるようになる。これらの発達の特徴を踏まえて，この時期の保育においては，個の成長と集団としての活動の充実が図られるようにしなければならない」と示されている。幼保連携型認定こども園教育・保育要領（第2章第3　基本的事項）にも，同様の内容が示されている。

3歳児事例 貸してほしかった

D児は，赤い三輪車が欲しかったが，乗り物遊具の置いてあるところにいくと青色の三輪車しか残っていなかった。D児が，保育者に「あかいさんりんしゃ，のりたい」と小さな声で言いにきた。

保育者はD児と一緒に，E児やF児のところへ行き「Dちゃんが，あかいさんりんしゃにのりたいんだって。かえてくれる？」と聞いた。E児とF児は，赤色と水色の三輪車を確保して，テラスに座っていたが，保育者の話を聞き「こんど，かわってあげる」と答えると，それぞれ三輪車に乗って行ってしまった。保育者は泣きそうなDちゃんに「こんど，かしてくれるんだって」と言い，手をつないで一緒に過ごした。

　保育者は，赤い三輪車に乗りたいというD児の気持ちを受け止め，使っているE児とF児に頼みに行く。しかし，二人から「こんど」と断られ，D児は悲しい思いをしている。保育者は，貸してもらえないかもしれないと思っていても，「伝える」「断られる」という具体的なやりとりを経験することをねらいとした援助をし，断られた後も，手を握り続けることで，D児の気持ちが落ち着くようにしている。

5）4歳児：思いと思いをつなぐ

　4歳頃には，自分の気持ちを他者に分かってほしいと思いながらも，強い口調になったり言葉足らずになったりして，トラブルになることもある。保育者は，相手に伝わる話し方を示し，子どもたちの言葉の発達を促す。

4歳児事例 もう1回歌わせて

G児とH児は段ボールで作ったお家で，体でリズムを取り，振りをつけながら歌を歌っていた。そこへ，「もうかたづけだぞ！」とI児が知らせにきた。しかし，G児とH児はいい気持ちで続けて歌っており，まだ遊んでいたいのにという表情で返事をしなかった。I児は，G児たちが使っているゴザを片付けはじめようとした。G児は「やめてよ！」と怒った顔で言った。G児とI児がけんかになりそうな雰囲気になったので，保育者は「Gちゃん，Iちゃんがかたづけるのをてつだってくれるんだって」と声をかけた。すると，G児は，「だって，まだうたいたいんだもん！」と言った。保育者は，「そうだったんだね，そういうときは『もう1かい，うたわせて』っていうんだよ」と伝えた。するとG児は「もう1かい，うたわせて」とI児に言った。I児は「わかったよ」と答えた。G児とH児が1曲歌い終わったところで，保育者が，「またあしたね」と声をかけ，G児

たちは片付けはじめた。

　保育者は，Ｉ児の「もうかたづけだぞ！」という言葉に，Ｇ児とＨ児に対して「片付けの時間が来たので歌をやめてほしい」という思いを感じ取った。そして，「Ｇちゃん，Ｉちゃんがかたづけるのをてつだってくれるんだって」と，Ｉ児の意を汲んで穏やかな言い方を示している。さらに，Ｇ児の「だって，まだうたいたいんだもん！」という言葉に，「そうだったんだね，そういうときは『もう１かい，うたわせて』っていうんだよ」と返答している。Ｇ児の気持ちを受け止めつつ，それを他者に伝える方法として，優しい言葉で依頼することを教えている。

６）５歳児：協同遊びで文字や数字に親しむ支援

　５歳頃には，子どもたちだけで遊びを進めたり，同じ目的をもって力を合わせたりする姿が多く見られるようになる。そうした具体的な生活や遊びを通して，数や量などの感覚を豊かにしていく。

５歳児事例　どっちがおおい？

　登園後，何人かが保育室に集まってくると，「ドッジボールやろ！」と誘い合って園庭に飛び出し，ドッジボールのラインが引いてある場所に集まっている。何度も遊んでいる中で，２つのチームの人数の違いに気付き始めている。

Ｊ　児「あおチームがおおいよ！　ずるーいー！」
Ｋ　児「あおチームは，１，２，３，４，５，６。６にんだよ」
保育者「じぶん，いれた？」
Ｋ　児「あっ！　そうだった！　じゃ，あおチームが，１，２，３，４，
　　　　５，６，７。７にん」
Ｌ　児「しろチームは，１，２，３，４，５。５にん！」
Ｍ　児「７と５だから，だれか，あおからしろになってよ」
Ｎ　児「んー，じゃ，うつる！　でもつぎまたあおになりたい」
Ｏ　児「じゃ，つぎ，チームまたかんがえよ！」

　子どもたちが，友だちを一人ひとり指さして数える姿がある。そこで，保育者が「じぶん，いれた？」と問いかけることで，自分を入れていなかったことに気づく。Ｍ児が「あおからしろになってよ」と言う場面で，２つのチームが「同じ数になること」が承諾される。そして，Ｎ児が「つぎまたあおになりたい」という思いを，Ｏ児が「またかんがえよ！」と共感してもいる。保育者

は，こうした場面で，子どもたちの輪の中にいながら，「必要最低限の言葉か
け」に留め，子どもたちがお互いに関わることを尊重している。

2. 保育における評価

（1）対象理解に基づく評価

1）評価の目的

　保育という実践は，子どもが事物や事象に主体的に関われるように，個に応じ
て行われるため，子どもの様々な機能の発達を目指して，組織的・計画的に行わ
れなければならない。また，家庭・地域の実情を踏まえつつ，小学校等への接続
を想定して，「育ちの連続性」が保障されるように，広い視野と長い展望をもっ
て工夫されなければならない。こうした基本事項を踏まえ，保育の改善や向上を
めざすために評価は行われるのであって，指導の基本に戻ることが重要である。

　指導は，計画をして，実践に移して，事後に評価して，対策を練る，という
一連の流れの中で捉えられる。また，指導は，対象理解に基づき，子どもの姿
からねらいを設定し，これらを橋渡しできるよう，内容や方法が練られる。こ
れらの指導の基本に戻れば，「PDCA[*6]」のサイクルを繰り返しながら，「子
どもの姿」から指導を省察する，ということが保育の改善や向上につながるこ
とがわかる[*7]。

2）評価の方法

　評価をする際に用いる「方法」は，以下の5つの項目から成る。① 手段
（tool）とは，評価の過程で使われる道具，② 手法（method）とは，収集ない
しは分析する手法，③ 要素（element）とは，評価対象の性質を構成する要
素，④ 情報（data）とは，収集ないしは処理の対象となる情報の内容，⑤ 基
準（standard）とは，評価を行う際に参照される基準を指す。実際の評価は，
これらの組み合わせによって行われる[*8]。

表12-1　評価方法の項目と具体的事項

方法の項目	項目の具体的事項
①手段（tool）	紙媒体，機器（機械・器具），アプリケーションソフト
②手法（method）	定量（統計・実験）／定性（観察・面接）
③要素（element）	身体，心理，機能（認知・言語・情緒・運動・社会性），知識，技能，思考，表現，姿勢，態度
④情報（data）	数値／文章／画像／映像
⑤基準（standard）	絶対／相対，観点，目標，履歴（変遷）

（2）個人による評価

1）評価の観点

　実践を評価するために必要な観点は，「子どもの姿」と「保育者の関わり」の2つである。保育は相互行為であり，両者を分けて考えることが適切でない場合もあるが，ここでは分けて説明する。

　「子どもの姿」を評価するとは，生活や遊びの姿の観察に基づいて分析し，子どもの内面，すなわち心情や意欲，あるいは機能発達などを推測することである。子どもの行動の背景として，何にどんな興味や関心があるのか，何にどう注意を向けているのか，活動にどのように参加しているのか，どのように活動を行っているのか，どんな機能が働いているのか，その場で子どもの姿を理解する。例えば，生活場面において，排泄や手洗いなど健康に関わる行動を自ら進んで行う子どもの姿があれば，その子は「自立して行うことができる（一人でできる）」あるいは「それができる機能が働いている」と推測できる。

　つぎに，「保育者の関わり」を評価するとは，保育者の援助や指導が子どもに与えた影響や，その妥当性を検討することである。子どもの姿の理解は十分だったのか，ねらいは子どもの姿に合っていたのか，ねらいを達成できる内容や方法だったのか，環境構成や援助・配慮は本時の活動に則していたのか，活動の手順や展開は工夫されているのか，関わりを省察する。もし「話を聴いていない」と推測される子どもがいる場合は，話を聴いてもらうために，保育者による援助を評価し，援助に工夫を加える必要がある。

　このように，個人による評価では，具体的な観点をもって，子どもの姿の観察と同時進行で，必要に応じて当初の指導計画を軌道修正して，その進行状況に見合った関わり方を考える。

2）評価としての保育記録

　保育の節目に書かれる記録は，保育日誌または保育記録と呼ばれるもので，個人についての記録や集団についての記録がある。園や法人，自治体によって様式は異なるが，記録者の氏名，月日，時刻，天気，担当・クラス，子どもの氏名，人数，月齢・年齢，心身の様子，既往歴，活動の内容，特徴的な出来事などを記載する。特に特徴的な出来事を書く際には，具体的な観点が必要である。単に「事実」だけでも「思いや考え」だけでもなく，これら両方が必要であり，しかも，「発達の経緯」や「指導上の意味」も記載される。たとえば，「事実」として，「A児がトイレに行って排泄した」だけでなく，「発達の経緯」として，「今までトイレに行けなかったが行けた」ということ，「指導上の意味」として，「お友だちに声かけしたことがよかった」との所見と共に，「一

人で行けるようになってほしい」との「思い」を示す，という具合である。保育記録を書くことは，その日の保育の省察から，新たな気づきを得ることができ，それは指導力の向上につながっていく。

　保育記録の例として，以下は，X保育者が，担任する子どもを観察し，保育を振り返り，記録したエピソードである。

　X保育者は，P児とQ児が新聞紙を用いて自分のイメージに沿って遊びを楽しんでいる様子を記録している。遊んでいるその場では，2人の子どもの楽しそうな表情やキャラクターになりきって遊んでいる様子から，十分に楽しんでいるとの印象があった。しかし，前日までの記録も読み返すと，新聞紙で作った剣がとても気に入っているものの，何度も作り直したり修理したりしており，遊びが停滞していたのだと思い返した。そこで，翌日以降の遊びの展開について，隣の4歳児クラスのY保育者に相談したところ，前年の担任だったZ保育者らと共に，X保育者の記録をもとに，カンファレンスを行うこととなった。

【X保育者の5月の記録から（3年保育　4歳児）】

　5月21日

　新聞を丸めて，好きなキャラクターになりきって遊んでいるP児とQ児。保育室だけでなく，園庭でも遊んでいる。新聞を丸めることが楽しいようで，何本も剣を作っている。作った剣はロッカーに置いていた。

　5月22日

　登園するとその剣をもって昨日の続きを始めている。腰にひもを巻き，剣をそのひもに差して，自分の大切な道具のようである。好きなキャラクターの洋服も作り，模様を描いたり，新聞を何かのボタンに見立てて丸めてつけたりしている。剣が折れてもテープで修理して，また2人で遊びを継続している。

　5月23日

　P児とQ児は，行き当たりの廊下の端で，新聞紙を棒のように細く長く丸めて，戦いごっこのような遊びをしている。この遊びが，2日ほど継続している。それぞれが，自分のイメージしたキャラクターになりきっている様子である。しかし，新聞紙の剣でお互いに戦い合う中で，体に当たったり，剣が折れたりし，何度も，新聞紙で剣を作り替えたり，セロテープを貼ったりしているものの，遊びが，停滞しているように伺える。また，2人の様子を見ていたR児は一緒にキャラクターになりきり，何も持たず遊びに加わった。

（３）集団による評価（カンファレンス）

つぎに集団による評価の場合である。園内カンファレンス*9の視点は，ア）当該活動に関わる姿を理解する，イ）指導計画を基に，保育のあり方を工夫する，という２点である。以下の図12-1は，ア）について話し合った内容である。

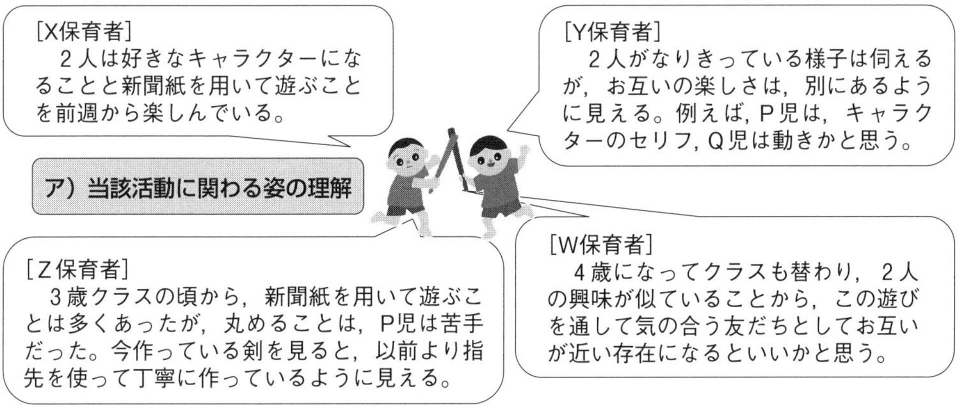

[X保育者]
　２人は好きなキャラクターになることと新聞紙を用いて遊ぶことを前週から楽しんでいる。

[Y保育者]
　２人がなりきっている様子は伺えるが，お互いの楽しさは，別にあるように見える。例えば，P児は，キャラクターのセリフ，Q児は動きかと思う。

ア）当該活動に関わる姿の理解

[Z保育者]
　３歳クラスの頃から，新聞紙を用いて遊ぶことは多くあったが，丸めることは，P児は苦手だった。今作っている剣を見ると，以前より指先を使って丁寧に作っているように見える。

[W保育者]
　４歳になってクラスも替わり，２人の興味が似ていることから，この遊びを通して気の合う友だちとしてお互いが近い存在になるといいかと思う。

図12-1　園内カンファレンス例

さらに，以下の箇条書きは，イ）の内容である。指導計画では，「自分の好きな遊びを見付け，安心して遊ぶ」ことがねらい，「好きな遊びの中で先生や友達と一緒に遊ぶ」が内容であったことから，次のように工夫することにした。

① P児とQ児の遊びが継続できるように新聞紙をさらに準備する。

② 新聞紙と広告の両方を準備し，素材の違いを感じながら，自分なりに剣作りができるようにする。

③ 他の子どもたちも興味をもって遊びに加わることができるように，子どもたちのイメージを探りながら的となる物を準備する。

④ 保育者は，一緒に剣を作ったり修理したりする中で，より遊びが楽しめるように工夫できる方法に気づける援助をする。

> **5月24日**
> ２つの教室の間にあるテラスに，新聞紙を詰めた大きなナイロン袋を２つ準備した。さらに，２つの保育室の製作コーナーには，新聞紙と広告を置き，剣作りやキャラクターのイメージを実現できるように，ナイロン系の素材も準備した。
> 　大きなナイロン袋には，P児が，マジックで「おばけだ～」と絵を描き始めた。Q児も同じように「かいじゅうだ～」と絵を描き始めた。新聞紙が詰まった大きなナイロン袋が子どもたちにとって，共通のイメージとし

＊9　カンファレンス
「事例検討または研修方法の１つで正答や意見の一致を求めるのではなく，多様な意見の突き合わせによって参加者が事例や対象への理解を深めたり，自分の考え方を再構築したりし，専門性を高めていくことを重視するもの」
東京大学大学院教育学研究科附属発達保育実践政策学センター編著：保育学用語辞典，中央法規，2019，p.85.

> て「おばけ」「怪獣」となり，Ｐ児とＱ児は，剣をもって退治するような動きで新聞紙の塊に向かっていた。また，Ｐ児とＱ児は，大きな塊にマジックで思い切りおばけや怪獣のイメージを描き始めた。

　園内カンファレンスを行うことには，少なくとも2つのメリットがある。子どもたちの姿を多角的に捉え返し，その姿に合った環境構成や援助配慮を工夫することができる。また，個人による評価とは異なり，他の保育者の意見を参考にすることで，子どもの発達の経過を知り見通しをもつことができる。こうしたカンファレンスでは，自分自身のあり方を検討することもでき，他の保育者の子ども観や保育観，実践経験の知恵などを得ることもできる。

（4）指導要録・保育要録

　保育者の指導を踏まえて，子どもの生活や遊びの様子を記載する様式について，要点を記載したものを「要録」という。幼稚園では幼稚園幼児指導要録，保育所では保育所児童保育要録，幼保連携型認定こども園では幼保連携型認定こども園園児指導要録が用いられる。日々の保育の記録をもとに，月あるいは期ごとにまとめておき，1年間の経過や概要を記載する。

　幼稚園幼児指導要録は，幼稚園での育ちの姿が小学校に引き継がれる重要な書類である。「指導に関する記録」は，「1年間の指導の過程とその結果を要約し，次の年度の適切な指導に資するための資料としての性格をもつもの[1]」とあり，「指導の重点」「指導上参考となる事項」の2つの欄からなる。

　「指導の重点」は，各幼稚園の教育課程に基づき「学年の重点」と，1年間の指導の過程における「その幼児の指導について特に重視してきた点」を記入する。また，「指導上参考となる事項」は，幼稚園教育要領（第2章ねらい及び内容）に示される各領域のねらいを視点として，1年間を振り返り，対象となる子どもの実態から，特に向上したと思われる点と，次年度の指導に必要と考えられる配慮事項について記入する。また，健康上の状況など，指導上，特に留意する必要がある場合も記入することとなっている。

　保育所児童保育要録も，就学先への送付が定められおり，市町村がその様式を作成することとなっている。作成内容としては，下記の点があげられている[2]。

○入所に関する記録
1．児童名，性別，生年月日　2．保育所名および所在地　3．児童の保育期間　4．児童の就学先　5．施設長および担当保育士

○**保育に関する記録**

・**保育の過程と子どもの育ちに関する事項**

最終年度の重点：年度当初に，全体的な計画に基づき長期の見通しとして
　設定したものを記入する。

個人の重点：1年間を振り返って，子どもの指導について特に重視してき
　た点を記入する。

保育の展開と子どもの育ち：最終年度の1年間の保育における指導の過程
　と子どもの発達の姿〔保育所保育指針（第2章 保育の内容）〕に示され
　た各領域のねらいを視点として，子どもの発達の実情から向上が著しい
　と思われるものを，保育所の生活を通して全体的，総合的に捉えて記入
　すること。その際，他の子どもとの比較や一定の基準に対する達成度に
　ついての評定によって捉えるものではないことに留意する。併せて就学
　後の指導に必要と考えられる配慮事項等についても記入する。さらに「幼
　児期の終わりまでに育ってほしい姿」を活用して子どもに育まれている
　資質・能力を捉え，指導の過程と育ちつつある姿をわかりやすく記入す
　る。

・**最終年度に至るまでの育ちに関する事項**

　子どもの入所時から最終年度に至るまでの育ちに関し，最終年度におけ
る保育の過程と子どもの育ちの姿を理解する上で，特に重要と考えられる
ことを記入する。

　保育に関する記録は大きく「保育の過程と子どもの育ちに関する事項」と
「最終年度に至るまでの育ちに関する事項」の2点の事項について記載する。

　「最終年度の重点」は，年度当初の全体的な計画をもとに長期的な見通しの
中で担当する学年・クラスという集団において重点とした内容を年度初めに記
載する。子どもたちが該当学年の1年間に「どのようなねらいや目標に向け
て，園生活を過ごしていくか」について方向性を定めて記載する欄である。

　「個人の重点」は，1年間を振り返り，対象の子どもについて重視した指導
内容を記載する。普段の保育活動の中でどのような援助を行ってきたかを振り
返りながら，子どもの実態や特性を踏まえ，要約するとよい。

　「保育の展開と子どもの育ち」では，対象の子どもについて，1年間の子ど
もの発達の向上について著しいと思われるものを記入する。この際，小学校で
担任する教師がどのような点に配慮しながら子どもと関わればよいか，指導の
参考となるように記載する。記載に当たっては，「幼児期の終わりまでに育っ
てほしい姿」を参考にして，就学先への接続を想定される内容であることが望

保育の過程と子どもの育ちに関する事項	最終年度に至るまでの育ちに関する事項
最終年度の重点	
個人の重点	
保育の展開と子どもの育ち	

図12-2　保育に関する記録例

注）各項目の内容などについては，「幼児期の終わりまでに育ってほしい姿」を参照すること。

ましい。

　「最終年度に至るまでの育ちに関する事項」では，対象児が入所してから最終年度までの育ちについて，重要であると思われる点を記載する。今まで担当した保育者に子どもの様子を確認したり，対象児の保育記録を読み返したりしながら，「0歳児の入園当初は…」と具体的な年齢を記載し，成長や変化を記入するとよい。

> **ワーク**　実習などで子どもたちが生活する実際の姿や動画をもとに「日々の記録」を書いてみよう。

■引用文献

1）文部科学省：幼稚園及び特別支援学校幼稚部における指導要録の改善について（通知）（平成30年3月30日），2018.
2）厚生労働省：保育所保育指針の適用に際しての留意事項について（平成30年3月30日），2018.

■参考文献

池田隆英・楠本恭之・中原朋生・上田敏丈編著：保育所・幼稚園実習―保育者になるための5ステップ，ミネルヴァ書房，2011，p.75.
鯨岡 峻・鯨岡和子著：エピソード記述で保育を描く，ミネルヴァ書房，2009.
文部科学省：幼稚園教育指導資料集第3集 幼児理解と評価，2010.
文部科学省：幼児の思いをつなぐ指導計画の作成と保育の展開，2021.

第13章 教科による学びの実際（指導計画と実践）

　本節では，子どもたちの主体的な学びを保障していく教科による学び
の実際について論じる。そのために「教育課程→単元指導計画→本時指
導」の順に年間レベル，単元レベル，1時間の授業レベルの計画と実践に
ついて論じる。特に単元指導計画は，教師による教材研究によって得ら
れた「これは子どもたちに必ず学んで欲しい」と考える学習内容を，子
どもたち自身が「これについて調べたい，話し合いたい，発表したい」
と思う学習内容に転化するために作成する。そこで本節では単元指導計
画の作成方法と実際を中心に論じる。

1. 計画としてのカリキュラムの構造

（1）教育課程の構造

　本章では子どもの主体的な学びを保障するための計画としてのカリキュラム
の構造と要素を明らかにする。そのために「教育課程→単元指導→本時指導」
の順に年間レベル，単元レベル，1時間の授業レベルの計画と実践について論
じる。

　図13-1に「計画としてのカリキュラムの構造」を示した。就学後の小学
校，中学校，高等学校，特別支援学校等は，概ね図13-1のような構造によっ
て，計画としてのカリキュラムを編成する。図13-1における①教育目標から
⑤本時案までの各要素には上位と下位の構造があり，上位の要素が下位の要素
の方向性や在り方を規定していく。

　例えば，日本の就学後教育の①教育目標は「生きる力の育成」であり，この

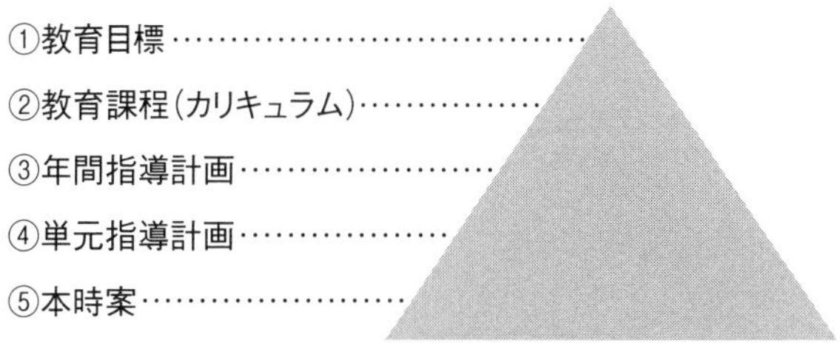

①教育目標‥‥‥‥‥‥‥‥‥‥‥‥‥
②教育課程（カリキュラム）‥‥‥‥‥‥
③年間指導計画‥‥‥‥‥‥‥‥‥
④単元指導計画‥‥‥‥‥‥‥‥
⑤本時案‥‥‥‥‥‥‥‥

図13-1　計画としてのカリキュラムの構造

＊1 子どもの考え方や発想が教師の想定を超える場合には，「教師が教材研究や単元指導計画を十分に行っているのに超える場合」と「教師の教材研究や単元指導計画が不十分であるために超える場合」が考えられる。ここでは，前者の意味で「教師の想定」を使用している。

＊2 教師が作成する計画には，他に年間行事計画，時間割や食育計画（給食センターが作成する給食献立を含む）などもある。

＊3 道徳教育は，道徳の時間を中心にしつつ，学校教育の全体において展開するものであり，その意味で特別の教科となっている。また，道徳の時間では，1つの授業で1つの価値を学習することになっており，単元の考え方が他教科と異なる点も留意が必要である。

＊4 学期制にはこのような3学期だけではなく，2学期制もある。2学期制は，1学期または前期が4月から10月上旬，2学期または後期が10月中旬から3月となる。

＊5 「教師のための教材研究」と「子どものための教材研究」という分け方は，教材研究の学術研究面と教育研究面を表現したものであり，教員養成では伝統的な分け方である。なお，本節の記述は広島大学教育学部他：教育実習の手引き，1990, pp.41-46を

目標を達成するために，各学年の全体計画である②教育課程が編成される。そして，②教育課程に基づき各教科ごとの③年間指導計画が作成される。さらに，各教科ごとに③年間指導計画に基づき，数時間に渡って展開される学習のまとまりである④単元指導計画が作成される。研究授業や授業参観日など1授業時間レベルの⑤本時案が必要な場合は，④単元指導計画を明示した上で，その中の1時間の指導案を作成する。さらに時間割は，各教科や教科外活動が効果的に展開できるように工夫するとともに，学習指導要領に定められた各教科標準授業時間を年間で展開できるように作成される。

このような構造によって作成されるカリキュラムは，実際の教育が展開される前に子どもの学習の姿を予測して計画されるものである。実際の授業では，教師の想定＊1を超える子どもの考え方や発想によって展開されることもしばしばある。授業は生きものであり，子どもの学習の姿に柔軟に対応できる，ゆるやかな計画であることも大切である。

教師が作成する③年間指導計画，④単元指導計画，⑤本時案は，他の教師や保護者などの大人向けに，単元や本時の目標，内容，方法，展開などの中身を共有し，それらの意図を伝えるために作成される資料である＊2。子ども向けには，各教科の教科書によって各教科の年間の学習の流れや単元の流れ，授業のめあてなどが計画的に示される。

（2）教科による学びのための教育課程

教育課程の実際をつかむための事例として，教育委員会が学校関係者，保護者，一般市民など向けに作成したカリキュラムについて論じる。本節で対象とするのは「草加市幼保小中一貫教育標準カリキュラム」である。本カリキュラムは，市内の各学校園が教育課程編成を行う上で拠り所となる教科教育の単元配列を学年別に示したものである

表13-1「小学校第6学年単元配列表」は，横軸に小学校第6学年で展開されるすべての教科，すなわち国語（書写を含む），社会，算数，理科，音楽，図画工作，家庭，体育，外国語の9つの教科と特別の教科である道徳＊3が列挙されている。縦軸には，1学期（4月から7月），2学期（8月から12月），3学期（1月から3月）の学期順に教科ごとに展開される単元を配列している＊4。したがって，表13-1は小学校第6学年で展開される9つの教科と道徳，それぞれの年間指導計画を1つの表にまとめたものである。表の下部には，学校教育法施行規則において定められている各教科の標準時間数が示されている。本表にない「総合的な学習の時間」と「特別活動」の教科外活動については，各学校が特色を生かし独自に単元を設定し配列する。

表13-1　小学校第6学年単元配列表例

（　）内：内容項目

		国語	書写	社会	算数	理科	音楽	図画工作	家庭	体育	外国語	道徳
4月		つないで、つないで、一つのお話／春の河／小景異情／続けてみよう／帰り道／地域の施設を活用しよう／漢字の形と音・意味／春のいぶき／聞いて、考えを深めよう	文字の旅／六年生で学習すること／はじめの学習	わたしたちの生活と政治 導入／わたしたちのくらしと日本国憲法／国の政治のしくみと選挙	学びのとびら／対称な図形	生命のふるさと・地球／ものの燃え方と空気	巻頭／歌声をひびかせて心をつなげよう	わたしのお気に入りの場所	生活時間をマネジメントできることを増やしてクッキング	体ほぐしの運動／ハードル走／ネット型	We are friends. What time do you get up?	自分らしく（個性）／幸せをいのって織るじゅうたん（国際）
5月		漢字の広場①／笑うかな楽しい／時計の時間と心の時間／主張と事例／話し言葉と書き言葉	文字の大きさと配列	国の政治のしくみと選挙／子育て支援の願いを実現する政治／震災復興の願いを実現する政治／●いかす／日本の歴史	文字と式／分数のかけ算	人や他の動物の体	歌声をひびかせて心をつなげよう／いろいろな音色を感じ取ろう		できることを増やしてクッキング	ネット型／鉄棒運動	Where do you want to go?	ひとみと厚（友情）／どんな心が見えてきますか（規則）／小川笙船（生きる）／マザー・テレサ（公共）
6月		たのしみは／文の組み立て／天地の文／情報と情報をつなげて伝えるとき／私たちにできること	レッツ・トライ（メモ）／文字の組み立て（三つの部分）／硬筆の学習／文字の組み立て方	日本の歴史 導入／縄文のむらから古墳のくにへ／天皇中心の国づくり	分数のわり算／分数の倍／どんな計算になるのかな？	人や他の動物の体／植物の体	いろいろな音色を感じ取ろう／旋律の特徴を生かして表現しよう	木と金属でチャレンジ	クリーン大作戦／すずしく快適に過ごす住まい方／すずしく快適に過ごす着方と手入れ	表現／フォークダンス／病気の予防／クロール・平泳ぎ、安全確保につながる運動	Welcome to Japan.	移動教室の夜（自律）／温かい手が生まれるとき（親切）／古きよきもの／チョモランマ清掃登山隊（自然）
7月		私たちにできること／夏のさかり／私と本／森へ	レッツ・トライ（ノート）／レッツ・トライ（リーフレット）	天皇中心の国づくり／貴族のくらし／武士の世の中へ	比／算数で読みとこう	植物の体	旋律の特徴を生かして表現しよう／いろいろな和音のひびきを感じ取ろう	木と金属で入り口の向こうには…	すずしく快適に過ごす着方と手入れ	クロール・平泳ぎ、安全確保につながる運動	I want to see the Milky Way.	心にふく風（礼儀）／折り鶴にこめられた願い（生命）
1学期		51	10	40	53	39	18	18	23	33	24	12
8・9月		せんねん まんねん／いちばん大事なものは／利用案内を読もう／熟語の成り立ち／漢字の広場②／やまなし／イーハトーヴの夢	文字の大きさと配列，点画のつながり	武士の世の中へ／今に伝わる室町文化／戦国の世から天下統一へ	拡大図と縮図／円の面積／角柱と円柱の体積	生き物と食べ物・空気・水／てこ	いろいろな和音のひびきを感じ取ろう	ゆらゆら、どきどき	生活を豊かにソーイング	クロール、平泳ぎ、安全確保につながる運動／短距離走・リレー／表現	My Summer Vacation 世界で活躍する自分をしょうかいしよう。	帰ってきたクニマス（自然）／どれい解放の父 リンカン（公正）／ロレンゾの友達（友情）／ぬけ出した顔（正直）
10月		言葉の変化／秋深し／みんなで楽しく過ごすために／伝えにくいことを伝える	レッツ・トライ（文化）／文字の大きさと配列，点画のつながり（小筆）	戦国の世から天下統一へ／江戸幕府と政治の安定／町の文化と新しい学問	およその面積や体積／考える力をのばそう／比例と反比例	てこ	いろいろな和音のひびきを感じ取ろう／曲想の変化を感じ取ろう	カット、ペタッと、すてきな形／きらめき劇場	生活を豊かにソーイング／こんだてを工夫して	表現／体の動きを高める運動／ベースボール型	世界で活躍する自分をしょうかいしよう。Watch the world.	食べ残されたえびになみだ（節度）／おばあちゃんの指定席（親切）／はじめてのアンカー（家族）／命を見つめて（生命）
11月		漢字の広場③／『鳥獣戯画』を読む／日本文化を発信しよう／古典芸能の世界−演じて伝える／カンジー博士の漢字学習の秘伝／漢字の広場④	レッツ・トライ（小筆）／好きな言葉を書く	町の文化と新しい学問／明治の国づくりを進めた人々	比例と反比例／並べ方と組み合わせ方／考える力をのばそう／データの調べ方	土地のつくり	曲想の変化を感じ取ろう／詩と音楽の関わりを味わおう	きらめき劇場／時空をこえてみんなのお話始まるよ（選択）	こんだてを工夫して	ベースボール型／マット運動	What sports do you like? My Favorite Memory	光をともした「魔法の薬」（真理）／こだわりのイナバウアー（感動）／美を求めて 上村松園（感動）／会話のゆくえ（自律）
12月		狂言 柿山伏／「柿山伏」について／大切にしたい言葉／漢字の広場⑤／冬のおとずれ	書きぞめ	世界に歩み出した日本／長く続いた戦争と人々のくらし	データの調べ方／算数で読みとこう	土地のつくり／地震や火山と災害／月の見え方と太陽／水溶液	詩と音楽の関わりを味わおう／日本や世界の音楽に親しもう	時空をこえてみんなのお話始まるよ（選択）／学校へようこそ	こんだてを工夫して	マット運動／走り幅跳び、走り高跳びから選択／跳び箱運動	My Favorite Memory	ブランコ乗りとピエロ（寛容）／市民に愛される動物園を目指して（希望）／大みそかの朝に（伝統）
2学期		56	15	40	64	40	20	20	21	36	23	15
1月		詩を朗読してしょうかいしよう／仮名の由来／メディアと人間社会／大切な人と深くつながるために／漢字正しく使えるように覚えておきたい言葉／人を引きつける表現	書きぞめ	長く続いた戦争と人々のくらし／新しい日本，平和な日本へ	算数のしあげ	水溶液	日本や世界の音楽に親しもう／音楽で思いを伝えよう／ひびき合う形と色を求めて／バランス・アンバランス（選択）	龍を見る／墨から生まれる世界／ひびき合う形と色を求めて／バランス・アンバランス（選択）	共に生きる地域での生活	跳び箱運動／病気の予防／体の動きを高める運動	I have a dream.	最後のおくり物（親切）／その思いを受けついで（生命）／鬼の銀蔵（自律）
2月		思い出を言葉に／今、私は、ぼくは	はってん／学習のまとめ	●いかす／世界の中の日本 導入／日本とつながりの深い国々／世界の未来と日本の役割	算数のしあげ／算数卒業旅行	水溶液／電気の利用	音楽で思いを伝えよう／日本の歌／みんなで楽しく	ひびき合う形と色を求めて／バランス・アンバランス（選択）／わたしはデザイナー夢の新製品（選択）	持続可能な社会を生きる	体の動きを高める運動／ゴール型	Junior High School Life	前を向いて（集団）／差し出し続けた大きな手（感謝）／米作りがアフリカを救う（国際）
3月		漢字の広場⑥／海の命／中学生へつなげよう／生きる／今，あなたに考えてほしいこと	六年間で学習したこと	世界の未来と日本の役割	算数卒業旅行／★調整時数	電気の利用／人の生活と自然環境	日本の歌／みんなで楽しく	わたしはデザイナー夢の新製品（選択）	2年間の学習をふり返って、中学校の学習に生かそう／生活の課題と実践（時間外）	ゴール型	感謝の気持ちを伝えよう。	青の洞門（生きる）／栄光の架橋（希望）
3学期		38	5	25	58	26	12	14	11	21	18	8
年間		145	30	105	175	105	50	50	55	90	70	35
標準		175		105	175	105	50	50	55	90	70	35

注）一部教科書等は省略しています。各単元先頭の数は、標準的な授業日数です。

出典）草加市教育委員会：草加市幼保小中一貫教育標準カリキュラム（学年別単元配列表），2022.

参照した。

＊6　学習のレディネス：学習が成立するためにあらかじめ必要となる資質・能力の準備状況を意味する。例えば，算数において2桁の数字の足し算を学習するためには，その学習の前に子どもたちには1桁の足し算ができる資質・能力が必要となる。このような学習の準備をレディネスという。

＊7　独立行政法人教職員支援機構の公式HPによると「独立行政法人教職員支援機構は，教職員に対する総合的支援を行う全国拠点として，国の教育政策上必要とする研修の効果的な実施や調査研究等を通じ，教職員の資質・能力の向上に寄与する組織です」とされている。

＊8　このような考え方は，有田和正の授業作りに関する動画記録を参照した。有田によると授業とは，教師が「これだけは何としても教えたい」ものを，教師が直接「教えてはならない」との条件のもと，「子どもが学びたい調べたい，追求したい」ものに「転化」することとであるという。有田和正：Kaya シリーズ6「有田式学級づくり」有田和正先生講座（記録 DVD），有限会社カヤを参照。

＊9　小学校1年生に配布される教科書が入っている封筒には，文部科学省による以下のようなメッセージが掲載されている。

2. 単元指導計画の作成

（1）単元指導計画の要素

　単元とは「教材や学習活動を主題ごとに関連をもたせ，一定の教育目的のためにひとまとめされた学習計画[1]」とされる。単元は，「対象理解」「教育目標」「教育内容」「教育方法」「教育評価」が織りなす総合的な学習過程であり，複数の授業時間のまとまりによって実践される（第1章，p.7，図1-4参照）。

　単元指導のポイントとなるのが，「子ども」と「教材」を結びつける「指導」を的確に展開することである。このために教師は「教師のための教材研究」と「子どものための教材研究」を行う[5]。

　「教師のための教材研究」とは単元の学習内容に関する知識・技能を学術的に探究するプロセスである。例えば，社会科の場合は社会科学者として，理科の場合は自然科学者として，図画工作や音楽の場合は芸術家として単元の学習内容を教師自身の学びとして探究する。教師は単元指導に必要な学習資料，思考過程，知的な面白さなどを研究し，授業において教えたい内容をつかんでいく。具体的には，まず単元に該当する部分の教科書の本文，脚注，写真，グラフ，イラストなどをじっくり読み取り，教材の概要をつかんでいく。さらに，関連する文献や資料にあたり，単元のなかで教えたい内容を見つけていく。

　また「子どものための教材研究」は，「教師のための教材研究」によって明らかになった教師が教えたい内容を，子どもたちが調べたい内容，学びたい内容に転化するための教材研究である。「子どものための教材研究」では，子どもたちの単元の学習内容に関する興味・関心，学習のレディネス[6]，思考過程などを予測し，上記の「教師のための教材研究」で探究した学習資料，思考過程，知的な面白さを踏まえた子ども向けの教材研究を展開する。ここでは，教育的な配慮を重視した教材研究を行う。

　特に子どもの単元全体の思考過程を導入，展開，終末の3つのパートで整理し，的確な教材の配列を考慮した単元展開のデザインを構想していく。このような教材研究に続き，教師は具体的な単元指導計画を作成する。

　図13-2に単元指導計画の標準的なフォーマット例を示した。なお，単元指導計画は各教育委員会や各学校が採用する様々なフォーマットがあり，記載内容や方法に若干の違いがあるが趣旨や目的は共通している。ここでは一般的な単元指導計画のフォーマットについて，独立行政法人教職員支援機構[7]が公開

令和○年度○○小学校　○○科　第○学年（○学年○組）単元指導計画

1　単元名

単元名は年間指導計画や教科書に記載された単元名を基本とするが，子ども自身が単元における学習の姿を想像でき，学習を展開する意識が高まるよう配慮する。

2　単元設定の理由

なぜ単元を設定したのかその理由を（1）子どもの実態，（2）教材の特徴，（3）指導方法などから説明する。

3　単元目標

単元を通して子どもたちに育成したい資質能力を「知識・技能」「思考力・判断力・表現力等」「学びに向かう力・人間性等」の三つの柱から説明する。

4　単元の評価規準

知識・技能	思考力・判断力・表現力等	主体的に学習に取り組む態度

単元目標に対応した評価規準を記入する。なお，「学びに向かう力・人間性等」については，「主体的に学習に取り組む態度」のみを評価対象とする。

5　指導計画（○時間）

学習過程 （時間数）	子どもの学習活動・学習内容	教師の指導・評価観点

子どもの思考の流れを重視した学習過程を構想し，単元全体の時間数と展開，1授業ごとの「ねらい」「子どもの学習活動・学習内容」「教師の指導・評価観点」を端的に記入する。

図13-2　単元指導計画フォーマット例

注）新名主洋一：学習指導案の書き方，独立行政法人教職員支援機構，2023, p. 3を参照したが，図は筆者が再構成。特に「子どもの実態」を重視している。

している「学習指導案の書き方」を手がかりに概説する。

　単元指導計画は「1　単元名」「2　単元設定の理由」「3　単元の目標」「4　単元の評価規準」「5　単元の指導計画」の5つの要素によって作成される。各要素を記載するポイントは図13-2の通りである。

（2）単元指導計画の実際

　単元指導計画は，教師による十分な教材研究によって得られた「これは子どもたちに必ず学んで欲しい」と考える学習内容を，子どもたち自身が「これについて調べたい，話し合いたい，発表したい」と思う学習内容に転化するための計画である[*8]。図13-2の単元指導計画のフォーマット例に基づき筆者が作成した単元指導計画例を図13-3に示した。この単元指導計画は岡山市内及び近郊の小学校第6学年における実践を想定した社会科の学習指導案である。ここでは本案を事例に，単元指導計画作成のポイントについて考察する。

　「1　単元名」である「わたしたちのくらしと日本国憲法」は，表13-1の年

保護者の皆様へ

　お子様の御入学おめでとうございます。

　この教科書は，義務教育の児童・生徒に対し，国が無償で配布しているものです。

　この教科書の無償給与制度は，憲法に掲げる義務教育無償の精神をより広く実現するものとして，次代を担う子供たちに対し，わが国の繁栄と福祉に貢献してほしいという国民全体の願いを込めて，その負担によって実施されております。

　一年生として初めて教科書を手にする機会に，この制度に込められた意義と願いをお子様にお伝えになり，教科書を大切に使うようご指導いただければ幸いです。　文部科学省

*10　中央教育審議会は「学びに向かう力，人間性等」の評価について，「感性や思いやりなど幅広いものが含まれるが，これらは観点別学習状況の評価になじむものではないことから，評価の観点としては学校教育法に示された「主体的に学習に取り組む態度」として設定し，感性や思いやり等については観点別学習状況の評価の対象外とすべきである」としている。学習指導要領もこの方針に基づき，「主体的に学習に取り組む態度」を評価対象としている。
中央教育審議会初等中等教育分科会：学習評価のあり方について，2015.

*11 **学習問題**：単元全体で子どもたちが主体的に追求しようとする「問い」とその問いに答えていくための「学習課題」が含まれた単元のメインテーマである。

*12 **ジグソー学習**：例えば16名の子どもたちを4人1組で4班に分け，日本国憲法の特徴についてA班（全体的特徴），B班（国民主権），C班（基本的人権），D班（平和主義）のように各班に調べるテーマを設定する。
①第1段階の班構成
　AAAA・BBBB・CCCC・DDDD
　この分担された調べ活動によって，各班のメンバーは班のテーマに絞って深く調べる。その後，A班，B班，C班，D班の各メンバーが含まれるように4人1組の4班を作り直し，調べた内容を共有する。
②第2段階の班構成
　ABCD・ABCD・ABCD・ABCD
　このような学習によって，子どもは①第1段階において，協同して自分のテーマを深く調べ，②第2段階において調べた内容を発表するとともに，③他のグループが調べた内容も子ども同士で学びあうことができる。

*13 **ブレーンストーミング**：自由に意見を出し合うことで，お互いの発想を引き出し，新しい考え方や発想を創り出していく自由な議論を意味する。

*14 例えば授業支援

間指導計画や教科書に示された単元名をそのまま使用している。本単元は子どもたちのくらしと日本国憲法のつながりを学ぶことがテーマであり，学習のねらいと単元名が合致しているからである。

「2　単元設定の理由」は，本単元の主な学習内容である憲法の三大原則と子どもたちのくらしとのつながりを視点に，（1）子どもの実態，（2）教材の特徴，（3）指導方法，を視点に記載している。子どもたちのくらしの中には，憲法の三大原則とつながりがある社会的事象は多数存在する。例えば子どもたちが小学校で使用している教科書が無償で配布されているのは，憲法第26条の「義務教育はこれを無償とする」という規定を根拠としている。しかし，子どもたちは教科書の無償配布と憲法とのつながりを意識できていないことが多い*9。このようなつながりを意識することが単元設定の理由である。

「3　単元目標」は学習指導要領における資質・能力の3つの柱である「知識・技能」「思考力・判断力・表現力等」「学びに向かう力・人間性等」を観点に単元指導全体を通して育成したい資質・能力を記入する。単元目標は，学習指導要領における教科の目標，年間指導計画や教科書の系統性，本単元で育成することを目指す資質・能力，子どもの実態や状況等を考慮して決定する。

「4　単元の評価規準」は上記の「3　単元目標」を達成するために必要な子どもたちの学習の姿を資質・能力の3つの柱を観点に記入していく。ただし「学びに向かう力・人間性等」については，子どもたちの多様性を尊重するために人間性などは評価対象とせず，「主体的に学習に取り組む態度」に絞って評価規準を記入する*10。

なお，「3　単元目標」と「4　単元の評価規準」を資質・能力の3つの柱を観点に記入することは，全教科に共通する事項である。この点については第14章において述べる。

「5　単元指導計画」は，図13-3に示したように単元全体の指導の流れを「導入→展開→終末」の順に記入する計画のメイン部分となる。導入「つかむ」では子どもたちが単元全体を通して探究したい問いである学習問題*11を作成していく。単元「わたしたちのくらしと日本国憲法」では，子どもたちが「教科書の無償配付が憲法に基づくことを説明している封筒」や「健康保険法に基づき病院で診断を受けている子ども」などの写真から，くらしの中にある法やきまりが憲法の三大原則とつながっていることに気づく。そして「わたしたちのくらしと憲法の三つの原則は，どのようにつながっているかな？」という学習問題をつかむことを主なねらいとする。さらに「基本的人権→国民主権→平和主義」の順番に調べる学習計画を立てていく。

展開「調べる」は，導入のまとめで考えた学習計画に沿って調べる活動を展

1　単元名　　わたしたちのくらしと日本国憲法

2　単元設定の理由

（1）子どもの実態

　子どもたちは道徳教育や特別活動を通して，個人の尊重を基本とする人権の大切さや，みんなのことはみんなで決めるといった民主主義の考え方を理解している。しかし，日本国憲法の考え方と日常生活における人権や民主主義とのつながりを意識していない。

（2）教材の特徴

　日本国憲法の三大原則や基本的人権の考え方は抽象的な概念であり，子ども向けにイラストや写真によって具体的にイメージできる教材が必要である。くらしと日本国憲法のつながりを身近な社会的事象から子どもが具体的に説明できる教材が必要である。

（3）指導方法

　本単元は私たちのくらしと日本国憲法のつながりについて「つかむ→調べる→まとめる」の過程によって抽象的な概念を具体的な社会事象とつなげていく。特に小学校がある地元の岡山における学習資源によって，子どもたちが主体的に日本国憲法とくらしのつながりを考える学習活動を展開する。

3　単元目標

「知識・技能」日本国憲法の三大原則を歴史的背景と身近な社会的事象から理解できる。

「思考力・判断力・表現力等」身近な暮らしと日本国憲法の三大原則との関連を具体例から説明できる。

「学びに向かう力・人間性等」日常生活の課題を日本国憲法と結び付けながら解決しようとする態度を養う。

4　単元の評価規準

知識・技能	思考力・判断力・表現力等	主体的に学習に取り組む態度
日本国憲法の三大原則（基本的人権の尊重・国民主権・平和主義）の歴史的背景と身近な暮らしとの関係を，岡山に関連の深い場所や地域の高齢者へのインタビューを行う活動を通して理解している。	身近な社会的事象と日本国憲法の三大原則を結び付けて考えるとともに，憲法に関する社会的事象を三大原則ごとに分類し，ポスター等に適切に表現することができる。	調べ活動やインタビューに主体的に取り組むことによって日常生活の課題を日本国憲法と結び付けながら解決しようとする。

5　単元指導計画（全6時間）

	学習活動	児童が取り組む問いと学習活動 （◎導入の問い　・学習活動　○まとめ）	教師の主な指導・支援 （◎留意点　□資料　◇評価）
導入─つかむ─	①法やきまりのもとになる日本国憲法	◎日本国憲法とはどのような法なのかな？ ・写真を見てくらしの中に法やきまりを考える。 ・法やきまりのもとにある考え方を予測する。 ○日本国憲法には法やきまりのもとになる考え方が記されており「人権の保障」と「政治のしくみ」の大きく2つの内容がある。	◎身近なくらしと日本国憲法のつながりに気づかせる。 □「日常の法やきまりに関する写真」 ◇［思考表］発言やノート記述から「身近な暮らしと日本国憲法のつながり」に気付いたかを評価する。 ◎日本国憲法がつくられた時の願いと三大原則との関連を理解させる。
	②日本国憲法の考え方	◎なぜ日本国憲法は生まれたのかな？ ・写真を見て日本国憲法が生まれた1946（昭和21）年頃の国民の願いを考える。 ・日本国憲法にはどのような原則があるかな？ ○学習問題「わたしたちのくらしと日本国憲法の三つの原則は，どのようにつながっているかな？」 →学習計画（三大原則を順番に調べてみよう。）	□「被災した街や女性が投票する様子など1946年当時の写真」 ◇［知技］発問に対する発言やノート記述から「日本国憲法がつくられた時の願いと三大原則との関連」を理解しているか評価する。 ◎学習問題を「なぜ，どうして」と調べたくなるよう促す。
展開─調べる─	③くらしの中の基本的人権の尊重	◎憲法の基本的人権の考えは，岡山や国の政治にどのように生かされているのかな？ ・個人を尊重するための基本的人権の条文に関するイラストを参照して人権の内容を調べる。 ・岡山の国立療養所に入院していた朝日茂さんの言葉からは基本的人権を考える。 ・憲法の基本的人権の考え方がわたしたちのくらしの中で生かされているか事例を発表する。	◎基本的人権の考えと岡山や国の政治のつながりに気づかせる。13条「個人の尊重」が基本だと気づかせる。 □「岡山療養所に入院していた朝日茂さんの写真と言葉」 ◇［思考表］発言やノート記述から「基本的人権の考えと岡山や国の政治のつながり」に気付いたかを評価する。
	④くらしの中の国民主権	◎憲法の国民主権の考えは，岡山や国の政治にどのように生かされているのかな？ ・国民主権に関するイラストを見て主権者として保障されている権利の具体例を調べる。 ・戦前に岡山から総理大臣となった犬養毅に関する動画を見て国民主権の大切さを考える。 ○国民主権のために小学生にできることを考える。（例，保護者とともに選挙に行く。市に新しく必要なルールを考えて提案する。など）	◎国民主権の考えと岡山や国の政治のつながりに気づかせる。 □「岡山市にある犬養毅記念館と国民の政治参加に関する動画」 ◇［思考表］発言やノート記述から「国民主権の考えと岡山や国の政治のつながり」に気付いたかを評価する。
	⑤くらしの中の平和主義	◎憲法の平和主義の考えは，岡山や国の政治にどのように生かされているのかな？ ・太平洋戦争中の岡山大空襲を経験した高齢者にインタビューをする。 ・インタビューを通して「なぜ憲法は平和主義の考えを大切にしているのか」を考える。 ○戦争に対して日本国憲法はどのようなちかいを立てているのかまとめる。	◎平和主義の考えと岡山や国の政治のつながりに気づかせる。 □「岡山大空襲を体験した高齢者へのインタビュー」 ◇［思考表］インタビューに臨む姿勢や事前の準備，事後の振り返りから日本国憲法の考え方を生活に生かす主体的な態度を評価する。
終末─まとめる─	⑥まとめる	◎わたしたちのくらしに日本国憲法の考え方がどのように生かされているかな？ ・これまでの憲法の学習をふりかえり憲法が守っていることがらを1つのふせんに1つ書く。 ・各ふせんを「基本的人権」「国民主権」「平和主義」「その他」に分類しポスターを作成する。 ○ポスターを使用し，わたしたちのくらしに日本国憲法の考え方をどのように生かすか発表する。	◎これまでの学習を踏まえて身近な暮らしと日本国憲法の三大原則との関連を理解させる。 □「憲法によって守られていることを付箋に書き模造紙に貼り三つの原則に分類したポスター」 ◇［知技］作成されたポスターから「身近な暮らしと日本国憲法の三大原則との関連」を理解しているか評価する。

図13-3　令和○年度　岡山市○○小学校第6学年（6学年1組）単元指導計画例

注）東京書籍：新しい社会6政治・国際編，pp.8-21を参照し岡山市内の小学校で実践することを想定し筆者作成。なお表中の◇評価の観点は［知技］が「知識・技能」，［思判表］が「思考力・判断力・表現力等」，［主体態］が「主体的に学習に取り組む態度」を意味する。

ツールのGoogle Classroom
では，ジャムボード，
ドキュメント，スライ
ドといったWEB上の
共同編集ツールがあ
る。
文部科学省：Google
for Education ICT 活
用関するリンク集，
2020を参照。

＊15　朝日訴訟は，
1957（昭和32）年に結
核のため国立岡山療養
所に入院していた朝日
茂さんが厚生大臣（当
時）に対して，日本国
憲法第25条の生存権と
生活保護法の内容につ
いて争った訴訟であ
る。朝日さんは，当時
の生活保護法による月
600円の支給額は，憲
法が保障する「健康で
文化的な最低限度の生
活を営む権利」を保障
する水準になく憲法違
反と訴えた。この裁判
は人間らしく生きる権
利や国家による社会権
保障の充実を考える
きっかけとなったため
「人間裁判」と言われ
石碑も作られている。

＊16　正式名称は「犬
養木堂記念館」とい
う。木堂は毅の雅号
（本名以外に付ける別
名）。同館 HP によ
ると犬養は「明治23
（1890）年第一回衆議
院議員選挙で岡山から
出馬して当選，以後連
続19回当選し，政府に
対抗する旗手として活
躍。大正初めごろの憲
政擁護運動では，先頭
に立って活躍し『憲政
の神様』と称される。
また，多くの国民の政
治参加が必要との考え
から，納税要件を撤廃
しようと普通選挙法の

開する，単元の中心的なパートである。「調べる」では，教科書に提示された
資料，WEB上の資料，授業に協力をお願いする外部人材など，さまざまな対
象を駆使して調べていく。そして，調べ活動のなかに個人学習，グループ学
習，ジグソー学習＊12，ブレーンストーミング＊13や，WEB上のアンケート，共
同編集ボード＊14，共同編集プレゼンテーションなどICT活用も積極的に導入
する。本単元では，小学校がある岡山市近郊にある地域の学習資源に関する調
査を子どもたちが実行する。例えば，国立岡山療養所に入院していた朝日茂さ
ん＊15（基本的人権），岡山市川入にある犬養毅に関する記念館＊16（国民主権），
岡山大空襲を経験した高齢者＊17（平和主義）などに関する学習活動を展開す
る。特に岡山大空襲を経験した高齢者については，ゲスト・ティーチャーとし
て教室に招き，子どもたちが直接，インタビューを行う。

　終末「まとめる」では，単元全体の学習を振り返り調べた結果，分かったこ
とをポスターなどの学習成果物によってまとめるとともに，学んだことをどの
ように「いかす」かについて発表する。本単元ではこれまでの憲法に関する学
習を振り返り，憲法が守っている事柄を付箋1つに1つ記載し，それらを「基
本的人権」「国民主権」「平和主義」「その他」に分類しポスターで表現する。
さらに，このポスターを使用し，くらしの中で日本国憲法の考え方を生かす方
法を発表する。

　以上のように単元指導計画は，教師による教材研究によって得られた「これ
は子どもたちに必ず学んで欲しい」と考える学習内容を，子どもたち自身が
「これについて知りたい，調べたい，発表したい」と思う学習内容に転化する
仕組みを組み込み，導入，展開，終末の流れを工夫した授業実践に直結する指
導計画である。

3. 主体的な学びを保障するための本時指導

　教師は単元指導計画に基づき，1授業時間（45分）ごとの授業を展開してい
く。ここでは1授業時間（45分）で行われる本時指導において，子どもたちの
主体的な学びを保障するための原則＊18を考察する。なお，本時指導案の要素と
実際については，第14章において後述する。

　本時指導は，単元指導計画の流れと同様に「導入→展開→終末」の3つの
パートによって展開する。さらに展開部分は2つ程度の学習活動によって展開
される。したがって45分間の授業は，「導入」「展開1」「展開2」「終末」の4
つの学習活動が集合したものとなる。

　図13−4中の①から④は小学校第3学年における「わり算・あまりのあるわ

り算」の本時指導（45分）の様子である。本時指導では，子どもたちが主体的かつ対話的に学習に取り組む原則が，「導入」「展開1」「展開2」「終末」の各学習パートに組み込まれている。

　「導入」では「わり算を使う場面はいろいろあるね」と授業のめあてを提示し，挙手によって回答を促している。考えたことを主体的に発表する子どももいれば，手が挙がらない子どももいる。教師は子どもたちが集まって話し合う学習活動によって対話的な意見発表を促している。

　「展開1[19]」では生活の中で「本当にわり算を使っているのかな？」と発問し，日常生活でわり算を活用するメリットに気づくための学習活動が展開される。子どもたちは「家族でいちごを分ける時」「家族で20個のアメを分ける場面」など，わり算が活用される場面を主体的に発表していく。教師は「本当にわり算を使う？」と揺さぶりもかけて，グループでの対話的な情報交換を促し，現実的なわり算の役割を探究させている。

　「展開2[20]」では，展開1を踏まえてわり算が本当に「便利に使える」場面を探究していく。「大きな数の場合」「わり算によって早く処理できる場面」など数理的なよさに気付きながら，生活場面への活用を主体的に考えていく。

　「終末[21]」では，等分除と包含除の二つの概念を比較し，日常生活への応用

実現に力を注いだ」（犬養木堂記念館 HP）とされる。
＊17　岡山大空襲は，太平洋戦争中の1945（昭和20）年6月29日の未明に行われたアメリカ軍による空襲。アメリカ軍のB29爆撃機が140機投入され国宝の岡山城を含む市街地の73％が焼失し1737名の死者がでた。なお，戦争体験者へのインタビューは，第6学年社会科（歴史）の「長く続いた戦争と人々のくらし」での実施が一般的であるが，6年生最初の単元の重要性やその後の学習の動機付けも踏まえ，本単元でのインタビューを組み込んだ単元指導計画とした。

①わり算を使う場面はいろいろあるね！（導入）

②本当にわり算を使っているのかな？（展開1）

③便利に使える場面があるんだなあ（展開2）

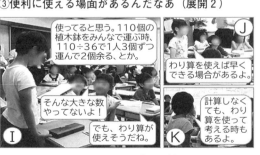

④同じ宿題なのにパターンが違うんだ！（終末）

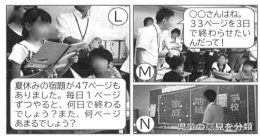

図13-4　「わり算・あまりのあるわり算」の本時指導（45分）の様子

出典）独立行政法人教職員支援機構：アクティブ・ラーニング授業実践事例〔川崎市立川崎小学校3年算数科（平成29年7月）〕

https://www.nits.go.jp/service/activeLearning/achievement/jirei/jirei125.html

＊18　例えば，教育課程の事例とした草加市では「草加っ子の学びを支える授業の5か条」として，第1条「学習課題（めあて）を明らかにする」，第2条「児童生徒が自分で考える時間を設ける」，第3条「児童生徒が表現と交流する場を設ける」，第4条「学んだことを活用する場を設ける」，第5条「学習のまとめと振り返りの時間を設ける」の5つの原則を掲げている。
＊19　「D．家族でいちごを分ける時に1人分はいくつかを考える場面」「E．4人家族で20個のアメを分ける場面」「F．45分の授業をじっくりタイムなどの3つに分ける場面」
＊20　「I．大きな数をわり算で処理する場合」「J．わり算だから早く処理できる場合」「K．わり算の考え方を使って処理する場合」
＊21　**等分除と包含除**：等分除の例「8枚の画用紙を4人に分けると1人分は何枚ですか？」包含除の例「8枚の画用紙を2枚づつ分けると何人に分けることができますか？」

を主体的に考えていく。

　本時指導に見られる授業の原則は以下の通りである。

原則1：導入における授業の「めあて」の明確化。

原則2：子ども個人が主体的に考える学習活動の設定。

原則3：子ども同士が考えや情報を共有する対話的な学習活動の設定。

原則4：学習したことを日常生活で生かす学習活動。

原則5：終末における「めあて」に基づくまとめ。

　このような原則によって授業はめあてを明確にする場面，個人が考える場面，対話する場面，生活に生かす場面，めあてを振り返りまとめる場面を組み合わせによって構成され，子どもたちの主体的な学びを保障していく。

　本章では「教育課程→単元指導計画→本時指導」の順に子どもたちの主体的な学びを保障する教科による学びの実際について概説した。特に単元指導計画は，教育課程に基づき教師が「これは子どもたちに必ず学んで欲しい」という学習内容を子どもが「これについて調べたい，話し合いたい，発表したい」と思う学習内容に転化し，子どもたちの主体的な学びを保障する本時指導を展開するための中心的な役割を果たすものとなっていた。

> **ワーク**　単元指導計画のフォーマットを参照し，あなたが好きな教科の単元指導計画を作成してみよう。

■引用文献
1）新名主洋一：学習指導案の書き方，独立行政法人教職員支援機構，2023，p. 4.

■参考文献
大木昭英：アクティブ・ラーニング 授業改革のマスターキー，明治図書，2014.
草加市教育委員会：草加市幼保小中一貫教育標準カリキュラム，2022.
独立行政法人教職員支援機構：アクティブ・ラーニング授業実践事例（200事例）.
森分孝治：社会科教育全書7 社会科授業構成の理論と方法，明治図書，1975.

第14章 教科による学びの実際（実践と評価）

評価とは何かと聞かれたら，どのように答えるだろうか。イメージしやすいものとして，「テスト」や「通知表」があげられ，教科においては学びの成果を測るものという理解がなされているのではないだろうか。しかし，実際には，評価は教科の学びを形作る重要な要素であり，授業計画にも密接に結びついている。本章では，具体的な指導の場面に即して，指導と評価を関連づけながら，評価について説明する。

1. 評価とは何か

本章ではまず，評価とは何かを，教科の学びとのつながりに着目しつつ概説し（第1節），これを踏まえ，具体的な指導の場面と評価のつながりについて例示する（第2節）。最後に，多様な評価の方法について概説する（第3節）。

教育における評価を指す言葉として，「エバリュエーション（evaluation）」と「アセスメント（assessment）」がある。この区分については多様な解釈があるが，その語源から「エバリュエーション」は特定の価値基準に従った判断，「アセスメント」は学習状況の分析とその結果と見ることができる。

評価は学習指導上の機能によって，「診断的評価」，「形成的評価」，「総括的評価」という3つに分類でき，これらは，指導や学習の改善，授業計画にも関わる。ブルーム*¹は，診断的評価の目的を「授業の開始時に生徒を適切に位置づけることと，授業の展開に当って，生徒の学習上の難点の原因を発見すること[1]」とする。また，形成的評価を「カリキュラム作成，教授，学習の3つの過程の，あらゆる改善のために用いられる組織的な評価[2]」，総括的評価を「1つの学期やコースのプログラムの終わりに，成績づけや認定，進歩の評価，カリキュラムや教育計画の有効性の検討などを目的として用いられる評価[2]」と説明している。近年では，「形成的評価」に関連し，学習者の学習改善の視点から「形成的評価」を見直した「学習のための評価」，という考え方も注目されている。また，評価活動に学習者を参加させ，評価活動を学習の場として捉える「学習としての評価」も注目され，関連して，2017（平成29）年改訂小学校学習指導要領解説総則編では次頁のような記述がある[3]。

*1　ブルーム：p.56の側注*3を参照。

＊2　「相対評価」は，戦前の評価が教師の主観的な判断による「絶対評価」であったことから，これを克服するため戦後に導入された。5段階の「相対評価」では，正規分布曲線により，「5」は上位7％，次の24％が「4」，次の38％が「3」，次の24％が「2」，残りの7％が「1」となると定められていた。これにより，ある集団内での相対的な位置を測定できる。正規分布の考え方が成績評価にそぐわないなどの問題点が指摘され，2001（平成13）年以降の指導要録では，用いられなくなっている。

＊3　学習指導要領に示す目標に照らしてその実現の状況を見る評価。学習者に共通の目標を設定し，その目標を評価の規準とする。2001年版指導要録で「相対評価」に代わり導入され，2010年（平成22）版指導要録，2019年版指導要録に引き継がれている。「絶対評価」ともいわれているが，「絶対評価」という言葉は戦前のものに限定して用いるべきとし，現在の「目標に準拠した評価」と区別する考え方もある。

＊4　皆見は，評価規準という語が，1991（平成3）年に出された文部省の指導要録改訂通知より公式に用いられる一方，都道府県教育委員会で作成した

> 教師による評価とともに，児童による学習活動としての相互評価や自己評価などを工夫することも大切である。相互評価や自己評価は，児童自身の学習意欲の向上にもつながることから重視する必要がある

　2017年改訂版小学校学習指導要領解説総則編で，学習評価は，「学校における教育活動に関し，児童の学習状況を評価するものである[3]」とされ，続けて以下の説明がなされている。

> 「児童にどういった力が身に付いたか」という学習の成果を的確に捉え，教師が指導の改善を図るとともに，児童自身が自らの学習を振り返って次の学習に向かうことができるようにするためにも，学習評価の在り方は重要であり，教育課程や学習・指導方法の改善と一貫性のある取組を進めることが求められる。
> 　評価に当たっては，いわゆる評価のための評価に終わることなく，教師が児童のよい点や進歩の状況などを積極的に評価し，児童が学習したことの意義や価値を実感できるようにすることで，自分自身の目標や課題をもって学習を進めていけるように，評価を行うことが大切である[3]。

　この説明から学習評価の際には，評価を実施しただけで終わらず，その評価の内容を，教師の指導改善や学習者の学習改善に生かすことが重要であることがわかる。また，学校現場の評価に関わる制度として，指導要録がある。2001（平成13）年に改訂された指導要録では，「相対評価[*2]」をやめ，「目標に準拠した評価[*3]」を行うこととなり，これは2019（平成31）年版指導要録にも引き継がれた。学習指導要領の「資質・能力の3つの柱」に対応して，2019年版指導要録における観点別評価の観点も「知識・技能」，「思考・判断・表現」，「主体的に学習に取り組む態度」に改められた。教科の指導の際には，この3つの観点から児童生徒に身に付けてほしい力などを目標とし，目標を踏まえた教育活動を実施する。そして，目標を達成できたかを判断するために，目標を踏まえた評価規準[*4]を設定し評価を行う。こうした，目標を踏まえた評価を行い，その結果の蓄積が指導要録にも反映される[*5]。

　以上のように，教科の指導において評価は，特定の価値基準に従った判断や学習状況の分析とその結果を踏まえ，授業や学習を改善するために行われるだけではなく，教科の指導計画にも密接につながる。具体的には，評価をそれ単体で考えるのではなく，授業計画を考える段階で，先述の3つの観点，各教科等の目標・内容や特性，学習者の状況，社会状況などを踏まえ，教育目標を考え，これにつながる内容・方法とともに，教育目標を達成できたかをどのように評価するかまで見通すことが重要となる。ただし，ゴール・フリー評価（goal-free evaluation）の立場からは，予め設定した目標に即して行う評価について，

その目標からはみ出す思わぬ結果を見過ごす可能性が指摘される。この指摘を踏まえると，学習者は事前の想定とは異なる学習を行うことも考えられるため，当初の目標を所与とするのではなく，「想定外」である学習者の実態の理解に基づいて，目標の見直しを行うことも必要である。

2. 具体的な指導場面に見る評価

　前節では，評価とは何かを概説してきた。本節では，以下に示す小学校第5学年社会科「米作りのさかんな地域」の授業計画（全11時間，以下，本授業と記載）を参考に，教科の指導と評価のつながりについて例示する。

（1）教科の目標を踏まえた単元の目標設定

　まず，小学校第5学年社会科は，2017年改訂版小学校学習指導要領解説社会編において以下の目標と内容が設定されている[4]。

> **【小学校第5学年社会科の目標】**
> 　社会的事象の見方・考え方を働かせ，学習の問題を追究・解決する活動を通して，次のとおり資質・能力を育成することを目指す。
> （1）我が国の国土の地理的環境の特色や産業の現状，社会の情報化と産業の関わりについて，国民生活との関連を踏まえて理解するとともに，地図帳や地球儀，統計などの各種の基礎的資料を通して，情報を適切に調べまとめる技能を身に付けるようにする。
> （2）社会的事象の特色や相互の関連，意味を多角的に考える力，社会に見られる課題を把握して，その解決に向けて社会への関わり方を選択・判断する力，考えたことや選択・判断したことを説明したり，それらを基に議論したりする力を養う。
> （3）社会的事象について，主体的に学習の問題を解決しようとする態度や，よりよい社会を考え学習したことを社会生活に生かそうとする態度を養うとともに，多角的な思考や理解を通して，我が国の国土に対する愛情，我が国の産業の発展を願い我が国の将来を担う国民としての自覚を養う。

> **【小学校第5学年社会科の内容】**
> （1）我が国の国土の様子と国民生活　　（2）我が国の農業や水産業における食料生産
> （3）我が国の工業生産　　　　　　　　（4）我が国の産業と情報との関わり
> （5）我が国の国土の自然環境と国民生活との関連

　これらの目標は，「資質・能力の3つの柱」とつながっており，（1）は「知識及び技能」，（2）は「思考力，判断力，表現力等」，（3）は「学びに向かう

資料や市販の教科書に評価基準の語が用いられる場合があることから，両者の区別や内容に関する議論について調査している。この2つの語の違いや内容については，研究者によっても意見が分かれる。本章では，小学校学習指導要領解説の記述に合わせ，「評価規準」に統一する。
皆見英代：「規準」と「基準」・'criterion' と 'standard' の区別と和英照合―教育評価の専門用語和訳に戸惑う，国立教育政策研究所紀要，137, 2008, pp.273-281.
文部科学省：小学校学習指導要領（平成29年告示）解説総則編，2017, p.94.

＊5　この他学校が，学期末に児童生徒を評価し，保護者に通知する書類として「通知表」がある。法令上の規定がある指導要録とは異なり，各学校の裁量で様々な工夫がなされている。「通信簿」，「あゆみ」，「かがやき」などと呼ばれる場合もある。

力，人間性等」に関わる目標で構成されている。本授業は，上記の内容のうち，「（2）我が国の農業や水産業における食料生産」に関わるものである。

　本授業は，下記の単元目標に基づき作成されている。この単元目標のうち，特に，「我が国の農業における食料生産について，生産の工程，人々の協力関係，技術の向上，輸送，価格や費用などに着目して，地図帳や各種の資料で調べ，まとめ」という部分が，第5学年社会科の目標の「知識及び技能」に，「食料生産に関わる人々の働きを考え表現することを通して」という部分が，「思考力・判断力，表現力等」に，「主体的に学習問題を追究・解決し，学習したことを基に，社会の一員として，これからの農業の発展について考えようとする態度を養う」という部分が，「学びに向かう力，人間性等」に関連している。

> 【単元目標】
> 　我が国の農業における食料生産について，生産の工程，人々の協力関係，技術の向上，輸送，価格や費用などに着目して，地図帳や各種の資料で調べ，まとめ，食料生産に関わる人々の働きを考え表現することを通して，食料生産に関わる人々は，生産性や品質を高めるよう努力したり輸送方法や販売方法を工夫したりして，良質な食料を消費地に届けるなど，食料生産を支えていることを理解できるようにするとともに，主体的に学習問題を追究・解決し，学習したことを基に，社会の一員として，これからの農業の発展について考えようとする態度を養う[5]。

表14-1　「米作りのさかんな地域」における単元の評価規準

知識・技能	思考・判断・表現	主体的に学習に取り組む態度
①　生産の工程，人々の協力関係，技術の向上，輸送，価格や費用などについて地図帳や各種の資料などで調べて，必要な情報を集め，読み取り，食料生産に関わる人々の工夫や努力を理解している。 ②　調べたことを図や文などにまとめ，食料生産に関わる人々は，生産性や品質を高めるよう努力したり輸送方法や販売方法を工夫したりして，良質な食料を消費地に届けるなど，食料生産を支えていることを理解している。	①　生産の工程，人々の協力関係，技術の向上，輸送，価格や費用などに着目して，問いを見いだし，食料生産に関わる人々の工夫や努力について考え表現している。 ②　食料生産と国民生活を関連付けて，食料生産が国民生活に果たす役割や食料生産に関わる人々の働きを考えたり，学習したことを基に消費者や生産者の立場などから多角的に考えて，これからの農業の発展について自分の考えをまとめたりして，適切に表現している。	①　我が国の農業における食料生産について，予想や学習計画を立て，学習を振り返ったり見直したりして，学習問題を追究し，解決しようとしている。 ②　学習したことを基に消費者や生産者の立場などから，これからの農業の発展について考えようとしている。

出典）国立教育政策研究所教育課程研究センター：「指導と評価の一体化」のための学習評価に関する参考資料 小学校 社会，2020，p.62より筆者作成.

　この上記の単元目標を踏まえ，表14-1の評価規準が設定されている。この評価規準には，「図や文などにまとめ」，「消費者や生産者の立場」など，表現方法や視点について焦点化する記述がある。これは，「診断的評価」によってわかった児童の実態を踏まえた目標，規準の設定と見ることができる[*6]。

（2）目標を踏まえた単元計画・本時計画

　前項で確認した単元目標を達成するため，単元計画とこれを踏まえた図14-1の本時計画が作成されている。単元は，「導入・展開・終末」の3段階で作られ，本時計画もまた，「導入・展開・終末」の3段階で作られている[*7]。

　本単元は，全11時間で構成されており，図14-1には第5時の案を示している。まず，学習問題をつかむ（導入）段階では，消費者が求める米を1年中購入できることについて話し合ったことから，「わたしたちが食べる米はどのように生産され届けられているのだろうか」という学習問題を作り，学習計画を立てる。次に，学習問題を追究する（展開）段階では，自然条件や生産工程，技術の向上，品種改良，農業協同組合の働き，輸送などの視点から，学習問題について調べていく。最後にまとめる（終末）段階では，調べたことを図にまとめたり，日本の農業の課題を調べたりしていく。

【本時のねらい】				
品種改良について調べることを通して，消費者と生産者のニーズを意識して開発が行われていることを考え表現できるようにする。				
	○ 学習活動　・児童の反応		□ 資料	◇ 留意点　☆評価
導入	○前時の学習内容を振り返り，本時の学習計画を確認する。 　・前回は耕地整理や農業機械を調べた。 　・今日は品種改良を調べる。 ○品種改良の系図を調べる。 　・新たな品種が次々に開発されている。 農業試験場では，なぜ新たな品種を開発しているのだろうか。		□前時のノート □イラスト「品種改良の系図」	◇前時のノートをもとに，学習内容と本時の内容とを全員で確認できるようにする。 ◇評判のよい「コシヒカリ」から後も開発がされていることを確認する。
展開	○新たな品種を開発している理由を予想する。 　・コシヒカリに負けない米にしたいのではないか。 　・さらにおいしい米を目指しているのではないか。 ○資料をもとに，品種改良の方法や開発された米の特徴を調べ発表する。 　・コシヒカリは味や形がよい。		□文章資料「品種改良の方法」「開発された米の特徴」「農業試験場の人の話」	◇評判のよい米が開発された後も続けられていることを基に予想するよう促す。 ◇品種改良を行うことで，どのようなよさがあるのかに着目して調べるように促す。 ☆ノートの記述や発言内容

*6　単元の目標や評価規準を設定する際には，これまでの学習内容や，これからの学習内容に目を向けることも重要となる。小学校第4学年までの既習内容で本授業に関わるものとして，例えば，小学校第3学年社会科「（2）地域に見られる生産や販売の仕事」がある。また，小学校第6学年以降の内容で，本授業に関わるものとして，例えば，中学校社会科地理的分野の「B 世界の様々な地域」，「C 日本の様々な地域」がある。
この他，教科等横断の視点から，他教科との関わりを踏まえることも重要となる。

*7　紙幅の制約から割愛したが，今回例にあげた授業「米作りのさかんな地域」には，詳細な単元計画も示されている。
国立教育政策研究所教育課程研究センター：「指導と評価の一体化」のための学習評価に関する参考資料 小学校 社会, 2020, pp.62-69.

	・ササニシキは味がよかったが冷害に弱かった。 ・品種によっては倒れにくく寒さにも強い。 ・病気に強い米は農薬を減らすことができる。 ○調べたことをもとに農家の工夫や努力をノートに書き，話し合う。 ・新たな品種を開発しているのは，おいしさや安全性など消費者の求める米にすることと，寒さに強い米にするため。なぜなら，開発された米にそのような特徴があるから。 ・新たな品種を開発しているのは，味など消費者が求める米にすることだけでなく，病気に強いなど生産者も作りやすい米にするため。なぜなら，米の特徴がそうなっているし，育てやすいことで農家の負担が減るから。		から，「品種改良された米の特徴や試験場の人々の取組を根拠に，生産者や消費者にとっての品種改良の利点を考えているか」を評価する。【思―①】
終末	○本時のまとめを学習カードに記入する。 ・農業試験場で新たな品種を開発しているのは，消費者が求める米にすることと，生産者が育てやすい米にするためである。		◇話合いの中で出された意見のうち，農家の工夫や努力とつながっているものを考え書くように促す。

図14-1「米作りのさかんな地域」の本時計画（第5時／全11時間）
出典）国立教育政策研究所教育課程研究センター：「指導と評価の一体化」のための学習評価に関する参考資料 小学校 社会，2020，p.67より筆者作成．

　図14-1に示す第5時の本時計画は，「品種改良について調べることを通して，消費者と生産者のニーズを意識して開発が行われていることを考え表現できるようにする」というねらい[*8]が設定されている。また，表14-1中の「思考・判断・表現」の①に焦点を当て，評価として「ノートの記述や発言内容から，『品種改良された米の特徴や試験場の人々の取組を根拠に，生産者や消費者にとっての品種改良の利点を考えているか』を評価する」ことが考えられている。

（3）授業中における評価を踏まえた指導

　本授業では，授業中の評価後，必要に応じて図14-2のような指導を行うことが考えられている。例えば，机間指導[*9]や児童への発問からD児のように，「新たな品種を開発しているのは，寒さに強い米などを作っているから」とい

*8　石井は，ねらいを教師の側で意識されている目標，めあてを学習者側で意識されている目標と説明している。教科，単元，授業などのレベルに応じて，学習者に習得させたい内容や育てたい資質・能力を目標とし，これを踏まえた各時間の教師の指導のねらいと学習者の学習のめあてを設定する（めあてについては，学習者自らが教師の支援を受けつつ，あるいは受けずに設定する場合もある）。
西岡加名恵・石井英真編：教育評価重要用語事典，明治図書出版，2021，p.57.

*9　一斉授業の際に，学習者個人，あるいはグループに机の間を巡回しながら行う指導のこと。学習状況の把握や，把握した学習状況を踏まえた支援を行う。また，把握した学習状況を，他の学習者に伝えるなどして，その後の授業展開に生かす場合もある。

う考えが読み取れた場合，先述したねらいや評価規準に照らすと，「生産者」や「消費者」のニーズを意識するところまでは至っていないことが考えられる[*10]。こうした児童に対しては，「生産者」や「消費者」の視点を考えられるよう，米に関わる人物についてさらなる発問や助言を行っていくことや，つながりのある既習事項について対話を行うことなどを通して学習改善を図っていくことが考えられる。このように，教師は，机間指導や発問などによって，その場での形成的評価を行うとともに，読み取れた結果を踏まえて本時の学習がより深くなるような指導を行うのである。

　ただし，なぜD児が「事実を羅列」をしたのかに目を向けて評価をすると，授業の方法や単元計画，これまでの学習内容等に何か問題がある可能性も考えられる。その際には，授業中に提示する資料を変更したり，評価結果を踏まえ，次時以降の内容や方法を変更したりすることが重要となる。

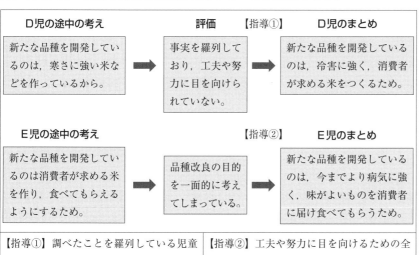

図14-2　「米作りのさかんな地域」における指導

出典）国立教育政策研究所教育課程研究センター：「指導と評価の一体化」のための学習評価に関する参考資料 小学校 社会，2020，p.67より筆者作成．

3. 多様な評価の方法

　前節では，具体的な授業の場面を想定した計画を参考に，教科の指導と評価のつながりについて例示した。前節で参考とした小学校第5学年社会科「米作りのさかんな地域」の授業計画では，ノートの記述や発言内容を評価すること

［欄外注］
*10　仮に，授業のねらいが「米作りの工夫の背景について，調べたことをワークシートにまとめたり発言したりすることができるようにする」であった場合，D児のような考えは，「寒さに強い米を作る必要性に気づいている」ため，ねらいを達成しているといえる。このように，ねらい（または，授業の目標，評価規準）によって評価結果は変わる。また，学習者によって学習状況が異なることからも，「診断的評価」による授業前の対象理解や，ゴール・フリー評価の考え方も重要となる。

が考えられていたが，その他にも様々な評価の方法がある。例えば，評価の方法を機能や時期の視点から見ると，本章第1節でも述べた，「診断的評価」，「形成的評価」，「総括的評価」に分類できる。これに加え，本節では，多様な評価の方法について，① 筆記や実演を通じた評価，② 学習者の具体的な姿を通じた評価，③ 新たな評価，の3つの視点から概説する。

（1）活動を通じた評価

①の筆記を通じた評価としては，選択回答式（客観テスト式），自由記述式の問題による筆記テスト，実演を通じた評価としては，面接，口頭試問，技能の実演などの実技テストがある。さらに，質問紙による評価もある。これらの方法は，目標の達成度や課題の遂行状況などの学習の成果を評価する総括的評価だけではなく，事前の診断的評価や，学習過程の形成的評価として，学習者の学習状況や既習事項の確認などのために用いることができる。

加えて近年では，「パフォーマンス課題」に基づく「パフォーマンス評価」が注目される。「パフォーマンス課題」とは，様々な知識やスキルを総合して使いこなすことを求めるような複雑な課題を指し，エッセイや小論文，研究レポート，物語の作成，プレゼンテーション，演劇などがこれに含まれる。「パフォーマンス評価」では，作品やその製作過程，実演やその練習の過程を評価していく。「パフォーマンス評価」が注目される背景には，「真正の評価（authentic assessment）」という新たな考え方がある。「真正の評価」は，客観テストなどのテストが学習者の日常と断絶し，本当の学力を評価できていないのではないか，学校の中でしか通用しない特殊な能力を評価していないかという批判として提起された。「真正の評価」では，実社会や実生活を模した課題（例えばパフォーマンス課題）に取り組むプロセスの中で学習者の評価を行っていく。こうした，課題遂行の過程を評価する方法として「ポートフォリオ[*11]」が，課題での学びの質的な評価方法として「ルーブリック[*12]」がある。

②の学習者の具体的な姿を通じた評価には，例えば，活動の観察や，発問への応答，ノートやワークシート，日記の評価が該当する。これらを用いて，①のように特別な評価機会を設けるのではなく，日々の活動の中で日常的な評価と，これを踏まえた授業改善，学習改善を行う。特に，就学前教育では，遊びを通じた教育が行われ，観察は重要な評価方法となる。また，机間指導を通じても日常的な評価が行われる。

（2）新しい評価方法

③の新たな評価の方法として，近年では，ICT（Information and Communication

[*11　ポートフォリオ：元々「書類入れ」を意味し，学習者の学習成果物や，自己評価の記録，教師の指導の記録などを，ファイルなどに継続的に蓄積したものを指す。「ポートフォリオ」に入れるものを選定する中で学習者は学習の自己評価を行うとともに，これまでの学習の振り返りを行う。また，「ポートフォリオ」について，教師と学習者が共に検討を行うことで，学習改善，授業改善につながる。

[*12　ルーブリック：評価の尺度（例えば5段階評価）と，各尺度に対応する記述語（各尺度にどのような認識や行為が当たるか）から成る評価指針。学習者に公開されることにより，学習者は，自身の学習活動や自己評価の指針として「ルーブリック」を活用できる。これにより，より高いレベルに到達するために必要な事柄を確認しながら学習を進めることができる。

Technology：情報通信技術）を活用した評価が注目される。2020（令和2）年文部科学省発行の「教育の情報化に関する手引-追補版-*13でも言及されるように，教科等の指導におけるICT活用は，活用の主体によって， a 教員のICT活用と， b 児童生徒のICT活用という2つに分類できる。

　aの教員のICT活用としては，例えば，授業での活動の様子を撮影し，これを評価の資料とすることが考えられる。また，課題やテストを電子化することで，採点やフィードバックを自動化できたり，評価の情報の蓄積が行いやすくなったりすることが考えられる。これらの方法は， bの児童生徒のICT活用にもつながる。例えば，授業中の活動の様子を児童生徒自らが撮影し，自己評価の資料とすることや，課題やテストのフィードバックを基に振り返りを行ったり，蓄積された情報を分析したりすることが考えられる。また，ICTを活用することで，活動の記録や評価の情報を教師と児童生徒が共有しやすくなる利点もある。例えば，LMS（Learning Management System：学習管理システム）*14や，先述した「ポートフォリオ」を電子化した「e-ポートフォリオ」を通じて教師と学習者が学習に関する情報を共有することで，作業過程の評価やフィードバックを容易に行うことができる*15。

　これらのICTを活用した評価の方法はいずれも，①，②とつながっており，従来の評価を大きく転換するものというより，これまでの評価をよりよくしていくものと見ることができる。

（3）目的・目標に応じた評価方法の選択

　ここまで述べたように，評価には多様な方法が存在する。多様な方法がある背景には，学力や学習の成果を評価することの難しさがある。そもそも学力や学習の成果は多面的なものであり，1つの方法で評価できることには限界がある。そのため，教師は教科の指導に際し，ある特定の評価方法のみを採用するのではなく，目的に応じて，適切な評価方法を選択すること，あるいは評価の方法を組み合わせていくことが重要となる。例えば，前節で例示した，「米作りのさかんな地域」においては，特にノートの記述や発言内容による日常的な児童の姿が評価されていたが，これに加え，知識の習得状況の確認として，筆記テストや口頭試問を用いることも考えられる。

　また，目標と評価方法に応じて，授業の方法も適切なものを選択することが重要となる。例えば，米作りについて調査したことを発表することを通じて，米作りについての知識の習得，調査などのスキルの向上を目標とする教育活動を行う場合，発表を通じた「パフォーマンス評価」を実施することが考えられる。その際の授業は，発表のための調査や発表資料の作成が主な活動となり，

*13 「教育の情報化に関する手引」は，以下のページからダウンロード可能である。第4章において，教科等の指導におけるICTの活用について示されている。

*14 **LMS**：オンライン上での学習を運用，管理するためのシステムのこと。学習者の登録や教材の配布，学習の履歴や成績及び進捗状況の管理，統計分析，学習者との連絡などの機能がある。LMSの具体例として，GoogleのGoogle Classroom，MicrosoftのMicrosoft Teamsなどがある。

*15 このほか，ワークシートやノートの代わりに文書作成アプリ，発表の際にプレゼンテーションアプリを用い，これらのファイルを共有し，同時に閲覧や編集を可能にすることにより，作業過程を確認することができる。例えば，本章第2節で扱ったノート記述の評価について，このノートを文書作成アプリで作成し共有することで，その編集履歴から，作成過程を評価することが可能となる。

目的に応じて個人・グループ活動や，中間発表を行うことも考えられる。評価の際には，本番の発表だけではなく，観察を用いて日々の学習過程を評価しフィードバックを行ったり，振り返りのためのワークシートを用いて学習の自己改善を促したりするなど，様々な評価方法を組み合わせ，対象を多面的に理解し，学習者の学びをより深くしていく工夫も重要となる。

　以上のように，教科の指導の場面において，評価とは，学習者を理解し，授業設計を行うこと，また，授業において，目的・目標を達成できたかどうかを検証し，その後の学習や指導の改善を行うために実施される。そして，各授業や単元での評価結果の蓄積が学期や学年での評価，また，通知表や指導要録にも反映されていく。

ワーク

① 　本章第2節で事例にあげた授業「米作りのさかんな地域」の評価規準について，ほかにどのような規準を設定できるか考えよう。

② 　①で設定した規準をどのような方法で評価するかを考えよう。

③ 　①，②を踏まえて，授業でどのような活動を行うか考えよう。

■引用文献

1）B. S. ブルーム他，梶田叡一・渋谷憲一・藤田恵璽訳：教育評価法ハンドブック─教科学習の形成的評価と総括的評価─，第一法規出版，1973，p.125.
2）前掲書1）と同じ，p.162.
3）文部科学省：小学校学習指導要領（平成29年告示）解説総則編，2017，p.93.
4）文部科学省：小学校学習指導要領（平成29年告示）解説社会編，2017，pp.70-96.
5）国立教育政策研究所教育課程研究センター：「指導と評価の一体化」のための学習評価に関する参考資料 小学校 社会，2020，p.62.

■参考文献

梶田叡一：教育評価〔第2版補訂2版〕，有斐閣，2010.
田中耕治編：よくわかる教育評価〔第3版〕，ミネルヴァ書房，2021.
西岡加名恵・石井英真・田中耕治編：新しい教育評価入門─人を育てる評価のために［増補版］，有斐閣，2022.
二宮衆一：イギリスのARGによる「学習のための評価」論の考察，教育方法学研究，38，2013，pp.97-107.
根津朋実：カリキュラム評価の方法─ゴール・フリー評価論の応用─，多賀出版，2006.

第15章　教育課程の課題と可能性

　制度化されたカリキュラムとしての「教育課程」は，学校の教育活動全体の計画立てとして，教育関係法規によって掲げられた理念・目標を実現するために学校教育において重要な位置を占めてきた。そのような中，近年学校や学校を取り巻く社会で生じた（あるいは発見された）様々な問題をきっかけに，すべての子どもたちにとって最適であり得る教育課程のあり方に関する議論が活発になされている。本章では，教育課程の課題とこれからの教育課程のあり方について問題共有し考えてみたい。

1.　特別な教育的ニーズのある子どもたちへの教育

　「スペシャル・ニーズ・エデュケーション」（Special Needs Education）という言葉は，日本では「特別支援教育」と同義で捉えられる。「スペシャル・ニーズ」に代えて，今日では新たに「特別な教育的ニーズ」という言葉が用いられることもある。この場合は，障害以外のさまざまな因子（心理的，生理的な課題や経済問題など）によるさまざまなニーズも含まれる。本節では，これまでのスペシャル・ニーズのある子どもを対象とした教育について見ていったうえで，今日の教育現場で求められる「特別な教育的なニーズ」の問題背景についてふれる。

（1）障害者への教育

　2007（平成19）年度に始まった特別支援教育では，障害のある幼児，児童，生徒の自立や社会参加への主体的な取り組みを促すことを通して共生社会の実現を図ることが目的とされてきた。

　国際的な動向でみると，1960年代から70年代にかけての「ノーマライゼーション*1」の考え方の広がり，1994（平成6）年のサラマンカ宣言*2を受ける形で，それまでの「インテグレーション*3」という考え方に基づく統合教育*4に対する批判のもと，「インクルージョン*5」という考え方が提唱された。また，2006（平成18）年の国連での障害者権利条約*6採択を受けて，インクルーシブという新しい概念実現にむけた「合理的配慮*7」の原則も提示された。

　日本の特別支援教育では，障害の有無にかかわらず「ともに学ぶ」という点

*1　ノーマライゼーション（normalization）：デンマークのバンク＝ミケルセン（Mikelsen, Bank, 1919-1990）によって提唱され，「障害者を排除するのではなく，障害を持っていても健常者と均等に当たり前に生活できるような社会こそが，通常な社会である」という考え方を示している。

*2　サラマンカ宣言：1994（平成6）年6月7日から10日にスペインのサラマンカにおいてユネスコとスペイン政府とで開催した「特別ニーズ教育世界会議」後に出された「特別ニーズ教育における原則，政策，実践に関するサラマンカ声明と行動大綱」。

*3　インテグレーション（integration）：「統合，統一，融合，一体化」という意味をもつ。元々分かれていたものを一つにするという意味である。反対語は「セグリゲーション（分離）」であり，分けて教えるという意

味合いである。

に焦点化され，内容については交流や共同学習，特別支援学校に特別支援教育のセンター的機能をもたせるなど，「ともに学ぶ仕組み」づくりが中心となった。

インクルーシブ教育では，「ともに学ぶ仕組み」の条件として学校における授業のユニバーサルデザイン化（授業UD）が図られた。授業UDとは「特別な支援が必要な子を含めて，通常学級の全員の子が，楽しく学び合い『わかる・できる』ことを目指す授業デザイン」（日本授業UD学会）と定義される[8]。

（2）「性の多様性」と教育

人間の「性」は，本来，複雑であるが，「男／女」という言葉に基づくと，単純に理解される。「性」は，生まれの性（sex：生得的な性）と育ちの性（gender：獲得的な性）に分けられる。前者は，ホルモンの分泌，細胞の分化，外性器の形成など，後者は，自己への認識（性自認），他者への性愛（性指向），自己の性的な表出（性表現）などがある。これらは，「男／女」という「二項対立」では捉えることはできないもので，それぞれに境目がないものであるため，「性別」ではなく「性スペクトラム」と考えられる[9]。

性的少数者を示す「LGBT[10]」という言葉が日本において注目を集めるきっかけとなったのが2015（平成27）年の電通ダイバーシティ・ラボ調査[11]である。この調査によると日本国内で13人に1人はLGBTだということが報告された（40人クラスのうち3人はLGBTが含まれている計算になる）。さらにこのうち約7割が，学齢期においていじめや暴力を経験し，この約7割のうちの12％は教職員からのいじめであったということ，LGBTのうち性同一性障害[12]の約3人に2人は死を願ったことがあるということも明らかにされた。こうした調査も背景にあり，学齢期のLGBTの子どもたちに対する支援の緊要性が社会で認識され，2015（平成27）年には文部科学省から「性同一性障害に係る児童生徒に対するきめ細かな対応の実施等について」が各都道府県の学校に通知された。この時点では性的少数者のうち「性同一性障害」に限定した通知であったが，その後教職員向け周知資料タイトルでは「性同一性障害や性的指向・性自認に係る，児童生徒に対するきめ細かな対応等の実施について」と，「性的指向・性自認」も含めた形で配慮を求めた。この周知資料の中では「自認する性別の制服・衣服や，体操着の着用を認める」，「（更衣室として）保健室・多目的トイレ等の利用を認める」等々の学校における対応事例が紹介された。

その後，性同一性障害（性別違和）等性自認に関する対応については，一定の前進が認められるが，性指向に関する対応については遅れている。現行の学習指導要領では，「性の多様性」は盛り込まれておらず，必ず扱うよう指導さ

れる項目として道徳で「異性の理解」, 保健体育で「異性の尊重」, 特別活動で「男女の相互理解」があげられるなど, 異性愛を中心とした学習内容となっている。

　男女という性別二元論[*13]は, 可変的な概念にもかかわらず, 学校を含めた社会全般ではこの性別二元論が前提となっている。例えば, 学校の内外問わず, トイレを指すピクトグラム（絵記号）は, 性的多数派にとってはとりたてて注目することもない「当たり前」のマークであるが, 自分の性別に違和感をもつ人にとってはそのマークがあることで, トイレの利用ができなくなるケースがある。性指向についても, 異性愛を「当たり前」とすると, 同性愛や両性愛など異性愛以外の性指向の人にとっては居心地の悪い排除された空間になる。LGBT は, 男女という性別二元論では見えにくいものであり, 当事者にとっては生きづらさにもなりかねない。そのため, 生活の一部である学校という場においても, 当事者が生きづらさを感じることがないように, ハード面だけでなくソフト面での改革が必要である。

> **ワーク1**
> ・現行の教員免許種で「特別な教育的ニーズ」に対応する工夫について考えてみよう。
> ・通常の学級に障害者がいることを想定した指導の工夫について調べてみよう。

2.　チーム学校―学校における多様な専門人材による協働―

　中央教育審議会答申「チームとしての学校の在り方と今後の改善方策について」〔2015（平成27）年〕が出され, 学校における子どもたちに関わる様々な問題への対応として, 学校が教育課程の改善などを実現し, 複雑化・多様化した課題を解決するために, 学校の組織としてのあり方, 学校の組織文化に基づく業務のあり方などを見直すことで「チームとしての学校」を作ることが示された。

　まず「チームとしての学校」が求められるようになった背景として, 変化の激しい社会の中で生きていく子どもが時代の変化に対応することのできる様々な力を身に付けるために, 教育課程の改善と同時に教師の体制づくりが必要との認識があった。

　「チームとしての学校」像としては,「校長のリーダーシップの下, カリキュラム, 日々の教育活動, 学校の資源が一体的にマネジメントされ, 教職員や学校内の多様な人材が, それぞれの専門性を生かして能力を発揮し, 子供たちに

とであり, 障害のある子どもに対し, その状況に応じて, 学校教育を受ける場合に個別に必要とされるもの」であり,「学校の設置者及び学校に対して, 体制面, 財政面において, 均衡を失した又は過度の負担は課さないもの」と定義している。

＊8　この授業 UD とインクルーシブ教育とは考え方としては矛盾しないが, 方法レベルでの「授業のスタンダード化」と授業 UD とが混同されることによって問題も生じている。例えば, すべての教員の授業の方法を統一して,「めあて」や「まとめ」のチョークの色の用い方を決めたり, 児童生徒の机上の筆記用具の位置を決めたりする学習規律のスタンダード化は, ある子にとって学びやすい環境になるが, 別の子にとっては学びにくい学習環境になってしまっているケースも少なくない。

＊9　性の形成過程には, 身体としての遺伝情報のほかにもいくつも因子がある。性指向に関しては, 異性愛, 同性愛, 両性愛, 無性愛の4つがある。性自認に関しては,「男女」だけでなく, 両性, 中性, 無性, クエスチョニングがある。

＊10　**LGBT**：女性同性愛者を指すレズビアン（Lesbian）, 男性同性

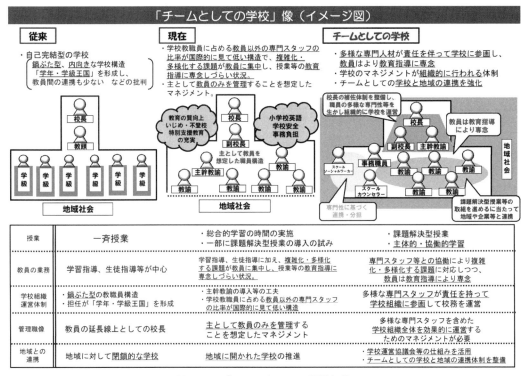

図15-1　「チームとしての学校」像

出典）中央教育審議会：チームとしての学校の在り方と今後の改善方策について（答申 資料）」2015, p.14.

愛者を指すゲイ（Gay），
男女両性に性愛感情の
向くバイセクシュアル
（Bisexual），身体的性
別と性自認とが一致し
ないトランスジェン
ダー（Transgender）
の略語によって示され
る性的少数者の総称。
「LGBTQ」と表記され
る場合もある。この場
合，「Q」は「Queer」
や「Questioning」の
頭文字で規範的な性の
あり方以外を包括する
Queer，自らの性のあ
り方について特定の枠
に属さない，わからな
い Questioning も含ま
れる。

＊11　調査は2018（平
成30）年，2020（令和

必要な資質・能力を確実に身に付けさせることができる学校」（文部科学省）と表現されていた。「チームとしての学校」では，ともすれば従来教員によって占められていた学校空間に，医療・福祉・労働の関係機関，支援員＊14，学習ボランティア，登下校サポーターなど，多様な経験や専門性をもった人々が入ることによって，協働しながら子どもの教育を共に担っていくという，学校内における教育の担い手の多様化という性格をもつ。

　教育課程との関連では，教師だけでなく，家庭や地域，多様な経験と専門性を有する人々が教育に関わることで，学校で立てる教育活動の全体的計画も「社会に開かれた教育課程」となることが期待された。「社会に開かれた教育課程」は，学習指導要領の特徴の柱の1つであり，何より「よりよい学校教育を通じてよりよい社会を創るという目標を学校と社会が共有する」ことで，そのために子どもたちに必要となる資質・能力を学校と地域が連携しながら育むというコンセプトである。こうしたコンセプトの下，教員がすべきこととして，教員間の OJT（On the Job Training：実践を通しての指導），学習支援員との連携，家庭の課題に対応するケース会議などが必要となる。

3. 教育機会の確保—学校以外の多様な学びの場での教育—

（1）不登校児童生徒の支援

　不登校児童生徒への支援に関しては，これまで保健室登校やフリースクールへの登校，スクールカウンセラーや心の指導教室での対応という形がとられてきた。制度的にも，日本国憲法及び教育基本法体制下で児童の権利に関する条約などを背景にこれまで文部科学省から「登校拒否問題への対応について」（平成 4 年 9 月24日通知），「不登校への対応の在り方について」（平成15年 5 月16日通知），「不登校児童生徒が自宅において IT 等を活用した学習活動を行った場合の指導要録上の出欠の取扱い等について」（平成17年 7 月 6 日通知）及び「不登校児童生徒への支援の在り方について」（平成28年 9 月14日通知）が出され，学校教育において支援の取り組みがなされてきた。

　不登校の子どもたちに学校外での多様な学びの場を提供することで教育機会を保障する「義務教育の段階における普通教育に相当する教育の機会の確保等に関する法律（通称：教育機会確保法）」が，2016（平成28）年に成立した。図15-2 に示されるように，法律の成立以降も不登校児童生徒数は増え続けて，2022（令和 4 ）年度には299,048人に至っている[1]。

　当初，不登校支援では学校復帰が目指され，学校以外の場所での教育は選択肢として推奨されていなかったが，教育機会確保法が成立する2016（平成28）年までに，次第に学校以外の居場所で学んでいる不登校児童生徒は増えていった[*15]。そうした居場所の中にはオルターナティブとしてのフリースクールが含まれていたが，公的学校として制度に位置づけられていなかったために，公的

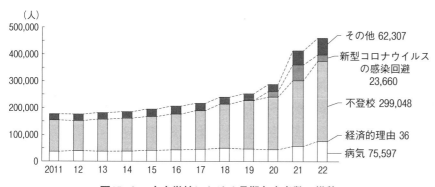

図15-2　小中学校における長期欠席者数の推移

出典）文部科学省：令和 4 年度 児童生徒の問題行動・不登校等生徒指導上の諸課題に関する調査結果の概要，2023，p.19.

2 ）年にも実施されている。

電通ダイバーシティ・ラボ調査：LGBT 調査，2015.

＊12　性同一性障害
（性別違和）：こころの性と，からだの性が異なり，その性差から生じる違和感から顕著な苦痛や日常生活に支障をきたす疾患とされる。

＊13　性別二元論：性を「男」と「女」のいずれかによって分類する考え方。

＊14　支援員：この場合の支援とは，特別支援教育，医療的ケア，ＩＣＴ教育，教師の指導や事務などを補助する役割を指す。手続きとしては，教育委員会や委託業務先が公募・選定・採用するもので，具体的な場面では，児童生徒の学習や生活を支援する役割を担うこともある。

＊15　文部科学省：不登校児童生徒による学校以外の場での学習等に対する支援の充実～個々の児童生徒の状況に応じた環境づくり～，2017を参照。

支援が受けられない状況にあった＊16。運営者側の経済的な負担はもちろん，通わせる家庭は，特に義務教育の場合は，日本国憲法の規定により国公立の小中学校に通えば無償であり，税金で学校教育を受けることができる。それに対し，フリースクールに子どもを通わせる家庭は，税金で国公立学校の教育を支えながら，フリースクールの費用も払うという二重払いになる矛盾もあった。1990年代にフリースクールへの出席が学校への出席扱いになること，通学定期適用ということが認められたが，フリースクールと学校との二校に所属する問題などが残されたままとなっていた。

　教育機会確保法成立の発端は，夜間中学や不登校の子どもの教育権をどう保障するかという問題からであったが，この法律によって，「普通教育」が学校によって独占されているという問題状況が，改めて浮き彫りになった。学校教育に関係する法令の規定に従って教育を受けたときに，「普通教育」を受けたと見なされてきた。他方で，学校以外の場所で教育を受けても，それは「普通教育」という公的な教育として認められてこなかった＊17。

（2）教育権保障という理念の実現

　日本国憲法第26条には「すべて国民は，法律の定めるところにより，その能力に応じて，ひとしく教育を受ける権利を有する」とあるが，教育を受ける権利を基本的人権と捉えるならば，ここにいわれる「すべて国民」は，「日本国籍をもつ日本人」には限定されない天賦の権利である。憲法のみならず，日本が批准した国際条約を視野に入れるならば，日本国籍以外の外国人が教育を受ける権利も当然保障されなければならない。日本国内のすべての人が，「能力に応じて，ひとしく教育を受ける権利を有する」わけであるが，義務教育に関しては，「すべて国民は法律の定めるところにより，その保護する子女に普通教育を受けさせる義務を負う」と規定される。全国民共通の一般的で基礎的教育という意味での「普通教育」に関して「法律の定めるところ」は，「学校教育法の定めるところ」ということになるが，「普通教育」が学校教育法第1条に定められる学校の教育に限定され，義務教育については，小学校，中学校，義務教育学校，特別支援学校（小学部・中学部），中等教育学校（前期課程）しか含まれない。不登校の子ども以外にも，学校に通えなかった形式的卒業者，居住実態が把握できない児童生徒，無戸籍の学齢児童生徒などが存在する。

　ここであらためて考えてみなければならないのは，「普通教育」とは何か，「普通教育」は学校教育に限定されるのか，近代以降われわれが当然のこととして受け入れてきた学校の自明性にかかわる。教育機会確保法の第13条では，「学校以外の場において行う多様で適切な学修活動の重要性」が指摘され，不登校

児童生徒の「状況に応じた」，学校外の普通教育の機会確保，多様な学びの促進のための「必要な情報の提供，助言その他の支援」を行うとし，学校以外の多様な学びの場が，普通教育の機会につながるものとして，公的に承認された。

4. 教育のデジタル化—「新しい時代」を切り拓く学び—

（1）　新しい時代—予測困難な時代の教育—

　文部科学省が現行の学習指導要領を編成する際に背景にあげる「新しい時代」は，一言でいうと「予測困難な時代[18]」である。そうした時代を特徴づける現象としては情報化，グローバル化，人工知能（AI：artificial intelligence）の飛躍的進化があげられてきた。特に人工知能に関しては2010年代半ばからシンギュラリティ[19]への期待と恐れが入り混じる形で論じられてきたし，現在もその論議は継続中である。内閣府ではこの「新たな時代」における「新たな社会」に「Society 5.0[20]」という呼称を与えており，それに向けた人材の育成が求められている。この過程で，「IoT」（Internet of Things）で様々な知識や情報が共有され，人工知能によって技術の進歩やオートメーション化が広範囲にわたってさらに進むことが予測される。

　今後，人工知能と競争しながら知識基盤型の労働がさらに推し進められ，未知の社会的諸課題が次々と生じると予想される中で，労働市場から締め出されないためにどのような力を身に付けておかなければならないか，「新しい社会」を担う世代にとっては切実な問題である。

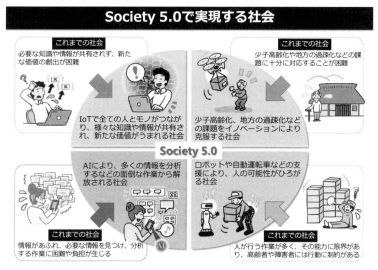

図15-3　Society 5.0とは

出典）内閣府：Society 5.0とは

*18　このような社会の急激な変化とそれに伴う学びの変革の必要性については，2018（平成30）年時点でOECD Education 2030 プロジェクトの中間的概要報告「2030年に向けた学習枠組み」(Learning Framework 2030) の中で先行する形で述べられていた。それによると不安定，不確実，複雑，曖昧を特徴とする急激な社会変化（p.52参照）の中で「カリキュラムも，おそらくは全く新しい方向に進化し続けなければならないだろう」との予測が立てられていた。

*19　**シンギュラリティ**：カーツワイル(Kurzweil,Ray,1948-) 博士らが示した未来予測として，人工知能が人間の知能を超える転換点を示す概念。人工知能が人間の知能を超えることによって，社会や人間の生活に決定的な変化が起こることが予測されている。

*20　**Society 5.0**：狩猟社会（Society 1.0），農耕社会（Society 2.0），工業社会（Society 3.0），情報社会（Society 4.0）に続く，新たな社会を指し，サイバー空間（仮想空間）とフィジカル空間（現実空間）を高度に融合させたシステムにより，経済発展と社会的課題の解決を両立する，人間中心の社会（Society）と定義される（総務省）。

＊21　GIGA スクール
構想：「児童生徒の端
末整備支援」「学校
ネットワーク環境の全
校整備」「GIGA スクー
ルサポーターの配置」
「緊急時における家庭
でのオンライン学習環
境の整備」の四本柱か
らなる構想。「1 人 1
台端末と，高速大容量
の通信ネットワークを
一体的に整備すること
で，特別な支援を必要
とする子供を含め，多
様な子供たちを誰一人
取り残すことなく，公
正に個別最適化され，
資質・能力が一層確実
に育成できる教育環境
を実現する。これまで
の我が国の教育実践と
最先端の ICT ベスト
ミックスを図ることに
より，教師・児童生徒
の力を最大限に引き出
す」とされている（文
部科学省：「GIGA ス
クール構想」につい
て，2020，p.1.）。折
しも直後に COVID-
19が世界中に広がり，
2020（令和 2）年 4 月
には内閣の判断により
一斉休校の措置が取ら
れ，オンライン教育へ
の関心が高まってい
る。「GIGA」とは，
「Global and Innovation
Gateway for All」の
略 で。「gateway（関
所・関門）」はインター
ネットの情報とユー
ザーとを結ぶシステム
を指す。

＊22　DX（Digital
Transformation, デジ
タル トランスフォー
メーション）：デジタ
ル技術を駆使すること
で状況（この場合は教

（2）GIGA スクール構想―未来の教室―

　日本の学校は，2018（平成30）年の時点で，OECD（経済協力開発機構）諸国中，最も情報通信技術（ICT）導入が遅れているとされた[2]。それを受ける形で2019（令和元）年12月に閣議決定された学校教育環境の「GIGA スクール構想[21]」により，現在国家主導で教育学習環境の変革が進められている。

　2021（令和 3）年 1 月に文部科学省が取りまとめた答申『「令和の日本型学校教育」の構想を目指して〜全ての子供たちの可能性を引き出す，個別最適な学びと，協働的な学びの実現〜』では，副題に示されるように，「全ての子供たちの可能性を引き出す」ことが謳われ，それが ICT 教育による「個別最適な学び」と「協働的な学び」の実現によって達成されると説明されている。この答申に続き，教育再生実行会議の第12次提言「ポストコロナ期における新たな学びの在り方について」〔2021（令和 3）年 6 月〕では，学習に関するデータや生活や健康に関するデータ，教師の指導・支援等に関するデータなどのビッグデータを用いた「データ駆動型教育の推進」を打ち出した。

　ところで，この「GIGA スクール構想」は，その出処が文部科学省ではなく，経済産業省であるという点が興味深い。具体的には，内閣官房 IT 戦略室（現デジタル庁）・文部科学省・経済産業省・総務省などが企画に関わった政策である。具体的な事業としては，「1 人 1 台端末配備」というハード面での教育環境整備を出発点として「教育の DX[22]」を推進するための様々な政策転換がなされている。

　この「教育の DX」による「未来の教室」では，時間や場所に制約されることなくインターネット上で指導者・支援者につながったり，優れた EdTech[23]教材を利用することによって，日常の社会生活における課題，最先端の科学の課題に向き合うことを通して「生きた学び」ができるとされ，従来の教室における学習スタイルの変革を企図している。

　具体的には，「1 人 1 台の端末」の環境により，一斉学習においては，教師が授業中でも一人ひとりの反応を把握でき，子どもたち一人ひとりの反応を踏まえた，双方向型の一斉授業が可能となることで一斉学習の学びを深化させることができるとされる。個別学習においては，各人が同時に別々の内容を学習し，個々の学習履歴を記録し，一人ひとりの教育的ニーズや，学習状況に応じた個別学習が可能となる。他方協働学習においては，お互いの考えをリアルタイムで共有・子ども同士で意見交換が可能になることで，各自の考えを即時に共有し，多様な意見にも即時に触れられることから，学びの転換が期待できるとされている。

（３）「個別最適化」の実際―教育の個別化と協働化をどう両立するか―

　「個別最適化」は，子ども一人ひとりが違っていること，子どもが多様なあり方をしていることを前提としている。実際，子どもたちはそれぞれ個性をもっているし，成長過程でそれぞれの個性に従い，その子らしく学び，その子らしく育っていく。教育現場では，こうした個性によって「違っていること」によりどの子も不利益にならないように配慮することが求められ，これまでにも「個に応じた指導」が教師によってなされてきた。いわゆる「指導の個別化」である。これは，指導においてすべての子どもの共通の学力を保障するために個々に合った指導をするという考え方である。

　他方で，学びの協働化は，1980年代後半以降，「学びの共同」という概念で佐藤学によって提唱される等[3]，教育界でも意識されてきた。しかし，1989（平成元）年学習指導要領改訂の時期における学習の個性化のスローガンによる様々な教育改革と2000年代に入っての特別支援教育の実践等，「指導の個別化」については進展を見せているが，「学びの協働化」については指導の個別化ほどには進んでいない。「『令和の日本型学校教育』の構築を目指して」でも，ICT や人工知能を活用した「指導の個別化」「学習の個性化」の比重が大きく，具体的な方策について言及されるのに対して，「学びの協働化」についてはほとんど言及されていない。

　ICT 化やそれを用いた遠隔化は，指導・学習の「個別性」と「協働（共同・協同）」の組み合わせに影響してくる。「指導の個別化」「学習の個性化」が進展する中で，これまで集団的学習を通して培われてきた協働性を基盤とする学びを「個別最適な学び」とどう両立させるかが課題となる。

　以上本章では，全体を通して「教育権」という観点から，すべての子どもが公教育にアクセスできること，さらに予測困難な時代にあって，公教育としての学校の役割，学びの質を保障する仕組みについて考えてきた。

　先が見通せず予測困難な時代の社会で生きていくために子どもたちには何が必要なのか。時代や地域に限定されることなく，いろいろな場面で応用できる「学力」は，「先が見通せ」ないことが強調されるこれからの社会生活にとってより一層必要となる。いかなる状況にあっても問題解決のために自らの経験を再構築していくという様を「学び」と呼ぶことができるとするならば，事物事象に対し「わがこと」として当事者意識をもちながら主体的能動的に関わる姿勢をどう身に付けるかが「学び」の鍵となる。

　こうした姿勢を身に付けることは「学校」という場に限定されない。多様な学びの場での多様な学びがあり，そこでの学び手も多様である。多様性を前提

育）をよりよい方向へ変化させること。

＊23　EdTech：Education と Technology を掛け合わせた造語。「デジタル技術を活用して教育に大きな変革をもたらすサービスや技法，そこから生まれる教育イノベーション全体を指すもの」と定義される。
　佐藤昌宏：EdTech が変える教育の未来，インプレス，2018.

とする教育の担い手となる教師も多様であってよい。

> **ワーク2**
> ・「未来の教室」に関して，将来の学び方の様子について想像し，グループでイメージを共有してみよう。

■引用文献

1）文部科学省：令和3年度児童生徒の問題行動・不登校等生徒指導上の諸課題に関する調査，2022.

2）OECD：生徒の学習到達度調査2018年調査（PISA2018），2019.

3）佐藤 学：学校の挑戦 学びの共同体を創る，小学館，2006.

■参考文献

浅野大介：教育DXで「未来の教室」をつくろう─GIGAスクール構想で「学校」は生まれ変われるか─，学陽書房，2021.

新井紀子：AIに負けない子どもを育てる，東洋経済新報社，2019.

ネットワーク編集委員会編：多様性を受けとめる教室（授業づくりネットワーク No. 37），学事出版，2020.

高橋 智・加瀬 進監修，日本特別ニーズ教育学会編：現代の特別ニーズ教育，文理閣，2020.

内閣府：第6期科学技術・イノベーション基本計画（令和3年3月26日閣議決定）.

奈須正裕：「資質・能力」と学びのメカニズム，東洋館出版社，2017.

野田敦敬・田村 学：学習指導要領の未来，学事出版，2021.

広岡義之編：教職をめざす人のための教育用語・法規 改訂新版，ミネルヴァ書房，2021.

フリースクール全国ネットワーク・多様な学び保障法を実現する会編：教育機会確保法の誕生─子どもが安心して学び育つ，東京シューレ出版，2017.

S. ボス J. ラーマー，池田匡史・吉田新一郎訳：プロジェクト学習とは─地域や世界につながる教室，新評論，2021.

索　引

〔編著者〕　　　　　　　　　　　　　　　　　　　　　　　　　　（執筆分担）

中原　朋生　IPU・環太平洋大学次世代教育学部　教授　　　第 8 章・第13章

池田　隆英　岡山県立大学保健福祉学部　准教授　　　　　　第 1 章・第 6 章・第 7 章

楠本　恭之　比治山大学短期大学部幼児教育科　教授　　　　第 9 章・第10章・コラム（第11章）

〔著　者〕（五十音順）

木下　祥一　熊本学園大学外国語学部　講師　　　　　　　　第14章

白石　崇人　広島大学大学院人間社会科学研究科　准教授　　第 4 章

平松美由紀　IPU・環太平洋大学次世代教育学部　准教授　　第11章・第12章

光田　尚美　近畿大学教職教育部　准教授　　　　　　　　　第 2 章・第 3 章

山本　孝司　西南学院大学人間科学部　教授　　　　　　　　第15章

龍崎　忠　岐阜聖徳学園大学教育学部　教授　　　　　　　　第 5 章

なぜからはじめるカリキュラム論

2024年（令和6年）4月5日　初版発行

編著者　中　原　朋　生
　　　　池　田　隆　英
　　　　楠　本　恭　之

発行者　筑　紫　和　男

発行所　株式会社 建帛社
　　　　KENPAKUSHA

〒112-0011　東京都文京区千石4丁目2番15号
　　　　　　TEL（03）3944－2611
　　　　　　FAX（03）3946－4377
　　　　　　https://www.kenpakusha.co.jp/

ISBN 978-4-7679-5142-3　C3037　　　　　亜細亜印刷／ブロケード
©中原朋生, 池田隆英, 楠本恭之ほか, 2024.　　　　Printed in Japan
（定価はカバーに表示してあります）